Über dieses Buch

»Daß Kinder nicht für dumm gehalten werden, scheint mir ein Charakteristikum für jede dieser Geschichten, ob sie sich nun bissig-witzig geben oder surrealistisch wie bei den Engländerinnen Brigid Brophy und Muriel Spark, ob mit dem Mittel intelligenter, hintergründiger Doppelbödigkeit gearbeitet wird (Michel Butor), ob Märchenelemente poesievoll verwandt werden oder der Autor sich autobiographisch an Pubertätsnöte (Kiš) oder Schüler-Lehrer-Konflikte (Nowakowski) erinnert. Zuweilen ist eine hinreißende, übermütige Phantasie am Werke ... Was den Literaturkenner entzückt, was ein Kind herauslesen kann (aber niemals ›muß‹), sind die Besonderheiten der Nationalliteraturen: Erinnerungen an sommerliche schwedische Seelandschaften, aber auch an Schrecken der Diktatur oder des Krieges, die unvermittelt bei griechischen oder polnischen Autoren auftauchen. So heißt es bei Nowakowski: Die Tauben ›zogen ihre Kreise in gleichmäßiger Ordnung wie eine Staffel Jagdflugzeuge ...‹. Keine stümperhafte Erzählung findet sich in diesem voller Überraschungen steckenden Sammelband europäischer Gegenwartsliteratur. Hier sind nur Leute am Werke, die zu schreiben verstehen. Grenzen zwischen Kinder- und Erwachsenenliteratur werden mühelos verwischt. Wem die eine oder andere Geschichte zu vertrackt oder zu literar-ästhetisch dünkt (Schwierigkeitsgrade sind vermerkt), der mag sich an Jean Thibaudeaus Aufforderung an den jungen Leser halten: ›Du machst mit den Buchstaben und Wörtern, was du willst, es ist dein Spiel. Du kannst die Regeln ändern.‹«
(Frankfurter Allgemeine Zeitung)

# Dichter Europas erzählen Kindern
46 neue Geschichten aus 17 Ländern

Mit einem Vorwort von Jean Thibaudeau

Herausgegeben von Gertraud Middelhauve,
zusammen mit Peter O. Chotjewitz, Hilde Domin, Doris Erlach, Gabriel Laub, Ilse Losa, Adriaan Morrien, Heddy Pross-Weerth, Isidora Rosenthal-Kamarinea, Marie-Thérèse Kerschbaumer, Gerda und Helmut Scheffel, Mario Szenessy, Peter Urban, Helmut Winter, Wiktor Woroszylski

Deutscher
Taschenbuch
Verlag

dtv

Ungekürzte Ausgabe
1. Auflage November 1975
3. Auflage September 1976: 26. bis 35. Tausend
Deutscher Taschenbuch Verlag GmbH & Co. KG,
München

ISBN 3-7876-1180-0
Umschlaggestaltung: Celestino Piatti
Gesamtherstellung: C. H. Beck'sche Buchdruckerei,
Nördlingen
Printed in Germany · ISBN 3-423-01114-9

Inhalt

*Die Sternchen hinter den Titeln geben einen Hinweis auf den Schwierigkeitsgrad der Geschichte*

Vorwort von Jean Thibaudeau
Wo sie lesen und schreiben lernen

1
Wo sie lesen und schreiben lernen, dort, wo sie sind, doch gleichzeitig hier, in diesem Buch und diesen Zeilen, in dieser Sprache oder in einer anderen, jetzt, träumend.

Wie auch ich schreibe, lesen und schreiben lerne in diesem Traum, in dem ich mich seit eh und je befinde, auf dieser Seite, mit diesen neuen Sätzen, die sich heute aneinanderfügen, der Bewegung der Hand folgend, dem Gedächtnis, dem Kopf und dem Körper.

Zur gleichen Zeit hat einer der ersten Sonnentage dieses Jahres angefangen mit seiner morgendlichen Wärme, die noch nicht drükkend ist, mit Vögeln und einem bellenden Hund, in dieser Stadt, ich würde gern sagen, auf dem Land, einst, in diesem Zimmer, mit Autos auf der etwas entfernteren Straße und Kindern, und mit diesem Bett, was alles viele Erinnerungen gleichzeitig ergibt, Bilder aus verschiedenen Zeiten, von vielen Orten, wie diesem hier, Bilder, die sich immer wieder heraufbeschwören lassen.

2
Woran wir beim Lesen und Schreiben denken – für alle das gleiche, und doch etwas anderes, denn für jeden bildet in einer Sprache und in dieser Bewegung seine Hand und sein Gedächtnis eine Einheit mit seinem Kopf.

3
Gewisse schwierige Wörter, wie soll man sie schreiben, wie soll man sie aussprechen mit ihren Buchstaben? Woher kommen die Schwierigkeiten? Für jedes Wort Regeln. Lernen, wie jedes Wort geschrieben wird, ausgesprochen wird, und alles, was es besagt.

Und dann die Sätze.

Lernen, eine Geschichte zu erzählen, sie zu lesen, zu schreiben.

4
Wie bei den Augen, den Ohren, dem Mund oder den Füßen, dem Gedächtnis, dem Eigennamen oder den Händen, dem Herz oder dem Bauch, jeder Teil des Körpers und alles, was sich darin tut, nichts gleicht sich.

Kein Körper ist wie der andere.

Ebenso bei den Buchstaben, den Wörtern, Sätzen, Geschichten – mit ihren Schwierigkeiten für jeden.

So wie du durch deine Bewegungen und mit deiner Stimme in einer Weise spielen und singen kannst wie niemand sonst, mußt du auch lesen und schreiben.

Ob du liest oder schreibst, es sind immer deine Bewegungen und deine Stimme in allem, was du liest und schreibst.

5

Du wirst geformt. Strafen, Belohnungen.

Du wirst über das Gute unterrichtet, das Schlechte, darüber, was du tun sollst und was untersagt ist, wie du dich zu verhalten hast, welche Wörter verboten sind und welche Sätze schlecht, was man nicht sagt, wie man schreibt.

Oder man läßt dich ganz allein mit allem fertig werden.

In jedem Fall mußt du selber spielen.

Niemand steht an deiner Stelle. Du machst mit den Buchstaben und Wörtern, den Sätzen und Geschichten und ihren Schwierigkeiten, was du willst, es ist dein Spiel.

Du kannst die Regeln ändern.

6

In dieser Bewegung kommst du voran, der Körper ist in seiner Sprache und pulsiert in dieser Sprache, die in diesem Augenblick lebendige Sprache ist.

Es ist Lesen und Schreiben des Körpers, der bis zu seinem Tod seinen Namen in jedes Wort seiner Sprache zeichnet.

7

Diese Arbeit ist nie beendet.

Im übrigen, obwohl immer die gleiche Arbeit, ist sie in jedem Augenblick etwas anderes, so wie immer die gleichen Buchstaben wiederkehren, die zusammen andere Wörter bilden, die gleichen Wörter andere Sätze, die gleichen Sätze andere Geschichten.

Oder Sätze sind nicht nötig, auch keine Wörter, keine Buchstaben (keine Geschichten), sondern nur Gesten, irgendwelche, man kann nicht sagen, verschieden von jenen, die hier zu diesen Zeilen führen.

8

Nur Gesten und Schreie, wenn du willst.

Und schreiend kannst du zum Beispiel über einen Strand rennen, durch ein Feld, über einen Abfallhaufen, durch eine Wohnung, gleichgültig wo, und hinfallen, in den Sand oder ins Gras, auf den Abfall oder auf den Fußboden. Geschichten. Und dann aufstehen oder ...

9
In irgendeiner Landschaft, und vielleicht (wie jetzt bei mir) ist Abend.

Und die Schwalben ...

Und du stehst, und von dir aus Norden, Süden, Osten und schließlich Westen, wo die Sonne gleich untergeht, rot.

10
Einmal spielten wir im Schulhof, auf einem Dorf. Es gab zwei Parteien. (An einem Morgen?)

Zu Beginn des Spiels in beiden Parteien die gleiche Anzahl. Die einen vor einer Wand, die Räuber. Die andern in der Mitte des Hofes, die Gendarmen. Die Räuber mußten die gegenüberliegende Wand erreichen, zurückkommen und wieder losrennen. Die Gendarmen mußten sie mit der Hand berühren. Ein berührter Räuber wurde zum Gendarm. Bei diesem Spiel gibt es immer weniger Räuber, immer mehr Gendarmen, aber der Sieger ist immer ein Räuber.

Ich war Räuber und rannte los. Und in der Mitte des Hofes, als ich fast sicher sein konnte, die andere Wand zu erreichen, spaltete sich die Sohle meines Holzpantoffels (rechter, linker?), und in diesem Augenblick (wobei es unwichtig ist zu wissen, und ich weiß es auch nicht mehr, ob ich die Wand erreichte, ohne abgeschlagen zu werden), in diesem Augenblick war plötzlich alles anders auf der Welt – ein Gefühl wie »von einer Welt in eine andere hinüberwechseln«? (Hast du jemals Holzpantoffeln an den Füßen gehabt?) Ich fiel nicht hin, aber diese Überraschung während des Laufens ...

11
Der Krieg in diesem Dorf.

Und in unseren Spielen, die den Krieg nachahmten, machten wir es wie jene, die sich gegenseitig in unserer Nähe umbrachten, denen wir auf einem Weg, einer Straße, im Wald begegnen konnten, auf der einen Seite die Soldaten, die eine fremde Sprache sprachen, auf der anderen die jungen Männer, die keine Soldaten waren, jedoch Waffen trugen und unsere Sprache sprachen.

12
Was weißt du heute (Sommer 1971, da ich schreibe) von den Kriegen, die geführt wurden, die heute geführt oder die vorbereitet werden, dort, wo du bist, oder anderswo, und stellst du dir die Gewalttätigkeiten, die Verbrechen vor, oder steckst du mittendrin?

Und was lernst du hier aus diesem Buch, diesen Zeilen und den anderen, oder aus deinen anderen Büchern, oder aus Zeitungen, Bildern, Wörtern in deinem Leben?

13
Ich glaube, kein Krieg ist unverständlich, man muß zuerst begreifen:

Wer ist schuld oder was? Bei einem Krieg suchen, wo die Partei des Krieges ist und wo die des Friedens.

Manchmal in einem Krieg auf der einen Seite das Lager des Krieges, auf der andern das des Friedens.

Auf beiden Seiten immer die Partei des Friedens.

Ich glaube, gegen den Krieg den Frieden zu wollen genügt nicht, manchmal bedarf es des Krieges.

Ich glaube, daß auch der Krieg letzten Endes nicht gegen den Krieg genügt, es bedarf der Revolution.

14
Ich nenne *Revolution* den Sieg des Volkes, den Triumph des Neuen.

Doch jedem der solidarischen Völker seinen eigenen Kampf und seine eigenen Gegensätze.

Ebenso ist das Alte, das Neue von einem Volk zum andern verschieden und von einem Kopf zum andern, so zum Beispiel in deinem Kopf anders als in meinem.

Begreifen ist nicht leicht. Nicht leicht, sich zurechtzufinden, wenn wir eine Wahl treffen sollen.

Gleichzeitig aber, wenn ich nicht wähle, besteht keinerlei Aussicht, mich zurechtzufinden, zu begreifen.

15
Wo auf der einen Seite die Bäume keine Blätter mehr haben, wo die Erde verbrannt ist und die Tiere geflohen sind, wo Männer, Frauen, Kinder überleben, die weiter Blumen lieben und gern tanzen, die jetzt Krankenhäuser bauen und Schulen und Gewehre in Höhlen, die die Nacht benutzen, um das Feld zu pflügen, während über ihren Köpfen Bomben explodieren, die von jenseits des Ozeans kommen.

Auf welche Seite sich stellen?

Von dort aus, da, wo du stehst, Stellung beziehen auf der einen Seite oder der anderen.

16
Schon in deiner Vergangenheit, in deinem Körper von Anfang an, von deinen ersten Eindrücken seit der Nacht oder dem Tag deiner Geburt an, da deine eigene Geschichte beginnt.

Und dann ist deine Geschichte nicht mehr und nicht weniger wert als alle anderen, als alle, die beginnen, enden, weitergehen, während sie weitergeht.

17
Du lebst also gut oder schlecht, mehr oder weniger mutig, monatelang, jahrelang.

Zeitgenosse von Frieden, Kriegen, Revolutionen.

Mehr oder weniger betroffen, mehr oder weniger handelnd.

Mit Überlebenschancen, die mehr oder weniger groß sind und manchmal gleich Null, je nach dem Ort und dem Datum deiner Geburt.

In deiner Straße Hungernde, die auf dem Bürgersteig sterben, oder Läden und Autos oder niemand oder Ruinen oder eine Erschießung oder eine politische Demonstration oder ein Fest.

18
Mit deinen Tagen und deinen Nächten, und mit wem du arbeitest, und mit wem du sprichst, und mit wem du spielst, und mit wem du kämpfst, und mit wem du liebst.

19
Ein Feld zwischen Hecken, gepflügte gelbe Erde und dahinter ein Wald.

Auf welcher Seite ist jetzt die Sonne?

20
Hier bin ich vorhin zwischen zwei Absätzen aufs Dach gestiegen, um im Freien auf die Stadt hinunterzusehen.

Die Kuppeln, die Denkmäler, die Baustellen auf den Hochhäusern in einem dichten Hitzedunst mit dem Qualm der Fabriken und den Abgasen der Autos.

Ich mache in der Sonne ein paar Schritte auf dem Kies, der strahlende blaue Himmel, ich kehre wieder in die Wohnung zurück, an diesen Tisch.

Dann verläßt du die Zeilen auf diesen Seiten, so wie ich sie jetzt verlassen habe.

So wie ich wieder draußen bin, das heißt da, wo ich war, bist du dort, wo du bist, und gleich danach, wenn du willst, bei anderen Seiten, anderen Namen, anderen Körpern dieses Buches, oder wenn du willst eines anderen oder auch in gar keinem Buch, erfüllt von Leben.

*Aus dem Französischen von Gerda Scheffel*

England/Irland

Brigid Brophy
Wünsche

»Drei Wünsche?« sagte das kleine Mädchen. »Wunderbar! Genau, was ich brauche. Der Nachmittag war ungewöhnlich anstrengend.«

»So ist es«, sagte der Kobold. »Ich lasse meine Lampe neben deinem Bett stehen, und wenn du dir überlegt hast, welches dein erster Wunsch ist, rufe mich ...«

»Ich möchte meinen ersten Wunsch sofort erfüllt haben.«

Der Kobold verbeugte sich aus fließender Hüfte: »Zu deinen Diensten.«

»Ich wünsche mir einen ganzen Koffer voll Schokoladen-Pfefferminztaler.«

»Dein Wunsch ist erfüllt, kaum hast du ihn genannt!« Den rechten körperlosen Arm verlängernd, zog der Kobold unter dem Bett einen großen, hübschen Koffer aus weichem, glänzendem, grauem Plastik hervor.

»Mm«, sagte das kleine Mädchen, hockte sich neben dem Koffer auf den Boden, öffnete die Schlösser, stieß den Deckel auf und begann zu essen. »Mm«, sagte es noch einmal, kauend. »Nicht zu pfefferminzig, nicht zu süß. Ein sehr gutes Rezept, das.«

»Natürlich«, sagte der Kobold.

»Übernatürlich«, sagte das kleine Mädchen. »Ich ziehe diese Pfefferminztaler sogar den sehr guten von heute nachmittag vor. Die meisten davon mußte ich auf Anweisung der Kinderfrau meinen sogenannten ›kleinen Freunden‹ anbieten. Ich nehme an (das kleine Mädchen steckte noch einen Taler in den Mund und blickte schräg zum Kobold auf), du bist nicht handfest genug, um dich für Süßigkeiten zu interessieren.«

»So ist es.«

»Ich nehme weiterhin an, daß ich den Koffer später als Koffer benutzen kann. Er ist sehr schick, finde ich.«

»Der Koffer war mitgenannt in deinem Wunsch – also gehört er dir.«

»Gut«, sagte das kleine Mädchen und kaute weiter. »Laß deine Lampe auf meinem Nachttisch. Ich reibe den Griff, wenn ich mir wieder etwas wünschen will.«

»Zu Befehl«, sagte der Kobold und entschwand.

Eine Stunde später erschien er wieder. »Gehorsamst zur Stelle. Willst du deinen zweiten Wunsch aussprechen?«

Das kleine Mädchen blickte nicht auf. Es saß noch immer auf dem Fußboden, ließ den Kopf hängen und schwankte über dem leeren Koffer.

»Ich wünsche, daß es mir wieder besser geht.«

»Dein Wunsch ist erfüllt, kaum hast du ihn genannt!«

»Das tut wohl«, sagte das kleine Mädchen und stand flink auf. »Mir war so schlecht, ich konnte kaum den Arm ausstrecken und den Griff deiner Lampe reiben.«

»So ist es«, sagte der Kobold. »Nun, wo es dir besser geht, wirst du gewiß sehr sorgfältig abwägen wollen, wie du deinen letzten Wunsch verwendest. Meine Lampe ist noch da ...«

»Ich will den dritten Wunsch jetzt erfüllt haben.«

»Wirklich? Solltest du nicht ...«

»Ich wünsche mir, daß von jetzt ab alle meine Wünsche erfüllt werden.«

»Du bist eine neunmalkluge kleine Kröte«, sagte der Kobold.

»So ist es«, sagte das kleine Mädchen.

»Jetzt muß ich dich also ewig bedienen«, sagte der Kobold, »ich kann nur hoffen, daß du bald stirbst und ich erlöst bin.«

»So leicht kommst du nicht davon. Ich wünsche mir, unsterblich zu sein.«

»Ewigkeit«, sagte der Kobold und stöhnte. »Eine Ewigkeit als Knecht einer Kröte!«

»Vielleicht bessere ich mich, wenn ich größer werde«, sagte das kleine Mädchen tröstend. »Meine Kinderfrau sagt manchmal, es besteht noch Hoffnung.«

»Wer mit acht Jahren schon ein perfektes Ekel ist, läßt wenig Gutes hoffen.«

»Nicht ich bin das Ekel«, sagte das kleine Mädchen kühl. »Ist dir noch nie aufgegangen, daß es seelische Grausamkeit ist, nur drei Wünsche und nicht mehr anzubieten?«

»Es ist so üblich.«

»Was für ein armseliger Grund. Ich gehe jetzt ins Bett. Wenn mir in der Nacht Wünsche einfallen, werde ich dich rufen! Bevor du entschwindest, fülle den Koffer wieder mit Schokoladen-Pfefferminztalern, nach dem gleichen hervorragenden Rezept, aber mit einer geschmacklosen Medizin gegen Magenbeschwerden.«

Der Kobold nickte niedergeschlagen zum Koffer hin. Er war wieder gefüllt.

»Gut«, sagte das kleine Mädchen und nahm einen Pfefferminztaler.

»Warum hast du mich mein Schicksal nicht gleich wissen lassen?«

fragte der Kobold. »Warum hast du dir den Wunsch, daß alle deine Wünsche erfüllt werden, nicht als erstes gewünscht, du kleines Scheusal?«

»Für ein übernatürliches Wesen bist du ziemlich dumm«, antwortete das kleine Mädchen. »Wenn ich das getan hätte, hätte ich zwei wertvolle Wünsche vergeudet.«

»Kröte!«

»Entschwinde!«

*Aus dem Englischen von Helmut Winter*

## Thomas Hinde
## Busse und Häuser, Gewehre und Goldfische

»John, hau deine Schwester doch nicht mit dem Bus«, sagte Johns Mutter, »das tut ihr weh!«

»Soll es auch!« sagte John.

»Aber wenn sie stirbt, würde es dir leid tun«, sagte die Mutter.

»Nein«, sagte John.

»Manchmal wissen die Erwachsenen besser Bescheid«, sagte seine Mutter.

»Nicht mit Schwestern«, sagte John.

Weil ihr darauf keine Antwort einfiel, wischte die Mutter an Judys Tränen herum und versuchte, sie durch Grimassenschneiden aufzuheitern.

»Sie hat mir mein Gewehr weggenommen«, sagte John.

»Wenn du deine Schwester liebhast, gibst du ihr auch mal dein Gewehr«, sagte seine Mutter.

»Hast du Tante Emilia lieb?« fragte John und erinnerte sich, wie seine Mutter die Tante einmal eine »gierige alte Wachtel« genannt hatte, die nicht merkte, wenn sie anderen Leuten auf den Wecker fiel.

»Das ist etwas anderes«, sagte seine Mutter.

»Warum ist das etwas anderes?« sagte John.

»Übrigens ...«, sagte Johns Vater, der über seine Zeitung blickte und es an der Zeit fand, Frieden zu stiften, »es kann auch dem Bus weh tun.« Johns Vater war auch einmal ein kleiner Junge gewesen und wußte, daß sich John mehr für Busse als für Schwestern interessierte.

»Dann kann es kein sehr guter Bus sein«, sagte John.

»Du solltest über ein Geschenk von Onkel Harry nicht so reden«, sagte seine Mutter, »vielleicht konnte er sich nichts Teureres leisten.«

»Wieviel kostet ein Bus?« fragte John.

»Viel Geld«, sagte seine Mutter.

»Auch so ein billiger, wie der von Onkel Harry?«

»Billige kosten weniger als teure«, sagte seine Mutter.

John war es gewöhnt, daß seine Mutter solche Sätze sagte, wenn sie einen Streit verlor.

»Wieviel kosten Häuser?« fuhr er geduldig fort. »Große Häuser, wie das von Onkel Harry?«.

Seine Mutter seufzte, nicht – wie sie sich einbildete – weil John so störrisch war, sondern weil sie keine Antwort wußte.

Sein Vater seufzte, nicht – wie er sich einbildete – weil John unmöglich war, sondern weil Judys Geheul ihn vom Zeitunglesen abhielt.

»Würden zwanzig billige Busse soviel kosten wie ein teures Haus?« fragte John.

»John«, sagte sein Vater, der Verständnis für Johns wissenschaftliche Neugier hatte, »es gibt Dinge, die hast du noch nicht gelernt.«

»Dann erzähl mir davon.«

»Was – alles auf einmal?« sagte sein Vater und lachte herzhaft über seinen eigenen Witz.

»Nein, eins nach dem anderen«, sagte John. »Aber langsam.«

Sein Vater legte die Zeitung hin; ihm war klar, daß er erst dann zu seiner Lektüre kommen würde, wenn er sich ernsthaft mit John befaßt hatte. »Dein Onkel Harry hat viele andere Ausgaben, genau wie ich, zum Beispiel muß er das Essen für seine Familie bezahlen.«

»Die vielen Mahlzeiten für Tante Emilia?« sagte John und wartete, ob seine Mutter auch merkte, was er alles wußte.

In diesem Augenblick heulte Judy noch lauter, weil sie gesehen hatte, daß ihrer Lieblingspuppe der Kopf fehlte – genauer gesagt, sie hatte den Kopf unter dem Sofa gesehen und gemerkt, daß der dazugehörige Körper fehlte.

»Na, na, hör auf zu weinen!« sagte ihre Mutter.

»Gib ihn mir«, sagte ihr Vater streng.

»Würde ein teurer Bus soviel kosten wie eine mittelgroße Mahlzeit für Tante Emilia?« fragte John.

»John, warst *du* das?« fragte sein Vater und zeigte ihm den Kopf der Puppe.

»Sie hat meinen Flitzbogen zerbrochen«, sagte John.

»Wenn Judy ungezogen ist, dann bestrafen *wir* sie und nicht du.«

»Und wenn ihr es nicht merkt?«

»Dann hat sie eben Glück gehabt.«

»Ist artig sein, wenn man Glück hat?«

»Natürlich«, sagte der Vater, aber ihm war nicht wohl dabei.

John sagte nichts. Er merkte, daß sein Vater jetzt vom Ungezogensein sprach – einem Thema, das ihn langweilte – und nicht von Bussen, wozu er viele Einfälle und Fragen hatte.

An diese Einfälle und Fragen wurde er erinnert, als in der nächsten Woche Tante Emilia und Onkel Harry zu Besuch kamen.

»Wie alt bist du?« sagte John zu Tante Emilia, weil die Erwachsenen oft die Unterhaltung mit dieser Frage beginnen, »hundertneun?«

»Ganz sicher *nicht*, junger Mann«, sagte Tante Emilia, und ihr Gesicht wurde sehr rot, von dem kleinen schwarzen Haarbüschel auf dem Kinn bis zu den langen Querfalten auf ihrer Stirn.

»Dann stirbst du also jetzt noch nicht?« sagte John.

»Das will ich nicht hoffen«, sagte Tante Emilia, und ihr Lachen klang wie Hundegebell.

»Warum hast du diese Haare auf dem Kinn?« sagte John und wechselte taktvoll das Thema. Aber aus der Art, wie Tante Emilia ihn jetzt anstarrte, schloß er, daß er wieder einen Fehler gemacht hatte. Deshalb fügte er hinzu: »Viele Leute haben Haare auf dem Kinn.«

»Manche ja und manche nein«, rief Onkel Harry fröhlich und trat ins Zimmer – er hatte den letzten Satz gehört, wußte aber nicht, worum es ging. John wandte sich jetzt an Onkel Harry; mit ihm, so glaubte er, konnte man offen sprechen. »Würden zwanzig Mahlzeiten soviel kosten wie ein Haus?«

Onkel Harry lachte ausgiebig. »Was für Mahlzeiten meinst du denn?« fragte er in einem Ton, der darauf schließen ließ, daß er es nicht ernst meinte. »Das müßten schon ganz gewaltige Mahlzeiten sein.«

»Stimmt«, sagte John und sah Tante Emilia an.

»Einschließlich Tischwein, Kognak und Zigarren?«

»Ich glaube, nein«, sagte John zögernd.

»Also nehmen wir mal mein Haus und die teuerste Mahlzeit ...«

*»John!«* sagte Johns Mutter, die gerade hereingekommen war und ahnte, worum sich die Unterhaltung drehte. »Was fällt dir ein!«

»Ich hab nichts von Bussen gesagt«, sagte John gekränkt.

»Sonst hat er aber so ziemlich alles erwähnt«, sagte Tante Emilia, die nicht mehr blutrot, sondern ziegelrot war.

»Dieser Junge hat eine lebhafte Phantasie«, sagte Onkel Harry.

Sie wurden von Judys Schreien unterbrochen. Alles lief ins Nebenzimmer, John als letzter. Man sah Judys Goldfischbecken wie ein riesiges Soft-Eis schäumen, der Schaum tropfte auf den Teppich. Mitten im Schaum lag Judys Goldfisch, mit geplatztem Bauch.

»Hast du das gemacht?« sagte Johns Vater und blickte über seine Zeitung. John wollte gerade erklären, daß Judy mit Absicht drei seiner Soldaten die Köpfe abgebrochen hatte, als Rache für die Puppe – als ihm eine neue Idee kam.

»Nein«, sagte er. Er dachte daran, daß er seine leere Seifenblasentube sorgfältig zuunterst in der Mülltonne versteckt hatte.

»Wie kannst du nur so lügen!« sagte seine Mutter.

John wollte erklären, daß *er* diesmal Glück haben wollte, weil sein Vater gesagt hatte, daß es gut ist, Glück zu haben, aber er wußte, es würde nicht sehr überzeugend klingen.

»Geh sofort ins Bett!« sagte sein Vater.

John war es recht. Es gab viel zum Nachdenken, und im Bett konnte man gut nachdenken. Die Sache mit der Seifenblasentube und Judys Goldfisch war ihm gestern abend auch im Bett eingefallen.

*Aus dem Englischen von Helmut Winter*

Richard Hughes
## Das mütterliche Schwein

Es war einmal ein mütterliches Schwein, das gehörte niemandem und lebte deshalb auch nicht auf einem Bauernhof. Es lebte ganz alleine auf einem Ginsterhügel und verdiente seinen Lebensunterhalt damit, daß es Ginster an Spaziergänger verkaufte.

Eines Tages schob ein alter, sehr dünner, schwarz gekleideter Mann sein Fahrrad den Hügel hinauf. Das mütterliche Schwein hielt ihm einen hübschen Ginsterstrauß unter die Nase und forderte ihn auf, den Strauß zu kaufen.

»Wieviel kostet der?« fragte der alte Mann barsch.

»Zwanzig Pfennig«, sagte das Schwein.

»Dafür gebe ich höchstens fünf Pfennig«, sagte der alte Mann.

»Zwanzig Pfennig«, sagte das mütterliche Schwein sehr bestimmt, »und keinen Pfennig weniger.«

»Dann sollst du so schnell nicht wieder Ginster verkaufen«, sagte der alte Mann in großer Wut und zog eine Schachtel Streichhölzer aus der Tasche. Er zündete ein Streichholz an und setzte den Ginsterstrauß in Flammen. Es wehte ein frischer Wind, und bald brannte der ganze Ginsterhügel. Das kluge Schwein tat so, als wäre ihm das egal.

»Das macht mir nichts aus«, sagte es, »ich habe noch einen Ginsterhügel da drüben, der ist viel größer als dieser!«

Das stimmte aber nicht; weit und breit gab es keinen Ginster mehr. Aber der alte Mann glaubte dem Schwein. Er ließ sein Fahrrad am Weg stehen und lief querfeldein, um auch den anderen Ginster anzustecken.

»Haha«, sagte das mütterliche Schwein, »jetzt muß er zu Fuß nach Hause gehen.«

Das Schwein wickelte sich fest in seine Decke, sprang aufs Fahrrad und radelte, so schnell es konnte, den Hügel hinunter. Der alte Mann war jetzt noch wütender als vorher. Er zog eine kleine, silberne Pfeife aus der Tasche und pfiff. Es war eine Pfeife, mit der man Möwen anlockt. Die Möwen kamen vom Meer (das nicht weit weg war) und von den Feldern, wo sie nach Nahrung gesucht hatten. Auf Befehl des alten Mannes flogen sie alle hinter dem mütterlichen Schwein auf dem gestohlenen Fahrrad her. Sie umkreisten das Schwein, kreischten wie Lokomotiven und klapperten mit den Flügeln vor seinem Gesicht, bis es nicht mehr wußte, wohin es fuhr. So raste es in einer Wolke wütender Möwen im Freilauf den Hügel hinab, rammte beinahe den Briefträger links und einen dünnen Wegweiser rechts.

Am Fuß des Hügels lag ein Dorf. Der Weg zum Dorf führte über einen Bach. Aber das mütterliche Schwein fuhr nicht über den Bach, sondern, o weh!, mitten hinein in den Bach, weil es nichts mehr sehen konnte. Als die Möwen das sahen, flogen sie befriedigt zurück ans Meer. Das arme Schwein krabbelte mühselig ans Ufer und schleppte die nasse Decke hinter sich her.

In diesem Augenblick kam ein freundlicher Mann mit einem großen, roten Gesicht die Dorfstraße entlang. Als er das durchnäßte Schwein am Ufer des Baches sitzen sah, blieb er stehen.

»Frau Schwein«, sagte er sehr höflich, »es tut mir sehr leid, daß Sie einen Unfall hatten. Kann ich Ihnen irgendwie behilflich sein?«

»Vielen Dank«, sagte das mütterliche Schwein. »Es wäre schön, wenn ich meine Decke irgendwo trocknen könnte.«

»Natürlich«, sagte der rotgesichtige Mann, »wollen Sie nicht mit mir kommen und eine Tasse Tee trinken?«

Er wrang die nasse Decke aus, klemmte sie unter den Arm und nahm das Schwein bei der Hand. Dann gingen sie zusammen durch die Dorfstraße bis zu einem Laden am Ende des Dorfes. Es war ein freundlicher, sonniger Tag, deshalb wird es euch seltsam vorkommen, was der Mann jetzt tat. Kurz bevor sie sein Haus erreichten, spannte er seinen Regenschirm auf und hielt ihn über den Kopf des Schweines, als ob es regnete. Aber das Schwein war noch so in Gedanken an seine Abenteuer, daß ihm nicht auffiel, wie merkwürdig das war. Es merkte nicht, daß der Mann nicht wollte, daß das Schwein die Inschrift über der Ladentür las, auf der stand: J. JONES · SCHWEINESCHLÄCHTER. Er schloß eine Nebentür auf, und sie gingen in ein kleines, gemütliches Wohnzimmer, das zum Hof hinaus lag, mit großem Kamin und einer brodelnden Teekanne auf dem Kamineinsatz.

»Nehmen Sie Platz, nehmen Sie doch bitte Platz, liebe Frau Schwein«, sagte der Mann in seinem liebenswürdigsten Ton und rieb sich die Hände, »fühlen Sie sich wie zu Hause und trinken Sie von meinem ausgezeichneten Tee!«

Während er dies sagte, deckte er den Tisch mit frischen Brötchen, Toast, drei verschiedenfarbigen Gelees, Kuchen mit Zuckerguß, Büchsenfleisch, Äpfeln und Apfelsinen.

»Bitte, greifen Sie zu, Frau Schwein«, sagte er, »warten Sie nicht auf mich, ich bin gleich wieder da.« Und damit verschwand er durch eine rückwärtige Tür. Das mütterliche Schwein, das sehr hungrig war, machte sich über das Essen her und aß, soviel es konnte. Es aß die frischen Brötchen, den Toast, die drei verschiedenfarbigen Gelees, den Kuchen mit Zuckerguß, das Büchsenfleisch, die Äpfel und Apfelsinen, und trank fünf Tassen von dem starken Tee. Danach fühlte sich das Schwein wieder wohler.

Aber bald wurde es schläfrig. Es setzte sich in einen großen Sessel am Kamin und döste vor sich hin. Hinter der Tür, durch die der Mann verschwunden war, hörte man, wie ein Messer gewetzt wurde.

»Ich möchte wissen, warum der nette Mann um diese Tageszeit Messer wetzt«, dachte das Schwein in seiner Müdigkeit. Als es aufblickte, sah es eine große, getigerte Katze mit einem blauen Halsband und einem Schild mit der Inschrift ROBERT mitten auf dem Tisch sitzen. Die Katze war durch ein winziges Fenster hereingesprungen.

»Uäh«, grunzte das Schwein verärgert, »wer hat diese gräßliche Katze hereingelassen? Ich kann Katzen nicht ausstehen.«

Aber die Katze schien sich nicht im geringsten darum zu kümmern.

»Und ich kann Schweine nicht ausstehen«, sagte sie heiter, »wir sind also quitt. Trotzdem bin ich gekommen, um dir zu helfen.«

»Besten Dank«, sagte das Schwein steif, »ich brauche keine Hilfe, ich fühle mich hier sehr wohl.«

»*Wohl* fühlst du dich?« sagte die Katze, »weißt du denn nicht, wo du bist? Weißt du nicht, wer dieser Mann ist, der dir zu essen gab? *Er ist ein Schweineschlächter!* Hörst du nicht, wie er sein Messer wetzt? Gleich kommt er wieder und holt sich ein schönes Stück Schweinefleisch!«

Als das arme mütterliche Schwein das hörte, erschrak es gewaltig. Es zitterte so, daß ein wackliges Bein seines Sessels auf dem Steinfußboden klapperte.

»Um Himmels willen!« sagte es, »wie komme ich hier wieder heraus?«, und es lief zur Tür. Aber beide Türen waren verschlossen – der rotgesichtige Mann war klug gewesen. Dann sah das Schwein das Fenster, durch das die Katze hereingesprungen war. Es war aber viel zu klein für das Schwein.

»Ja«, sagte Robert, »du kannst zwar Katzen nicht ausstehen, aber jetzt wirst du doch meine Hilfe brauchen. *Ich* komme hier sehr leicht heraus«, und die Katze drehte sich um, als ob sie wieder zum Fenster hinausspringen wollte, »aber du nicht!«

»Nein«, sagte das Schwein, »nein, tu das nicht! Bitte, hilf mir!«

»Nun gut«, sagte die Katze, »meinetwegen. Aber du mußt genau aufpassen. Wir warten jetzt, bis der Mann wiederkommt. Wenn er die Tür aufmacht, schmeiße ich die Lampe um, und du rennst, so schnell du kannst, durch seine Beine. Jetzt setz dich wieder in deinen Sessel und tu so, als ob du schläfst.«

Das Schwein setzte sich wieder in den Sessel, schnarchte und grunzte, als ob es im tiefsten Schlaf wäre. In diesem Augenblick öffnete sich die Tür, und der Schweineschlächter kam herein. Er hatte ein großes, gefährlich aussehendes Messer in der Hand und ein zufriedenes Lächeln im Gesicht. Da sprang die Katze auf die Lampe, und plötzlich war alles dunkel. Mit schrillem Quieken schoß das Schwein aus dem Sessel und auf die Beine des Mannes zu. Das Messer fiel zu Boden, und der Mann schlug mit dem Gesicht nach unten lang hin. Das Schwein quetschte sich zwischen seinen Beinen hindurch und raste durch die Tür – die Katze hinterher, nicht ohne den Mann im Vorbeilaufen noch einmal tüchtig zu kratzen.

»Schnell, hier entlang«, sagte die Katze, während sie durch den kleinen, vernachlässigten Gemüsegarten im Hof auf einen Weg liefen, der zur Dorfstraße führte.

»Komm mit mir«, sagte die Katze, und so gingen sie gemeinsam die Straße entlang. Das Schwein preßte seine Decke (die fast trocken war) an sich, bis sie zu einem Haus am Ende des Dorfes kamen. Die Katze ging ohne Umschweife zur Haustür, klopfte laut und klingelte auch noch. Ein kleines Mädchen, das wie eine erwachsene Dame gekleidet war, machte die Tür auf.

»Komm herein, Robert«, sagte das Mädchen. »Wen hast du da mitgebracht?«

»Eine Freundin«, sagte Robert, »sie bleibt bei uns.«

»O je«, sagte das kleine Mädchen, »wir haben keine Decken mehr.«

»Das macht nichts«, sagte die Katze, »sie hat ihre eigene Decke.«

»Dann ist es in Ordnung«, sagte das kleine Mädchen. »Ich freue mich, daß Sie gekommen sind.«

Das kleine Mädchen lebte ganz alleine in dem großen Haus und erledigte alles selbst. Aber wie das mütterliche Schwein sehr bald herausfand, waren noch viele andere Leute in dem Haus. Das Mädchen öffnete die Wohnzimmertür, und da saßen sie alle: ein sehr alter Löwe, ein junger Seehund, zwei Zebras, ein albernes, aber gutmütiges Krokodil, ein ältlicher Pastor mit Flicken auf Ellenbogen und Knien und zwei Bären, die aus einer Büchse goldenen Sirup schleckten. Es war ein angenehmer Freundeskreis, und diesmal war kein Haken dabei. Endlich hatte es einen behaglichen, sicheren Platz gefunden, wo es bleiben konnte, dachte das Schwein, und es hatte recht. Das Schwein gab jedem die Hand, nur den Bären nicht, deren Hände viel zu klebrig waren. Die Nacht verbrachten sie alle freundschaftlich in einer Reihe liegend in einem großen Zimmer. Weil das mütterliche Schwein kein eigenes Kopfkissen hatte, teilte es sich eins mit dem ältlichen Pastor.

Dieses Haus war ein so angenehmer Ort, und das kleine Mädchen in Erwachsenenkleidern war so nett, daß sie alle in diesem Haus blieben bis in alle Ewigkeit.

*Aus dem Englischen von Helmut Winter*

MARY LAVIN
# Bitsy

Bitsy war einfarbig, ordinär gelb wie die meisten Promenadenmischungen, aber er hatte etwas von der unbekümmerten Zuversicht, mit der manche Pinscher ihren fehlenden Stammbaum wettmachen. Bitsy war ein echtes Naturkind – und wenn ihm nach Kratzen oder Knurren zumute war oder Stehenbleiben und einen Laternenpfahl untersuchen, tat er seiner Natur keinen Zwang an.

Eines Sonntags morgens trottete Bitsy ziellos eine sonnenbeschienene Straße in der Stadt entlang, ziemlich weit von dort, wo er eigentlich wohnte, und fand sich plötzlich vor einer großen Steintreppe. Komisch, diese Treppe war ihm noch nie aufgefallen, er hatte sie überhaupt nicht wahrgenommen. Aber heute funkelte jedes Körnchen in dem Granit, und die Treppe sah überaus einladend aus. Bitsy trabte ohne Umstände die Stufen hinauf. Oben angekommen, blieb er überrascht stehen. Vor ihm war eine riesige Tür aus Eichenholz, die wie ein Bogen geformt und mit Eisen beschlagen war. Und sie stand offen. Für Bitsy standen Türen selten offen. Er beschloß zu untersuchen, was sich hinter dieser Tür wohl verbarg.

Merkwürdig. Trotz der hellen Morgensonne draußen war es drinnen fast nachtdunkel. Die Fenster reichten nicht nur fast bis zur Decke, die Fensterscheiben waren auch rot und blau und grün, und das Licht, das sie hereinließen, war matt und düster, so düster, daß man ganz hinten hatte Kerzen anzünden müssen, gleich mehrere Dutzend!

Was mag das nur sein, überlegte Bitsy; als seine Augen sich allmählich an die Dunkelheit gewöhnt hatten, sah er, daß der Raum voller Menschen war.

Er wollte gerade zu einem kleinen Jungen hinlaufen, den er in der Menge entdeckt hatte, und ihn fragend anschauen, als er merkte, daß die Leute alle auf den Knien lagen. Was in aller Welt war hier los?

Gott sei Dank hatten die Menschen in der Mitte einen Gang freigelassen, und den zottelte Bitsy nun munter entlang. Ein paarmal schielte er vorsichtig zur Seite, denn es hätte ihn nicht weiter überrascht, wenn einer der Knienden aufgestanden wäre und ihm einen Fußtritt verpaßt hätte. Aber zum Glück beachtete ihn niemand.

Als er fast am anderen Ende des langen Ganges angekommen war, wartete eine neue Überraschung auf ihn: wieder Stufen, diesmal wahrscheinlich aus Marmor, und am Ende der Stufen ein Marmorgeländer, über das ein weißes Tuch geworfen war. Schade, so war ihm die Sicht genommen, aber mit der Spitze seiner nassen, schwarzen Schnauze konnte er das Tuch hochheben und seinen Kopf zwischen zwei der Marmorsäulen klemmen, die das Geländer trugen.

Ah! Die Kerzen sahen wunderhübsch aus, sie waren sehr groß und steckten in Messinghaltern, die fast so hell wie die Kerzen leuchteten. Sie standen hinten auf einem großen Tisch, auf dem noch ein großes weißes Tuch lag, aber dieses Tuch hatte eine breite Spitzenborte und war kunstvoll bestickt. Und dann erschrak Bitsy wieder. Vor dem Tisch stand ein Mann mit dem Rücken zu den anderen, der war wie eine Frau angezogen, mit einem langen, schwarzen Hemd und einer Spitzenbluse. Gerade in diesem Augenblick fing er an zu singen, worüber sich Bitsy durchaus gefreut hätte, wenn es nicht in einer so komischen Sprache gewesen wäre, die Bitsy noch nie zuvor gehört hatte.

Um besser sehen zu können, quetschte er seine dünnen Rippen zusammen und drückte sich durch die Säulen. Munter hüpfte er noch zwei flache Stufen hoch – er hatte dort oben nämlich zwei kleine Jungen gesehen, die links und rechts von dem Mann knieten. Die Jungen würden ihm bestimmt erklären, was hier vor sich ging; er hatte allerdings mit Mißfallen festgestellt, daß sie wie Mädchen angezogen waren. Nun ja, Kinder sind nun mal so. Schweifwedelnd lief Bitsy auf die Jungen zu.

Allmächtiger! Was für Kinder waren das? Der eine Junge tat so, als merke er überhaupt nichts, und der andere versuchte doch tatsächlich, ihn wegzuschubsen. Von Erwachsenen hätte ihn eine solche Behandlung nicht weiter überrascht, aber von einem kleinen Jungen? Traurig, was aus der Welt geworden war! Wohin war er nur geraten? Bitsy überlegte blitzschnell, daß dieses Haus, was es auch immer war, kein geeigneter Aufenthaltsort für ihn war. Er mußte so schnell wie möglich hier wieder heraus. Aber als er kehrtmachte, wieder zu dem Geländer zurücklief und das weiße Tuch hochschob, bekam er einen gewaltigen Schreck: Die Menschen in dem Raum waren alle ihm zugewendet, und wenn er sich nicht ganz und gar täuschte, starrten sie ihn alle an. Nun war es egal. Er mußte alles auf eine Karte setzen. Bitsy wollte gerade den Mittelgang entlangrasen, als er – fast wäre er in Ohnmacht gefallen vor Entsetzen – in der ersten Bankreihe Mister Crisp erkannte, ausgerechnet Mister Crisp!

Er kannte Mister Crisp. Schon lange kannte er ihn. So manches Mal, wenn er unschuldig einen Laternenpfahl beschnüffelt oder hoffnungsvoll in einer Mülltonne gewühlt hatte, war dieser Mister

Crisp auf ihn zugekommen, mit seinen dürren Beinen, dem knöchernen Gesicht, dem Zylinder, den gelben Handschuhen, dem schwarzen Spazierstock mit Silberknauf. Bitsy hätte nicht sagen können, warum, aber bei solchen Anlässen riet ihm jedesmal sein Instinkt, in den Rinnstein auszuweichen oder, falls es der Verkehr erlaubte, in Richtung andere Straßenseite zu entwetzen. Mister Crisp sah so aus, als würde er selbst einem Hundebaby noch den Knochen wegnehmen.

Und ausgerechnet hier, mitten auf Bitsys Fluchtweg – Mister Crisp! Mister Crisp hatte Bitsy jetzt auch entdeckt. Die Augen sprangen ihm fast aus dem Gesicht, und sein Adamsapfel hüpfte wie ein Frosch auf und ab. Der Zylinder saß ihm nicht auf dem Kopf, sondern hing über dem Silberknauf des Spazierstocks. Oben auf Mister Crisps melonenförmigem Schädel war ein großer, bleicher Fleck. Räude hatte er also auch! Bitsy war nicht überrascht.

Ohne Zögern beschloß er, anstatt loszurennen, sich lieber seitwärts in die Büsche zu drücken; das war eine Taktik, die ihm bei früheren Gelegenheiten sehr zustatten gekommen war.

Aber leider war Bitsy kein Hellseher. Er konnte nicht ahnen, daß es nicht nur Marmorsäulen gab, sondern auch Menschensäulen: Säulen der Kirche. Mister Crisp war eine solche Säule, und ihm gegenüber befand sich eine weitere menschliche Säule, Abigail Amble. Mister Crisp war überzeugt, daß Abigail Amble nur darauf wartete, ihm zu beweisen, daß sie eine noch stärkere Säule als er selbst war. Und welche bessere Gelegenheit könnte sich je bieten als ein Hinauswurf dieses Vierbeiners, bevor er das Heiligtum des Herrn entweihen konnte?

Mister Crisp war entschlossen, es nicht so weit kommen zu lassen. Und als Bitsy sich gerade an Mister Crisps Bank vorbeidrücken wollte, die Nase am Boden, den Schwanz eingeklemmt, da stand Mister Crisp auf, hob seinen silberköpfigen Spazierstock in die Luft, zielte und ließ ihn mit voller Wucht auf Bitsys Schnauze sausen – unter der Wucht steckte der ganze Stolz und die ganze Eitelkeit von Mister Crisp!

Au weh! Für eine Sekunde sah Bitsy nur Sterne, Millionen von herrlichen Sternen, die sich in seinem Kopf drehten wie am vierten Schöpfungstag. Als sein Blick allmählich klarer wurde, glaubte er, mitleidige und betroffene Gesichter in der Gemeinde zu erkennen. Aber Mitleid und Betroffenheit anderer, obwohl Balsam für die eigene Seele, sind nur eine schwache Medizin gegen brennende Schnauzen; dagegen gab es jetzt nur ein Mittel, nämlich laut aufheulen.

Bitsy heulte also laut auf, noch einmal und dann noch einmal. Und als er ein paarmal geheult hatte, wollte er am liebsten so weitermachen. Was kümmerte es ihn, daß inzwischen die ganze Gemeinde vor mühsam unterdrückter Erheiterung zuckte. Über die Schmerzen eines anderen auch noch lachen! Wie konnte man nur so grausam, so herzlos sein? Bitsys Schnauze schmerzte ärger als je zuvor. Er hob sie zum Himmel und jaulte zum Steinerweichen.

Aber Bitsy hatte sich geirrt. Die Leute kicherten nicht über ihn, sondern über Mister Crisp. Abigail Amble war nämlich aus ihrer Bank getreten und kam jetzt auf Bitsy zu. Sie hob ihn auf und nahm ihn liebevoll in die Arme. Zuerst spürte er nur, wie er in den Tiefen ihres warmen, üppigen Busens versank. Als Abigail sich umdrehte und den Mittelgang hinausging, als Bitsy also merkte, daß sie ihn in Sicherheit bringen würde, da hörte er zu jaulen auf. Er hob die Schnauze hoch und leckte dankbar Abigails Gesicht, leckte und leckte das errötende Gesicht, während sie ihn aus der Kirche hinaustrug.

*Aus dem Englischen von Helmut Winter*

## Joseph S. Rippier
## Geldangelegenheiten

*Für Steffi und Babsi*

»Mir ist langweilig, langweilig, langweilig!« sagte Peter und ließ sich vornüber in den Sessel fallen. Er kniete, hatte die Backe am Kissen und griff mit den Händen zwischen die festen Innenseiten des Sessels. Er tastete sich abwärts, bis es nicht weiter ging. Seine Fingerspitzen berührten etwas Hartes. Peter versuchte ein paarmal, die Finger darumzulegen. Ah, da hatte er es, da kam es zum Vorschein: ein Zweischillingstück. Zwei ganze Schillinge – ganz allein für ihn. Er hielt die Münze in der Hand und betrachtete sie. Es war ein funkelnagelneues Stück, ohne ein Fleckchen drauf, zwar nicht glänzend, aber sauber und mattsilbern.

»Mamiii!« rief er, »sieh mal, was ich hab!«

»Na, Peter, was hast du denn?«

»Ich hab ein Zweischillingstück unten im Sessel gefunden, und was man findet, kann man behalten!«

»Das ist ja großartig!«

»Ich will mir was dafür kaufen, Mama!«

»Das kann ich mir denken. Wie ich dich kenne, willst du bestimmt sofort losziehen, nicht wahr? Meinetwegen, geh.«

Peter rannte auf die Straße und blieb stehen. Was sollte er tun, was wollte er kaufen? »Ich werde nicht alles auf einmal ausgeben«, dachte er. »Diesmal überlege ich es mir, ich mache mir einen Plan. Es soll ein Abenteuer werden.« Zwei ganze Schillinge! Er hielt die Münze fest in der Hand. »Jetzt weiß ich: Ich gehe zuerst ein bißchen in den Park. Die Sonne scheint, und ich habe noch den ganzen Nachmittag Zeit.«

Er ging die Straße entlang, die Absätze machten Klicketi-klack, Zweischillingstück, Klicketi-klack, Zweischillingstück. Der weite Platz schien den Rhythmus aufzunehmen, bis zu den Dächern der hohen Häuser ringsum. Er ging vom Bürgersteig runter, um die Straße zu überqueren. Der Haupteingang des Parks lag genau gegenüber.

»He! Was ist denn mit dir los?« rief jemand. »Warum guckst du nicht hin, wo du gehst!« Peter sprang zur Seite und drehte sich um. Unmittelbar hinter ihm hatte ein Auto gehalten.

»Haben Sie mich nicht gesehen?« sagte Peter. »Wissen Sie, ich habe hinten im Kopf keine Augen.«

»Du ...!« Der Mann fuhr davon, ohne seinen Satz zu beenden.

Als Peter im Park war, ging er quer übers Gras. Es waren nicht viele Leute da. Er setzte sich auf einen Liegestuhl und überlegte, was er alles kaufen könnte. Er sah rings um sich die Tauben im Gras und lächelte über die Art, wie sie liefen: links-rechts, links-rechts, ihre fetten Körper schwankten beim Laufen von einer Seite zur anderen.

»Drei Pennies macht der Stuhl, junger Mann«, sagte der Parkwächter.

»Ich will Ihnen mal was sagen«, sagte Peter, »Sie können den Stuhl umsonst haben. Sie bekommen ihn von mir geschenkt!«

Er stand auf und ging schnell weg.

»He, du junger Affe«, schrie der Mann, »komm sofort her!«

Aber Peter war weg wie der Wind.

Zwei ganze Schillinge! Draußen vor dem Park ging er langsamer, um nachzudenken, und nahm das Geld in die andere Hand. Die Münze war ganz warm. Er ging langsam weiter und dachte und dachte nach. Er stolperte beinahe über einen Mann, der noch langsamer als er vor ihm herging.

Peter blieb stehen. »Was für ein komischer Mann«, dachte er. Die Beine des Mannes waren ganz krumm, sie steckten in den weitesten Hosen, die Peter je gesehen hatte. Bei jedem Schritt störten sie ihn. Links-rechts, links-rechts, der kurze Körper des Mannes schwankte beim Gehen von einer Seite zur anderen. Peter ertappte sich dabei, wie er den Gang des Mannes nachmachte.

Der Mann drehte sich um.

»Was ist denn mit dir los?« sagte er.

»Ich tue, als ob ich eine Taube wäre«, erwiderte Peter.

»So«, sagte der Mann, »das ist interessant.«

»Haben Sie hinten im Kopf Augen?« fragte Peter. »Wie haben Sie mich gesehen?«

»Augen sind überall«, sagte der Mann.

»Ja?« sagte Peter.

»Gewiß«, fuhr der Mann fort, »ein Künstler braucht Augen.«

»Sind Sie ein Künstler?«

»Sieh her«, sagte der Mann. Peter sah hin. Ein paar Gemälde und Zeichnungen standen auf dem Bürgersteig und hingen vom Parkzaun. »Ich komme gerade vom Mittagessen«, sagte der Mann. »Künstler müssen essen.«

»Andere Leute auch«, sagte Peter.

»Es gibt keine Gerechtigkeit«, sagte der Mann. »Zum Beispiel der Premierminister.«

»Verstehe ich nicht«, sagte Peter.

»Kannst du auch nicht«, gab der Mann zurück, »du bist zu jung.«

»So jung bin ich auch wieder nicht«, antwortete Peter. »Darf ich mir mal Ihre Bilder ansehen?«

»Sieh nur, wenn du Augen hast, zu sehen«, sagte der Mann. »Niemand sieht die Dinge so, wie ich sie sehe – ich bin eben Künstler. Ich male meistens Porträts. Ich habe den Premierminister gemalt. Das ist er«, sagte er und zeigte auf ein Bild.

»Kennen Sie ihn?« fragte Peter.

»Ich brauche ihn nicht zu kennen. Ein Blick genügt. Sehen alle gleich aus, diese Leute. Alle diese Minister, die ganze Gesellschaft. Übel, sage ich dir, ganz übel. Aber du läßt mich jetzt besser allein, ich muß mich konzentrieren. Dies ist die Tageszeit, in der ich nachdenke. Künstler sein ist nicht leicht.«

Er setzte sich auf ein kleines Klappstühlchen und lehnte sich gegen den Zaun. Er schloß die Augen und sah aus, als wolle er auf der Stelle einschlafen. Peter war verwirrt. Das schien eine merkwürdige Art, nachzudenken! Er starrte den Mann an, die Bilder auf dem Bürgersteig, am Zaun, und wieder den schlafenden Mann.

Der Mann war nicht sehr alt; im Schlaf war er ganz ruhig. Wie er so schlief, schien er in sich zusammenzusinken und dahinzuschwinden. Die Mütze des Mannes lag auf dem Boden. Darin lag ein Penny, daneben eine ausländische Münze.

Plötzlich beugte sich Peter runter und ließ das Zweischillingstück in die Mütze des Mannes fallen. Dann drehte er sich um und rannte, rannte den ganzen Weg nach Hause.

*Aus dem Englischen von Helmut Winter*

## Muriel Spark
## Das kleine Telefon

Es war einmal ein kleines Telefon, das wurde niemals benutzt. Es hieß Doktor Downie.

Doktor Downie war sehr einsam, weil nie jemand in ihn hineinsprach, und so fing er an, mit sich selbst zu reden und lange Unterhaltungen zu führen, bloß um die Zeit totzuschlagen. Wenn Doktor Downie mit sich selbst sprach, dann verdrehte er den Hörer, und es hörte sich ungefähr so an: »Guten Morgen, Doktor Downie, wie fühlen Sie sich heute?«

»Ausgezeichnet, danke, Doktor Downie, und wie geht es Ihnen?«

»Um ganz ehrlich zu sein, Doktor Downie, ich fühle mich ziemlich elend und einsam.«

»Kopf hoch, Doktor Downie, und nicht die Flügel hängen lassen!«

»Das ist gut gesagt, Doktor Downie – ich wünschte, meine Frau Miranda Judith könnte das hören.«

»Miranda Judith? Ich wußte gar nicht, daß Sie eine Frau haben, Doktor Downie. Wo ist sie denn?«

»Ja, wissen Sie, Doktor Downie, ich kenne sie selber noch nicht, deshalb konnte sie heute leider nicht hier sein.«

»Doktor Downie, vielleicht lernen Sie Ihre Miranda Judith niemals kennen – haben Sie an diese Möglichkeit schon einmal gedacht?«

An dieser Stelle pflegte Doktor Downie in tiefes Schweigen zu versinken, er sprach dann den ganzen Tag nicht mehr mit sich selbst und brütete stumm auf dem Tisch vor sich hin, den Hörer im Genick.

Eines Morgens wachte Doktor Downie auf und sagte wie gewöhnlich: »Wie fühlen Sie sich heute, Doktor Downie?« Zu seiner größten Überraschung hörte er die Stimme einer schönen jungen Dame.

»Wer ist dort am Apparat?« sagte sie.

»Hier ist Doktor Downie«, sagte er. »Sind Sie die reizende Miranda Judith?«

»Nein«, sagte die Stimme mit einem Anflug von Ungeduld. »Ich bin die Schneeflocke Bentley Fergusson. Sie müssen sich verwählt haben.«

»Bitte bleiben Sie einen Augenblick am Apparat, Fräulein Fergusson«, sagte Doktor Downie. »Ich sehne mich danach, mit jemandem sprechen zu können. Sagen Sie mir, was Sie von diesem scheußlichen Wetter halten.«

Die Schneeflocke wurde zornig, als sie das hörte.

»Vom Wetter!« sagte sie. »Darüber sprechen Sie gefälligst mit einem anderen Telefon! Ich habe sehr viel zu tun, ich lebe im Haus einer berühmten Schauspielerin, die obendrein noch reich und schön ist. Sie ist heute nicht zu Hause, deshalb kann ich mich jetzt meinem Privatleben widmen. Ich bin ein rosa, stromlinienförmiges Telefon vom modernsten Typ. Ich möchte jetzt mit meiner Bank verhandeln, wegen des vielen Geldes, das ich gespart habe. Wer Sie auch sind, ich habe keine Zeit für Sie, ich bitte Sie energisch, jetzt aufzulegen.«

»Mein Name ist Doktor Downie«, murmelte er.

»Das sagt mir überhaupt nichts«, sagte sie. »Sie sind irgend jemand, der aus Versehen eine falsche Nummer gewählt hat. Der Stimme nach müssen Sie ein sehr kleines, vernachlässigtes Telefon sein. Ich werde jetzt das Fernamt anrufen und erklären, daß unsere Anschlüsse verwechselt worden sind.«

Sehr rasch wurde die Verwechslung behoben, und an diesem Tag hörte Doktor Downie nichts mehr von der Schneeflocke Bentley Fergusson. Er war trauriger als je zuvor und wünschte sich, er wäre in einem Haus mit Menschen, die in ihn hineinsprächen.

Als er am nächsten Morgen aufwachte, war er wieder voll Hoffnung. Er hatte sich vorgenommen, noch gesprächiger zu sein, wenn er wieder die Stimme der Schneeflocke hören sollte.

Und natürlich ertönte ungefähr um viertel vor neun die Stimme des reizenden jungen Telefons in seinem Anschluß.

»Ist dort Fräulein Schneeflocke Bentley Fergusson?« fragte Doktor Downie.

»O je, *Sie* schon wieder!« sagte die Stimme ziemlich wütend. »Ausgerechnet, wenn ich mich mit meinem Freund, dem schönen jungen Sir Cruise Steinway amüsiere! Jetzt ist er plötzlich aus der Leitung, und ich bin wieder mit Ihnen verbunden!«

»Schneeflöckchen, mein Liebling«, sagte Doktor Downie zärtlich, »merkst du nicht, daß wir für einander bestimmt sind?«

»Wie steht es um Ihren finanziellen Untergrund?« wollte die Schneeflocke wissen.

»Ziemlich bescheiden, meine Liebe«, sagte Doktor Downie, »aber ich werde ein liebender und treuer Ehemann sein.«

»Für Sie ist in meinem Leben kein Platz, Doktor Downie«, sagte sie, »und jetzt verschwinden Sie bitte aus der Leitung. Ich heirate nur ein reiches, beliebtes und elegantes Telefon in moderner Ausführung. Sie sind zu altmodisch, klein und armselig für mich. Wenn unsere Leitungen noch einmal durcheinander geraten, verbinde ich Sie mit dem Dienstmädchenzimmer – da steht ein altes, taubes Telefon, das heißt Fräulein Holz. Mit dem können Sie sich unterhalten, aber sie wird kein Wort verstehen, sie hört nämlich nicht einmal ihre eigene Klingel.«

An diesem Tag war Doktor Downie sehr niedergeschlagen. Er war so traurig, daß er weinen wollte, aber er konnte nicht; nicht einmal ein bißchen mit sich selbst reden konnte er an diesem Tag.

Aber nachdem er gut und lange geschlafen hatte, war er am nächsten Morgen wieder ganz munter. Voller Ungeduld wartete er darauf, daß er wieder das Schneeflöckchen in die Leitung bekam, denn er war ein sehr nachsichtiges und freundliches Telefon und hoffte immer das Beste.

Punkt elf Uhr hörte er Schneeflöckchens Stimme. Sie unterhielt sich gerade mit einem Herrn, der ihr sagte, was für ein hübsches Telefon sie doch sei. Doktor Downie hörte, wie Schneeflöckchen zu ihm sagte: »Wie lange sind Sie schon angeschlossen? Stehen Sie in luxuriöser Umgebung?«

Doktor Downie beschloß, die Unterhaltung zu unterbrechen. »Schneeflöckchen, mein Schneeflöckchen«, sagte er.

»Da ist doch schon wieder dieser verdammte Doktor Downie in der Leitung«, rief sie. Doktor Downie wollte gerade einen besänftigenden Satz sagen, als er eine fremde Stimme hörte.

»Was ist mit diesem Telefon los? Da ist jemand in der Leitung.«

»Wer sind *Sie* denn, Liebes?« fragte Doktor Downie.

»Ich bin Miranda Judith, die berühmte Schauspielerin«, antwortete die Stimme zärtlich. »Mein rosa Telefon ist nicht in Ordnung, und ich habe eine falsche Nummer gewählt.«

»Das macht nichts«, sagte Doktor Downie, »dann unterhalten wir uns eben. Es ist mir ein großes Vergnügen, mich mit einer berühmten Schauspielerin anstatt mit einem weiblichen Telefon zu unterhalten, wie aufreizend es auch sein mag. Weibliche Telefone können sehr verletzend sein!«

»O je«, sagte Miranda Judith, »es tut mir sehr leid, daß mein rosa Telefon, Schneeflocke Bentley Fergusson, Sie so geärgert hat. Sind Sie ein schönes Telefon?«

»Ich habe eine Reihe von Vorzügen, gnädige Frau«, sagte Doktor Downie. »Ich wohne Gartenstraße 18, aber im Augenblick steht das Haus leer.«

»Dann werde ich dort sofort einziehen«, sagte die liebliche Miranda Judith. »Sie müssen ein sehr charmantes Telefon sein. Ein gutes und heiteres Telefon ist für meine Karriere sehr wichtig – ich werde Sie den ganzen Vormittag benutzen, Sie werden sich keine Sekunde langweilen.«

»Liebste Miranda«, murmelte Doktor Downie, »Sie werden für mich wie eine Ehefrau sein.«

»So soll es sein«, sagte Miranda Judith, »schließlich ist man mit seinem Telefon so gut wie verheiratet. Das ist ein ausgezeichneter Plan. Und Schneeflöckchen schicke ich zu einem wohlhabenden Modezeichner, der wird sie auch glücklich machen.«

Und so zog Miranda Judith in die Gartenstraße 18. Sie brachte eine Menge Freunde mit, die alle in Doktor Downie hineinsprachen, einer nach dem anderen, jeden Tag, morgens, mittags und abends, und wenn sie nicht gestorben sind, dann leben sie noch heute.

*Aus dem Englischen von Helmut Winter*

## David Henry Wilson
## Der Elefant auf Papas Auto

»Mama«, sagte Jeremy James, »auf Papas Auto sitzt ein Elefant.«

»Ja, mein Junge«, sagte die Mama, die Augen auf den Händen, die Hände auf dem Teig, der Teig auf dem Tisch.

»Mama, warum sitzt der Elefant auf Papas Auto?«

»Ich nehme an, er ist müde. Wahrscheinlich steht er bald wieder auf und geht weiter.«

»Er sitzt immer noch da«, sagte Jeremy James zwei Minuten später. »Er ist noch nicht aufgestanden. Das Auto hat sich hingesetzt, aber der Elefant ist nicht aufgestanden. Mama, meinst du, ich soll Papa Bescheid sagen?«

»Nein, laß deinen Vater in Ruhe«, sagte die Mama, »du weißt, er kann es nicht leiden, wenn man ihn bei der Arbeit stört.«

»Papa sieht Fußball im Fernsehen.«

»Wenn Papa sagt, er arbeitet, dann arbeitet er.«

»Aber ein Elefant sitzt auf seinem Auto!« sagte Jeremy James.

Mama drückte Sultaninen in den Teig, als Augen und Nasen.

»Und dem Auto gefällt das nicht«, sagte Jeremy James.

»Jeremy James«, sagte die Mama, »Elefanten sitzen nicht auf Autos.«

»Dieser aber doch.«

»Elefanten sitzen nicht auf Autos. Wenn Mama sagt, Elefanten sitzen nicht auf Autos, dann sitzen Elefanten nicht auf Autos.«

»Aber ...«

»Schluß jetzt. Spiel mit deiner Eisenbahn!«

Jeremy James setzte sich auf den Teppich und spielte mit seiner Eisenbahn und dachte an den Elefanten auf Papas Auto und daran, wie stur Mamas manchmal sein können, wenn sie wollen, und wie er, wenn er eine Mama wäre und sein Sohn sagte, ein Elefant sitzt auf Papas Auto, sagen würde »Was bist du für ein kluger Junge!« und »Danke, daß du's mir gesagt hast!« und »Hier, kauf dir ein Eis!« – anstatt bloß »Elefanten sitzen nicht auf Autos«.

»Tor!« sagte das Fernsehen im Wohnzimmer.

»Tor!« sagte der schwer arbeitende Papa.

Und der Elefant saß immer noch auf Papas Auto.

»Mama«, sagte Jeremy James, denn es hatte sich etwas Neues ergeben. »Mama, der Elefant hat gerade sein großes Geschäft auf Papas Auto gemacht.«

Aber Mamas Gesicht zuckte bloß wie ein Elefantenohr, das eine Fliege abschüttelt, und sie sagte nichts.

»Donnerwetter! Und was für ein großes Geschäft! Mama, sieh mal, so ein großes Geschäft! Mama, warum machen Elefanten so ein großes Geschäft? Ich kann kein so großes Geschäft machen. Meins ist nicht mal ein Tausendstel! Was für ein großes Geschäft!«

»Jeremy James, wenn du nicht aufhörst, gehst du sofort ins Bett. Spiel jetzt mit deiner Eisenbahn und hör mit dem Elefanten auf und vor allem mit diesem großen Geschäft. Hast du gehört?«

»Ja, Mama.«

Kein großes Geschäft! Als ob ein großes Geschäft etwas Unnatürliches oder etwas Ungesundes ist! Man brauchte nur daran zu denken, was passiert, wenn man sein großes Geschäft nicht machte. Dann hieß es: »Jeremy James, hast du dein großes Geschäft gemacht? Du hast dein großes Geschäft noch nicht gemacht? Du bleibst solange sitzen, bis du es gemacht hast.« Aber wenn man sagt, ein Elefant hat sein großes Geschäft auf Papas Auto gemacht, dann ist es plötzlich unanständig. Warum sind die Erwachsenen mal so und mal so?

Jeremy James spielte mit seiner Eisenbahn.

Jeremy James sah aus dem Fenster. Der Elefant war weg.

»Mama«, sagte Jeremy James.

»Was ist jetzt?« sagte die Mama, halb im Backofen, halb vor dem Backofen.

»Der Elefant ist weg.«

»Hm.«

Das war ein typisches Erwachsenenwort: Hm. Es war nur für Erwachsene und bedeutete, was ihnen gerade paßte. Jeremy James hatte einmal selber ein Hm versucht. Die Mama hatte gesagt »Hast du dein großes Geschäft schon gemacht?« (da war großes Geschäft einmal *nicht* unanständig), und er hatte »Hm« gemacht, weil die Erwachsenen meistens Hm zu unangenehmen Fragen machten, wie z. B. »Kaufst du mir heute etwas Schönes?« oder »Warum kriege ich nicht auch so ein Rennauto wie Timothy?«. Jeremy James konnte aber offensichtlich nicht richtig Hm machen, weil die Mama nämlich sagte »Sprich ordentlich!«, obwohl er doch ganz ordentlich »Hm« gesagt hatte.

Papa kam aus dem Wohnzimmer, das Gesicht so lang wie ein Elefantenrüssel.

»Verloren«, sagte Papa, »ganz zum Schluß. Ein Eigentor.«

Und dann lehnte sich Papa an den Türrahmen der Küchentür, wie er es immer tat, wenn er gearbeitet hatte (manchmal auch, wenn er arbeitete), und sah Mama bei der Arbeit zu, weil er wohl aufpassen wollte, daß sie auch alles richtig machte. Jeremy James hatte auch mal versucht, sich an den Türrahmen zu lehnen und wie Papa zu sagen (das war meistens sein letzter Satz) »Dauert es noch lange, Mama?«. Aber anstelle des üblichen Hm hatte Mama »Jetzt fang du nicht auch noch an!« gesagt und ihn zum Spielen mit der Eisenbahn fortgeschickt, die ihm sowieso längst über war.

»Dauert es noch lange?« sagte Papa.

»Hm«, sagte Mama.

»Jetzt fang du nicht auch noch an!« sagte Jeremy James ganz ruhig.

»Ein Eigentor«, sagte Papa, »ganz zum Schluß.«

»War das Tor ein großes Geschäft?« fragte Jeremy James.

»Ich weiß nicht, was mit dem Kind los ist«, sagte Mama.

Papa richtete sich mit dem Ellenbogen in der Tür auf, nahm eine Hand aus der Tasche (»Nimm die Hände aus den Taschen, Jeremy James!«), gähnte und verkündete: »Ich glaube, ich wasch jetzt das Auto.«

Mama sagte nicht »Vor dem Tee lohnt es sich nicht mehr«, obwohl Papa ziemlich lange auf diesen Satz wartete. Schließlich ging Papa aus der Küche, durchs Wohnzimmer, in den Flur, machte die Haustür auf und ging aus dem Haus.

Jeremy James stand am Fenster und überlegte, welche neuen Ausdrücke Papa wohl gebrauchen würde.

Papa gebrauchte überhaupt keine Ausdrücke. Papas Kinnlade sackte herab, und dann kam Papa zurück ins Haus, durch die Haustür, den Flur, das Wohnzimmer, und hielt sich am Türrahmen der Küchentür fest. »Das Auto!« sagte Papa. Dann ging sein Mund ein paarmal auf und zu, als ob man ihn gerade aus dem Wasser gezogen hätte. »Das Auto!« sagte er noch einmal.

»Was ist mit dem Auto?« fragte Mama und strich Handcreme auf das Brot.

»Es ist völlig hin! Es ... es ist völlig hin! Es sieht aus, als wäre es zusammengequetscht worden. Total zusammengequetscht!«

»O John«, sagte Mama, die nur dann John zu Papa sagte, wenn sie sehr aufgeregt war oder wenn sie Geld von ihm wollte. »O John ... ist es etwa auch ... ist es etwa auch ... ganz ... voll Mist?«

»Ja«, sagte Papa, »und wie! So etwas habe ich noch nicht gesehen. Eine ganze Kuhherde muß auf dem Ding herumgetrampelt sein!«

»Es war keine Kuhherde«, sagte Jeremy James, »es war ein Elefant. Und ich hab ihn gesehen, und ich hab's Mama gesagt, aber sie hat nicht gehört.«

»Ein Elefant!« sagte Papa. »Du hast einen Elefanten auf dem Auto gesehen?«

»Ja«, sagte Jeremy James, »und ich hab auch gesehen, wie er sein großes Geschäft gemacht hat.«

»Und warum zum ... hat mir keiner etwas gesagt?«

»Hm«, sagte Mama, und Jeremy James spielte weiter mit seiner Eisenbahn.

*Aus dem Englischen von Helmut Winter*

# Frankreich

MICHEL BUTOR
# Die kleinen Spiegel

*Für Gerda*

Gérard langweilte sich in der Stunde. Es regnete. Ein Schüler las eine alte Geschichte aus dem Lesebuch vor, und die Lehrerin versuchte die Kinder zu überzeugen, daß sie komisch sei. Aber niemand konnte lachen, nicht einmal sie selbst.

Gérard hatte sein Buch antiquarisch gekauft. Es war vollgeschmiert mit Kritzeleien. Zwischen den Zeilen auf der Seite, die sie gerade lasen, entzifferte er: »Wenn du dich langweilst, kratz den Tintenklecks auf dem Buchdeckel ab.«

Der Einband war aus dicker Pappe, und auf der Innenseite bemerkte er tatsächlich einen riesigen Tintenklecks. Er kratzte ihn sorgfältig ab und entdeckte, daß es in Wirklichkeit ein aufgeklebtes Stück Papier war, unter dem eine rechteckige Vertiefung zum Vorschein kam, auf deren Boden man lesen konnte: »Hier einen kleinen Spiegel einlegen«. Die Lehrerin merkte, daß er nicht aufpaßte, und fragte ihn, bei welcher Stelle sie wären. Zum Glück war die Stunde gerade um, und das Läuten erlöste ihn von seinem Gestotter. Da es eine nette Lehrerin war, lächelte sie ihm zu, als sie sah, wie er aufatmete.

Zu Hause durchsuchte er die ganze Wohnung. Die Spiegel waren alle viel zu groß, bis auf einen, den seine Mutter in ihrer Handtasche hatte. Nach dem Abendessen ging er ganz brav ins Bett, und als sie kam, um ihm gute Nacht zu sagen, flüsterte er ihr ins Ohr: »Kannst du mir deinen kleinen Spiegel borgen?«

»Meinen kleinen Spiegel, wofür denn?«

»Für einen Versuch, den sich die Lehrerin ausgedacht hat.«

»Sollen alle Schüler einen Spiegel mitbringen?«

»Nein, nur wer bei sich zu Hause einen findet.«

»Ich seh mal nach, ob ich in einer alten Handtasche einen habe.«

Am nächsten Morgen beim Frühstück: »Na?«

»Na was?«

»Hast du's vergessen?«

»Was denn?«

»Den Spiegel.«

»Ach so. Da hab ich nicht mehr dran gedacht. Ist das denn so eilig?«

»Ja, sehr.«

Und als sie sein betrübtes Gesicht sah: »Na gut, dann nimm den hier. Aber bring ihn heute mittag wieder mit, hörst du, und mach ihn nicht kaputt, er ist sehr zerbrechlich.«

»Such doch mal, vielleicht findest du noch einen andern.«

»Dauert der Versuch denn so lange? Was macht ihr da eigentlich?«

»Ich weiß nicht, sie hat uns nichts gesagt, aber es ist für den Fall, daß wenn ...«

Der Spiegel paßte genau. Gérard versteckte sich mit klopfendem Herzen hinter dem Rücken eines Klassenkameraden und betrachtete sich. Sein Bild begann, kleiner zu werden. Er sah jetzt seinen ganzen Kopf, wie auf einem Foto. Noch kleiner. Er sah sich ganz, stehend, in einem Park. Ein anderer Junge kam auf ihn zu und sagte: »Geh durch, geh doch durch.«

»Wie denn?«

»Zuerst die Hand, ein Finger, zwei Finger, dagegendrücken, mit der ganzen Hand, dem Arm, der Schulter, zieh den Kopf ein, jetzt der andere Arm, der ganze Körper, und die Beine.«

Er war in dem Park, in der Sonne. Das Buch lag aufgeschlagen im Gras. Er sah sich darin in dem Spiegel an seinem Pult sitzen, irgendwie durchsichtig.

»Jetzt müssen wir nur noch die richtige Seite wieder aufschlagen.«

»Aber wenn sie was merkt?«

»Keine Angst, er wird eine Antwort finden.«

»Geht ihr hier nicht in die Schule?«

»Das fehlte noch! Wir haben unsere Tiere.«

»Wie viele seid ihr?«

»Wir sind zur Zeit zehn Brüder. Da kommen die anderen. Ich bin Léon, ich habe ein Pferd, das bringt uns Arithmetik bei. Das hier ist Claude, er hat einen Raben, der bringt uns Geographie bei. Das ist Eugène, er hat einen Biber, der bringt uns Architektur bei. Das ist Pierrot, er hat einen Papagei, der bringt uns Musik bei. Das ist Gabriel, er hat einen Fuchs, der bringt uns Ackerbau bei. Das ist Barnabé, er hat eine Eidechse, die bringt uns Zeichnen bei. Das ist Nicolas, er hat ein Eichhörnchen, das bringt uns Turnen bei. Das ist Clotaire, er hat einen Pinguin, der bringt uns Geschichte bei. Das ist Gilbert, er hat einen Seehund, der bringt uns Schwimmen bei. Das ist Auguste, er hat einen Bienenschwarm, der uns Geometrie beibringt.«

»Aber habt ihr niemand, der euch Autofahren beibringt und wie man Fernsehapparate baut?«

»Wieso, gibt es das in eurer Schule?«

»Nein, aber das würde euch bestimmt interessieren.«

»Wir sind erst am Anfang, weißt du.«

»Ich sehe gar nicht euer Haus.«

»Hier braucht man kein Haus; will man eins haben, dann baut man sich eins.«

»Aber wo wohnt ihr denn?«

»Wir gehen jeden Abend nach Hause zurück.«

»Aber ...«

»Und du auch. Sobald es in deiner Klasse läutet, gehst du wieder auf die andere Seite. Wir sind nur während der Französischstunden hier im Park.«

»Und wo kommt ihr her?«

»Aus verschiedenen Gymnasien. So konnte es nicht mehr weitergehen.«

»Und wie habt ihr das herausgekriegt?«

»Durch ein antiquarisches Buch.«

Sie liefen bis zum Teich, machten eine Bootsfahrt, und das Pferd lehrte sie, die Zahl der Schilfhalme auszurechnen. Dann war es, als ginge das Licht aus, und Gérard fand sich an seinem Pult wieder.

»Ich will unbedingt den Spiegel behalten, Mami.«

»Und was soll ich nehmen?«

»Du brauchst ihn ja gar nicht.«

»Doch, zum Schminken.«

»Und wenn ich dir einen andern kaufe?«

»Warum kaufst du dir dann keinen andern?«

»Der geht vielleicht nicht so gut.«

»Klappt das mit euerm Versuch? Erzähl doch mal.«

»Das ist zu schwierig. Ich bin auch nicht sicher, ob ich alles richtig verstanden habe. Aber du brauchst keine Angst zu haben, ich leere meine ganze Sparbüchse dafür aus.«

»Aber nein, wenn er dir so viel Spaß macht ...«

»Ich würde dir gern etwas dafür schenken.«

»Male mir etwas Schönes.«

»O ja, ich mal dir das Pferd.«

»Welches Pferd?«

»Das, was ich bei unserm Versuch gesehen habe.«

»Ein seltsamer Versuch.«

Am nächsten Tag fragten die Brüder ihn, ob er nicht ein Tier mitbringen könnte, das ihnen noch etwas anderes beibrächte.

»Das Schwierige dabei ist, es in die Klasse mitzunehmen.«

»Es kann klein sein. Deine Idee mit dem Lehrer fürs Autofahren ...«

»Aber was für ein Tier?«

»Das mußt du dir selbst ausdenken.«

Sie liefen bis zu dem schneebedeckten Hügel, machten eine Schlittenfahrt, und der Rabe erzählte ihnen von den Kaufhäusern in London.

In der Nacht hatte Gérard einen Traum. Er brauste in Begleitung eines ganz zahmen Tigers über die Autobahn.

»Könnten Sie morgen mit in meine Schule kommen?«

»Mit größter Freude, aber ich sehe keine Möglichkeit, wie.«

»Sie müßten sich zwischen den Seiten eines Buches verstecken.«

Tatsächlich gab es ein sehr schönes Tigerbild als Illustration zu einem Gedicht. Vielleicht mußte man es ausschneiden? Doch nein, es glitt von Seite zu Seite bis hin zur allerletzten. Die beiden Gefährten wurden mit Freudengeschrei empfangen.

»Jetzt sind wir wirklich Brüder. Aber langweilen sich deine Klassenkameraden nicht auch?«

»Sie kämen nur allzugern mit.«

»Dazu braucht jeder nur ein antiquarisches Lesebuch. Aber vergiß den Tintenklecks nicht.«

Sie liefen bis zu den roten Felsen, machten eine Kletterpartie, und der Biber brachte ihnen bei, wie man eine Drahtseilbahn baut.

Gérard erzählte seinem Nachbarn Albert davon, der sich bereits wunderte, daß er immer so brav und irgendwie durchsichtig dasaß.

»Ich langweile mich jetzt nicht mehr in der Stunde, ich habe einen Trick, wenn dich das interessiert ...«

»Und ob.«

»Als erstes brauchst du ein antiquarisches Lesebuch.«

»Das erlaubt mein Vater nicht. Und wenn ich ihm sage, daß ich das hier verloren habe, macht er einen Heidenkrach.«

»Dann suchen wir einen Antiquar. Der tauscht dir deins bestimmt um.«

Sie mußten tagelang suchen, Gérard kam immer später nach Hause, und manchmal war seine Mutter schon beunruhigt: »Wo hast du denn gesteckt?«

»In der Schule.«

»Bis jetzt?«

»Und außerdem suchen wir alte Bücher.«

»Du brauchst schon wieder ein Buch? Du ruinierst uns noch. Die Lehrer sollten ein bißchen sparsamer sein.«

»Nein nein, es ist nicht für mich, es ist für unsern Versuch.«

Endlich fanden sie einen kleinen Laden direkt neben dem neuen Supermarkt in einem Häuserkomplex, den man bereits abzureißen begann, um ein Hochhaus mit Luxuswohnungen zu bauen. Es gab dort einen ganzen Stapel alter Lesebücher der sechsten Klasse, alle mit dem gleichen Tintenklecks auf der Innenseite des Pappeinbandes. Gérard zählte: genug für alle Schüler, und ein Exemplar würde sogar noch übrigbleiben.

Der Buchhändler schien ihr aufgeregtes Gebaren überhaupt nicht zu beachten, und als die beiden Kinder ihn fragten, ob er bereit wäre, das neue Buch gegen das alte zu tauschen, murmelte er etwas in seinen rötlichen Bart und nahm den sauberen Band in seine irgendwie durchsichtigen Hände.

Albert gelang es, einen wundervollen afrikanischen Elefanten mitzubringen, der Lehrer für Fernsehen wurde.

Sie liefen bis zum Urwald, schaukelten sich in Hängematten, und der Papagei spielte ihnen auf der Orgel vor.

Sie liefen bis zur Ebene, kurvten in Go-carts umher, und der Fuchs zeigte ihnen, wie man blaue Tulpen züchtet.

Sie liefen bis zu den Felsen, sprangen mit Fallschirmen ab, und die Eidechse brachte ihnen bei, wie man das Bild seiner Eltern malt.

Sie liefen bis zum Hochwald, tollten von Ast zu Ast, und das Eichhörnchen erklärte ihnen die Gesetze des Segelflugs.

Sie liefen bis zum Gletscher, rasten die Hänge auf Schiern hinab, und der Pinguin zeigte ihnen Diapositive über das Steinzeitalter.

Sie liefen bis zum Pazifik, fuhren in Pirogen mit Auslegern, und der Seehund führte sie in Muschelgrotten.

Sie liefen bis zum Tal, wateten durch Wasserfälle, und die Bienen erklärten ihnen den Lehrsatz der sechsunddreißig Pfeile.

Sie liefen bis zum Salzsee, wirbelten auf Schlittschuhen umher, und der Tiger trainierte mit ihnen, bis sie schneller als 300 Stundenkilometer fuhren.

Als der letzte der Klassenkameraden zu den andern in den Park gekommen war, zusammen mit einem Ameisenbär, der Lehrer für Schattenspiele wurde, wunderte sich die Lehrerin über die Ruhe. Sie wollte ihren Schülern in die Augen sehen, und da bemerkte sie, daß diese alle irgendwie durchsichtig geworden waren. Sie dachte zuerst, sie brauche eine Brille.

Doch inzwischen hatte Gérard seine Freunde auf den Hängen eines sprühenden Vulkans versammelt: »Und unsere Lehrerin, wird die sich nicht ein bißchen einsam fühlen?«

Es gelang ihnen, das letzte Lesebuch gegen die schönste Briefmarke, die jeder in seiner Sammlung hatte, zu erwerben, gerade an dem Tag, bevor die Buchhandlung geschlossen wurde, und in der Pause tauschten sie es aus. Das Resultat ließ nicht auf sich warten. Die

Schüler waren wirklich ganz still. Die Lehrerin wechselte auf die andere Seite über und brachte einen Königskranich mit, der Lehrer für Haarfrisuren wurde.

Eines Tages kam der Direktor der Schule in die Klasse. Er war sehr überrascht, als er sah, daß alle hier irgendwie durchsichtig waren. Doch da die Lektüre und die Texterklärungen ohne Schwierigkeiten vor sich gingen und es nicht die geringste Unordnung gab, schlief er tief und fest auf seinem Stuhl ein. Als das Läuten ihn weckte, hatte jeder Schüler seine gewöhnliche Undurchsichtigkeit zurückgewonnen. Er schrieb seinen Eindruck einem zu schweren Essen zu.

Die Lehrerin schien von Tag zu Tag jünger zu werden. Im Park ließ Roberts Rhinozeros die Kinder so komische Gedichte aufsagen, daß sie sich vor Lachen bogen. Als die Ferien kamen, wurde Gérard traurig und seufzte: »Schon!«

»Hat es denn in der Schule so viel Spaß gemacht?«

»Der Versuch war so schön, Mami.«

»Ja, ja, die Schulreform! Du hast in den letzten Monaten richtig rote Backen bekommen.«

*Aus dem Französischen von Gerda Scheffel*

## Claude Ollier
## Vor dem aufgeschlagenen Buch

Brambilla blättert die Buchseite um, hebt mechanisch die Augen: Hinter den beschlagenen Fensterscheiben sieht sie wieder die steilen Dächer von Bamberg, die schrägen Balken in den ockerfarbenen Fassaden. Der leichte Westwind bewegt die Kiefern auf dem fernen Hügel. Der Schnee fällt in dicken Flocken. Unten auf der Straße fährt quietschend eine Straßenbahn vorbei.

Sie wendet sich wieder ihrer Lektüre zu. Die rechteckige erste Bildtafel auf der neuen Seite zeigt den großen Festsaal des Palastes. Dunkelheit herrscht. Der Saal ist leer oder scheint zumindest leer mit seiner dreifachen Säulenreihe: niemand an den marmornen Wasserbecken, niemand auf einem der niederen Diwane rings an den Wänden. Doch vielleicht hält sich der Wesir dort hinter dem Wandschirm versteckt? Oder verbirgt sich hinter der nur angelehnten Tür links ein Paar Augen?

Ganz sicher, denn auf der zweiten, quadratischen Bildtafel rechts von der ersten ist die Tür halb geöffnet. Durch den Spalt sieht man den Prinzen, prächtig geschmückt, der lautlos den Kopf heraussteckt und sich vorsichtig umblickend den Raum überprüft. Der in den unteren Teil des Bildes gesetzte Text in falsch arabisierten Buchstaben lautet: »Doch in dieser Nacht hatte Bayaya, als Zauberer verkleidet ...«

Die dritte Bildtafel nimmt die ganze untere Hälfte der Seite ein. Man sieht vorn die Lampe mit ihrem herrlichen Griff und dem gebogenen Schnabel, die auf einem mit Diamanten eingelegten Tischchen steht. Bayaya, der in der Zeit zwischen den beiden Bildern den Raum von der Tür bis zur Mitte des Festsaals durchschritten hat, ist am linken Rand des Rahmens im Profil dargestellt. Sein Blick schweift aufmerksam umher. Man spürt, daß er auf leisen Sohlen schleicht. Sein Arm im goldenen Schmuck streckt sich bereits nach dem Tischchen in der Mitte des Bildes aus.

Brambilla verändert ihre Lage: Sie entfernt sich vom Fenster, hockt sich, die Fersen unter ihre Schenkel schiebend, etwas weiter zurück auf die Ecke des Teppichs. Hefte, Schulmappe, Lehrbücher liegen zurückgeschoben am Fußende des Bettes. Das Läuten der Domglocken dringt in Stößen vom andern Ende der Stadt an ihr Ohr. Eine Straßenbahn fährt vorbei. Der Schnee fällt auf die steilen Dächer.

Sie kehrt zu ihrem Bilderbuch zurück. Auf der rechten Seite zeigt das erste Bild den Prinzen, der sich inzwischen der Lampe bemächtigt hat, wie er ehrfürchtig auf den Marmorfliesen kniet und, den Kopf mit seinem federverzierten Turban zurückgeworfen, mit gestrecktem Arm die kostbare Last haltend, in der Stille und dem Halbdunkel, das nur von einem durch die Zederndecke sanft einfallenden blauen Lichtstrahl erhellt wird, inbrünstig den Wunsch flüstert, den eine Sprechblase mit winzigen Großbuchstaben an seine Lippen heftet: »O Wunderlampe, bring mich wieder zur Prinzessin.«

Kein Zweifel, daß sein Wunsch sofort erfüllt wird, denn auf der folgenden Tafel löst sich Bayaya, der den wunderbaren Gegenstand noch immer fest in den Händen hält, bereits von den funkelnden Fliesen und erhebt sich nach vorn in die Luft, wobei er mit seinen kostbaren Kleidern den größten Teil der Bildfläche einnimmt.

Und auf dem großen Bild der unteren Reihe vollendet sich die vorher angedeutete Bewegung: Der Prinz nimmt fast die ganze zur Verfügung stehende Fläche ein. Zwei Punkte sind besonders hervorgehoben: die im blauen Schein flackernde Lampe und das strahlende Gesicht des jungen Helden. Der Festsaal im Hintergrund ist nur noch ein feinmaschiges Netz von schräg sich kreuzenden Linien.

Brambilla verändert ihre Stellung, rutscht noch weiter zurück, kauert sich in der Zimmerecke zusammen. Die Glocken läuten in der Ferne. Der Tag neigt sich; sie sieht nicht mehr, wie der Schnee hinter den beschlagenen Scheiben fällt.

Brambilla blättert die Seite um. Der Prinz ist weiter emporgeflogen: Jetzt nimmt sein schmaler Körper in dem reich verzierten Gewand das ganze Rechteck des Bildes ein, und sein rechter Arm streckt sich weit über den Rahmen hinaus bis zum linken Rand.

Den rechten Rand, außerhalb des rechten Bildes, bedeckt der Schatten, den sein linker Arm im Schein der Morgendämmerung wirft. Und das Bild unten und die Bilder auf der anderen Seite zeigen seine Gesichtszüge sowie die gekrümmten Linien der Lampe so vergrößert, daß jede Einteilung der Seite aufgehoben zu sein scheint: Unter der Einwirkung der wunderbaren Flugbahn lösen sich die Ränder des Buches auf und zerbröckeln, silbrige Risse überziehen den purpurnen Untergrund, ein Arm ragt heraus, der Federschmuck durchbohrt den Einband ... Brambilla, gebannt in ihrer dunklen Ecke hockend, wagt nicht, die Seite umzublättern.

Auf der folgenden Seite lehnt sie immer noch versteinert an der Wand, im Halbdunkel sind ihre Züge verschwommen. Doch auf dem Bild weiter unten, ebenfalls quadratisch, erhebt sie sich bereits, man erkennt besser den Ort, an dem sie sich befindet, er ist durchsichtig und von einem Korbgeflecht eingeengt oder beschützt.

Rechts ist über die ganze Höhe der Seite eine große Flasche gezeichnet, und während ein feiner rötlicher Dunst aus dem Hals des kostbaren Gefäßes aufsteigt, verdichten sich die Züge der Gestalt, und das holde Gesicht entsteht aufs Neue.

Und auf der rechten Seite mit nur einem einzigen Bild steigt das liebe kleine Bildnis aus der Korbflasche, doch nur bis an den Leib, und streckt die Ärmchen aus nach dem jungen Helden. Außer sich vor Entzücken öffnet dieser den Mund, und der Text in der mit seinen Lippen verbundenen Sprechblase lautet: »O steige doch nur ganz herauf, daß ich dich erschauen möge in deiner Schönheit!«

Bayaya blättert die Seite um, hebt mechanisch die Augen: Hinter den schmiedeeisernen Stangen des Gitters sieht er wieder die weißen Terrassen von Bagdad, die vielfarbigen kleinen Läden unter dem Geflecht der Galerien. Der leichte Ostwind bewegt die Palmen auf dem fernen Hügel. Die Mittagssonne brennt in voller Stärke. Auf der Straße fährt hupend ein Autobus vorbei. Der Ruf des Muezzin dringt in Stößen vom Minarett am andern Ende der Stadt an sein Ohr.

Er kehrt zu seiner Lektüre zurück. Das erste Bild auf der neuen Seite zeigt das enge Tor des Palastes. Dunkelheit herrscht. Der Ort ist leer oder scheint zumindest leer vor der dreifachen Torumrandung: niemand auf der Gasse, niemand in dem Gang diesseits der Pforte. Doch vielleicht hält sich ein Kammerherr dort hinter dem Pfeiler verborgen. Das halbgeöffnete Tor ...

Kein Zweifel: Auf der zweiten Bildtafel, rechts, ist das Tor weit geöffnet, das ganze Gefolge zieht hinein mit seinen Einhörnern, Pferden und Kutschen.

Ziehen ohne alle Schwierigkeit hinein – das Gefolge der Prinzessin.

Der Prinzessin Brambilla.

*Aus dem Französischen von Gerda Scheffel*

# Robert Pinget
## Herr Träumer

Herr Träumer sitzt auf seinem Balkon in der Sonne. Er ist pensioniert. Er hat für sich und seine Haushälterin eine Villa am Meer gemietet, nicht weit von Agapa, einem kleinen Badeort, der im Sommer voller Menschen ist und äußerst langweilig im Winter.

Vor Herrn Träumer steht ein kleiner Tisch mit seiner leeren Kaffeetasse und der Lokalzeitung, die er aber nicht liest; sie dient ihm nur als Rechtfertigung vor sich selbst. In seinem Alter, nachdem man sein ganzes Leben lang seine kleinsten Regungen gerechtfertigt oder verdammt hat, kann man sich nicht mehr einfach gehenlassen. Man hat bestimmte Vorstellungen im Kopf, wie sich ein Mensch zu verhalten hat, der etwas auf sich hält. Im Februar um zehn Uhr morgens ohne Zeitung vor dem Meer zu sitzen, gehört sich nicht. Herr Träumer hat keinen Nachbarn, der ihn beobachten könnte, aber darum geht es nicht. Schon seit langem braucht er niemand mehr, der ihm sein Verhalten vorschreibt.

Warum er seine Zeitung nicht liest, wäre eine andere Frage, aber die hat keine Bedeutung. Vielleicht aus Müdigkeit. Vielleicht aus Faulheit. Vielleicht auch aus Egoismus.

Die Villa liegt über dem Meer, auf einem kleinen, sanft abfallenden Hügel. Unten hat sie vier Räume, zwei davon liegen nach der Meerseite zu, der dritte und die Küche nach Norden zum Garten hin. Oben hat sie drei Schlafzimmer und das Bad. Das Zimmer der Haushälterin geht nach Norden, das von Herrn Träumer und das andere, unbewohnte, haben beide einen Balkon mit Blick aufs Meer.

Herr Träumer beobachtet in der Ferne ein kleines Boot, das sich langsam vorwärtsbewegt. Er erkennt zwei stehende Personen darin. Es müssen Fischer sein, die ihre Netze auslegen, obwohl es schon spät am Morgen ist. Doch vielleicht haben sie im Winter andere Zeiten. Rechts bildet die Küste eine Bucht. Ein hübsches kleines Vorgebirge, etwa drei Kilometer entfernt – doch sind die Entfernungen schwer abzuschätzen –, ist von einem Leuchtturm gekrönt, der aus einem Pinienwäldchen ragt. Links ist eine Insel aus rosa Felsen. Die beiden Fischer lenken ihr Boot zu ihr hin. Das Licht ist so stark, daß der Beobachter seine Hand über die Augen legt, um besser zu sehen, doch das Ergebnis ist gleich Null, denn die Meeresoberfläche flimmert. Dann verschwindet das Boot hinter der Insel. Herr Träumer wartet, daß es auf der anderen Seite wieder erscheint, doch in diesem Augenblick ruft ihn aus dem Garten die Haushälterin. Er beugt sich über das Balkongeländer. Sie schreit ihm zu, der Briefträger habe ein Einschreibepäckchen für ihn.

Pauline behauptet, sie sei zu schwach, um mehr als zweimal am Tag in den ersten Stock hinaufzusteigen, nämlich morgens gegen acht, nach ihrem Frühstück, um Herrn Träumer das seine zu bringen und abzustauben, und abends, um schlafen zu gehen. Sie würde sogar gern unten in dem kleinen Eßzimmer neben der Küche schlafen, aber Herr Träumer verweigert es ihr. Noch nie hat man eine Haushälterin in einem Eßzimmer schlafen sehen. Außerdem würde ihn das zwingen, die Möbel aus dem Eßzimmer ins Wohnzimmer zu räumen und die Möbel von dort ins Rauchzimmer, in dem man sich dann nicht mehr rühren könnte. Pauline hatte auch ans Rauchzimmer gedacht, um dort ihr Schlafzimmer einzurichten, aber der Alte hat das ebenso energisch abgelehnt. In diesem Zimmer empfängt er die Besucher, die unangemeldet kommen, das Wohnzimmer bleibt den anderen vorbehalten. Und außerdem hat man auch noch nie eine Haushälterin in einem Rauchzimmer schlafen sehen. Pauline wird beim Hinaufsteigen der Treppe einen Herzschlag bekommen, wie sie behauptet, wenn das ihr Schicksal ist. Übrigens, hätte sie denn mehr Aussicht, dem zu entgehen, wenn sie nur einmal am Tag hinaufstiege, um sauberzumachen? Das Schicksal kümmert sich um solche Berechnungen nicht.

Er antwortet Pauline, er komme herunter. Er geht in sein Zimmer, nimmt von seinem Nachttisch einen Stift, um die Quittung zu unterschreiben, und geht ins Erdgeschoß hinunter. Der Briefträger wartet vor der Tür auf ihn. Herr Träumer bittet ihn, in die Küche zu kommen, und weist die Haushälterin an, ihm ein Glas Wein einzuschenken, das, was man einem Briefträger anbietet, der ein Einschreibepäckchen bringt. Pauline führt den Auftrag aus, der Empfänger unterschreibt die Quittung, der Briefträger trinkt, nachdem er das Päckchen auf den Tisch gelegt hat. Und er geht.

Da sagt Herr Träumer zu Pauline, warum schreien Sie unter meinem Fenster, statt mich vom Flur aus zu rufen, ich habe Ihnen schon hundertmal gesagt, daß ich diese Art nicht leiden kann. Pauline antwortet, sie sei gerade im Garten gewesen und habe den Granatapfelbaum gegossen, es sei einfacher so und weniger anstrengend. Weniger anstrengend, weniger anstrengend, wiederholt er schlecht gelaunt, wir werden gleich sehen.

Er verläßt die Küche durch die Glastür und zählt die Schritte bis zum Granatapfelbaum. Zwanzig, ruft er. Dann vom Granatapfelbaum bis vors Haus unter sein Fenster. Fünfundzwanzig, ruft er. Er kommt zu Pauline zurück, die in der Türöffnung stehengeblieben ist. Es sind fünf Schritte mehr bis zu meinem Fenster. Sie haben also fünfundzwanzig Schritte gemacht plus fünfundzwanzig, das ergibt fünfzig plus zwanzig gleich siebzig, um wieder in Ihre Küche zu kommen, statt zwanzig, um mich von hier aus zu rufen, plus zwanzig, um Ihren Baum fertig zu gießen, was vierzig ergibt, plus zwanzig, um zurückzugehen, also sechzig. Sie sehen, daß ich recht habe. Aber die Schritte machen es ja gar nicht, sagt Pauline, sondern die drei Stufen strengen mich an, ich hätte sechs hinaufsteigen müssen und drei hinunter, das läßt sich leicht ausrechnen. Plus drei wieder runter, plus drei wieder rauf, weil Sie die Gießkanne vergessen haben, sagt Herr Träumer wütend. Und er verläßt die Küche mit dem Päckchen in der Hand.

Der Garten ist sehr hübsch. Das Tor liegt an der Straße. Von dort geht man einen Weg entlang, der am Fuß des kleinen Hügels rechts abbiegt. Mimosen beschatten ihn. Dann führt er zum Haus hinauf, das von einer mit Agaven und Oleander eingefaßten Terrasse umgeben ist. Auf der Meerseite führt eine Treppe zu einem Miniaturstrand, den Herr Träumer täglich saubermacht und sorgfältig recht. Bei stürmischem Wetter spült das Meer hier Holzstücke an, Seetang, manchmal auch Gegenstände aus Plastik, die von Gott weiß woher kommen und hier angeschwemmt werden. Herr Träumer haßt alles, was Unordnung verursacht. Vor allem wütet er gegen diese Gegenstände, leere Flaschen, Dosen, seltsames Zeug, das nichts dafür kann, weil es nicht untergehen und sich auch nicht auflösen kann. Er sagt, die ganze Welt werde bald von diesem Abfall bedeckt sein, den er einstweilen in eine Felsspalte stopft, bis er dazu kommt, ihn zu verbrennen.

Nachdem er gerecht hat, setzt er sich auf eine Betonbank, die etwas oberhalb des Strandes steht und von einem Feigenbaum geschützt wird. Er raucht eine Zigarette und murmelt, Feigen Feigen, wie kann man nur Feigen pflanzen, denn einerseits hält er Selbstgespräche und andererseits macht er sich nichts aus Feigen. Der Baum hängt eine gute Zeit des Jahres voller Früchte, da es zwei Ernten gibt. Niemand hat etwas davon, denn Pauline macht sich auch nichts aus Feigen, und wäre froh, wenn sich irgendein Junge mit ihnen versorgte. Die Feigen fallen herunter und vertrocknen auf der Erde. Und das gibt Unordnung. Und Herr Träumer bückt sich und hebt von den vertrockneten Früchten so viele auf, wie er kann, und wirft sie in das Loch für das Plastikzeug.

Dann geht er auf die Terrasse hinauf und läßt sich an einem Eisentisch nieder. Ich glaube, ich bekomme eine Erkältung, sagt er.

Er zieht eine Strickweste über, die Pauline auf den Stuhl gelegt hat, und öffnet das Buch, das sie ebenfalls mitgebracht hat. Es sind Vergils ›Gedichte vom Landbau‹, eine schöne zweisprachige Ausgabe. Herr Träumer liest sie ebensowenig wie die Zeitung. Er zieht aus der Tasche seiner Strickweste einen Stapel Rechnungen, die er bis zum Mittagessen aufmerksam prüft.

Dann kommt die Komödie mit der Glocke, die Pauline läutet. Herr Träumer hatte gesagt, als er die Villa zum erstenmal sah und die Glocke über der Küchentür entdeckte, wir werden sie zu den Mahlzeiten läuten. Er hatte hinzugefügt, aber für sich allein, außer Hörweite seiner Haushälterin, meine ganze Kindheit liegt in diesem Läuten zum Mittagessen, wir werden sie wieder aufleben lassen, so lange wir können. Ob er sie so nach Belieben wiederfindet, ist allerdings eine andere Frage.

Es ist also halb eins, und Herr Träumer erhebt sich und geht zur Küche, wo er Pauline fragt, was es zum Essen gibt. Sie antwortet, wieso was es gibt, Sie haben Schnitzel mit Kartoffelmus verlangt, also gibt es Schnitzel mit Kartoffelmus. Sie antwortet nicht immer dasselbe, denn die Speisekarte wechselt ein bißchen je nach den Tagen, aber jeden Tag wiederholt sie, wieso was es gibt, in einem Ton, der aggressiv sein soll, aber es kaum noch ist, die Zeit schwächt die Redewendung ebenso ab wie die Absicht. Sie könnte sich damit begnügen, ohne diese Wiederholung zu antworten, aber es ist nun einmal so zur Gewohnheit geworden.

Herr Träumer reibt sich die Hände, dann wäscht er sie über dem Spülstein und trocknet sie am Gläsertuch ab. Pauline hat sich früher gegen diese Gepflogenheit empört, jetzt nicht mehr. Und Herr Träumer geht ins Eßzimmer, durch dessen Fenster man also aufs Meer sieht. Und Pauline trägt ihm sein Mittagessen auf. Zwischen den beiden Räumen ist eine Durchreiche, die sie bei jedem Essen benutzt, was immer es auch gibt, selbst für das weichgekochte Ei am Abend. Das gefällt Herrn Träumer, der sehr empfindsam ist und in dieser Gepflogenheit eine Erinnerung an seine Kindheit sieht oder an seine Jugend oder an Gott weiß woran sonst. Vielleicht hat er sogar selbst von Pauline verlangt, daß sie die Durchreiche benutzt, doch würde es zu weit führen, zu den Quellen zurückzukehren. Jedenfalls entledigt sich Pauline ihrer Aufgabe ohne offenkundigen schlechten Willen, und der Anschein allein ist glaubwürdig, was immer auch behauptet wird.

Herr Träumer sitzt am Tisch, er hat seine Serviette auf dem Schoß entfaltet. Er schenkt sich Wein ein. Die Durchreiche hinter ihm öffnet sich, das Schnitzel wird abgestellt mit dem Kartoffelmus und dem Salat. Die Durchreiche schließt sich wieder. Die Küchentür öffnet sich, und Pauline erscheint in einer weißen Schürze. Sie stellt das Schnitzel und alles andere auf ein Tablett und bringt es ihrem Herrn. Er sagt, sind Sie sicher, daß es gut durchgebraten ist. Pauline antwortet, Sie werden ja sehen, im gleichen Ton, wie sie gesagt hat, wieso was es gibt. Dann zieht sie sich zurück. Er sticht in das Schnitzel auf der Platte und legt es auf seinen Teller. Er hat einen mißtrauischen Ausdruck, während er es in winzige Stücke schneidet. Dazu hat er seine Brille aufgesetzt, die er wieder abnimmt, bevor er den ersten Bissen hinunterschluckt. Doch von da an – sei es nun, daß das Schnitzel immer den gleichen Geschmack und die gleiche Beschaffenheit hat, sei es, daß der Esser dem wenig Bedeutung beimißt, was er hinunterschlingt, und seiner Haushälterin gegenüber, nur um die Formen zu wahren, den Feinschmecker oder Pedanten vortäuscht, oder sei es, daß ihn eine Mißstimmung beherrscht und ihn vergessen läßt, was er tut – von da an starrt er ins Leere, während er an seinem Essen kaut. Ab und zu leuchtet sein Auge auf, von etwas in der Ferne angeregt. Es ist ein Boot. Der Alte erhebt sich halb von seinem Stuhl, beobachtet einen Augenblick und sagt ganz laut, Ostwind oder Westwind, auch Nordwind, dann fällt er wieder auf seinen Stuhl und in seine Gedanken zurück.

Worüber denkt Herr Träumer nach?

*Aus dem Französischen von Gerda Scheffel*

# Griechenland

MENELAOS LUNDEMIS
Sankt Basilios

Etwas verbargen sie ihm. Er täuschte sich nicht. Ein großes Geheimnis, das sie hinter ihren Lippen verschlossen hielten. Er las es in ihren Augen und sah es an ihren feuchten Taschentüchern, die sie verzweifelt in ihren Händen zerdrückten. Ja, er täuschte sich nicht. Etwas Schweres lastete auf ihrem Haus. Etwas unendlich Schweres, das alles mit Stummheit füllte, alles.

Was war los? Niemand sagte Lambis etwas. Sogar Efterpi, die große Schwester, das »Mütterchen«, auch sie schwieg. Sie ließ ihn stehen, ging vorbei mit geröteten Augen und verschwand in den Zimmern.

»Sei still ...«, sagte sie nur zu ihm.

Gut. Aber wieso ausgerechnet heute? Heute, wo alle Häuser nach Kuchengewürzen duften, wo die Kinder auf den Straßen wie fröhliche Kieselsteine herumspringen, wo sie vor den Türen singen, wo sie lachen und fröhlich sind? Würde dieser Tag so vorübergehen? Bei geschlossenen Türen? Mit trüben Gesichtern? Mit Kleidern, schwarz wie Kohle?

Er weiß doch, an diesem Tag ging es sonst ganz anders zu. Drei Frauen kleideten ihn an, Efterpi gab ihm zwei laute Küsse – einen und noch einen. Dann nahm sie ihn auf die Schulter und lief zum Vater. War das ein Tag! Der Vater setzte ihn auf seine Knie, ließ ihn hochhüpfen, beschenkte ihn. Er nahm ihn an die Hand, und sie machten einen schönen Spaziergang. Und abends, das war das Tollste! Schade nur, daß der Vater nicht dabei war. »Also, Kinder, ich gehe einen Augenblick an die frische Luft«, sagte er und zwinkerte ihm zu.

Kurz darauf klopfte es dreimal an die Tür.

»Sssst!« sagte Efterpi. »Er ist es, der Sankt Basilios. Er kommt.«

Alle senkten die Stimme. Es klopfte wieder. »Herein!« sagte Efterpi.

Dann knarrte die Tür, und sofort schaute ein Kopf herein, schneeweiß, mit einem riesigen Bart. Einem Bart wie reiner Schnee. Dann erschien ein Stock und dann der Sankt Basilios selbst. Gebeugt vom Alter und den Gaben, kam er in die Mitte des Zimmers.

Er legte seinen Stock auf den Boden und suchte ringsherum.

»Was suchst du, Großvater?« fragte man ihn.

»Kinder.«

»Wir haben hier eins.«

»Ich sehe es nicht. Ihr müßt wissen ... Wenn ein Kind unartig ist, sehe ich es nicht. Meine Augen sehen nur die artigen Kinder.«

»Unseres ist artig.«

»Seltsam ... Wieso sehe ich es dann nicht?«

»Es hat sich versteckt ... deswegen.«

»Versteckt? Dann laßt mich ... Ich werde es selber finden nach dem Geruch. Ich finde die artigen Kinder immer nach dem Geruch.«

Lambis, versteckt zwischen den Röcken der Mädchen, brach mehrmals in ersticktes, kurzes Lachen aus, und sein Gesichtchen strahlte vor Glück. Es begann ein fröhliches Fangespiel, bis Sankt Basilios rief:

»Stehengeblieben, ich habe dich! Wie heißt du, Knirps?«

»Lambis.«

»Lambis ... Moment mal, Lambis, laß mich sehen, was ich in meinem Heft über dich stehen habe. Hm ... Was sehe ich. Eine, zwei, drei Unartigkeiten! Hm ... laß uns weiter sehen! Einmal hast du Efterpis Kleid beinahe verbrannt. Ist es nicht so, Efterpi?«

»Ja, Sankt Basilios ... aber er hat es nicht absichtlich getan.«

»Ich weiß es, ich weiß. Sonst wäre ich ja nicht hierhergekommen. Weiter steht nur Gutes in meinem Heft. Zu allererst: Er verspottet nicht die anderen Kinder. Dann: Er lügt nie. Ist es so? Antwortet mir alle.«

»Ja, so ist es.«

»Schön.«

Die Stimme des alten Sankt Basilios zitterte hier, und etwas war mit seinen Augen. Daher versteckte er sie, daß man sie nicht sah. Danach nahm er langsam seinen Stock und verschwand hinter der Tür.

Aber im vorigen Jahr war dann etwas geschehen ...

Als Sankt Basilios sich hinter der Tür entfernt hatte und Lambis auf die Rückkehr des Vaters wartete, um ihm die Geschenke zu zeigen, klopfte es plötzlich wieder an der Tür.

»Der Vater«, sagte Lambis.

Aber die anderen erbleichten. Das Klopfen und die Stimmen, die man draußen hörte, waren nicht vom Vater.

Fremde Männer traten ein mit häßlichen Augen. Lambis erinnerte sich gut, daß sie häßliche Augen hatten. Ihre Hände mit seltsamen eisernen Fingern waren auf Efterpis Brust gerichtet. Sie traten gegen die Türen, auch gegen die Tür, durch die Sankt Basilios gekommen war. Dann erinnerte sich Lambis nur noch an die Arme des Vaters, der sich herabbeugte und ihn an sich drückte. Dann wurden seine

Hände in ein Schloß gesperrt. Die Männer nahmen den Vater in ihre Mitte und stießen mit ihren eisernen Fingern nach ihm. Sie nahmen ihn mit und verschwanden.

Und heute...

Lambis kann man nicht täuschen. Daß sie nicht lachen, daß sie keine Neujahrskuchen backen, keine Vorbereitungen treffen, kann nur bedeuten, daß etwas sehr Böses geschehen war, was man vor ihm geheimhielt. Denn Efterpi hatte es ihm versprochen und darauf geschworen: Zum Neujahr würde er alles haben. Freude und Neujahrssingen, Sankt Basilios und den Vater. Ja, auch den Vater!

»Nur, du darfst nicht erschrecken, Lambis«, hatte sie gesagt. »Der Vater ist ein wenig krank. Sie haben ihn mit dem Schiff gebracht. Aber bis zum Neujahr wird er wieder gesund, und wir werden alle zusammen sein und glücklich feiern.«

Zu Mittag kam ein pechschwarzes Kleid über ihn und deckte ihn zu wie die lichtlose Nacht.

»Efterpi ... Efterpi ...«, schluchzte das Kind. »Sagt mir doch. Was ist?«

Die Schwester schloß ihn in ihre Arme.

»Nichts, Jungchen ...«, sagte sie zu ihm. »Halt dich fest an mich. Halt dich sehr fest an mich. Unser lieber Vater, Lambis ...«

»Was – der Vater? Was? Kommt er etwa nicht? Hat er mich vergessen?«

»Der Vater ... unser Vater, Lambis, ist tot. Unser Vater ist tot.«

»Tot«, sagte das Kind verwirrt. »Und wo ist er jetzt? Wo?«

»In der Kirche, Lambis.«

»In der Kirche ... Und er ist sehr tot?«

»Sehr, Lambis. Ganz tot. Tot für immer.«

»Ich will zu ihm, ihn sehen!«

»Du kommst hin. Wir gehen jetzt hin. Mach schnell, denn er geht bald fort.«

Die Schwester zog sich an. Sie nahm das Gesichtchen des Jungen, küßte ihn, wusch ihn, nahm ihn an die Hand, und sie gingen ...

In der Kirche machte man ihnen Platz. Auch dort hatten alle Taschentücher. Nur einige mit harten Händen gruben fest die Fingernägel in die Hand. Efterpi stellte sich mit dem Kind vor die Bahre. Rechts und links vergossen zwei große Kerzen unerschöpfliche heiße Tränen.

Ja, er war bereit, fortzugehen. Ein kleines Schiff mit Blumen beladen stand bereit zur Abfahrt. Efterpi hob den Jungen hoch.

»Komm, Lambis«, sagte sie zu ihm. »Küß unsern lieben Vater.«

Aber wo war der Vater. Die Bahre war voller Chrysanthemen,

zarte, schneeweiße Blüten. Und nur am Kopfteil lächelte sanft ein bleiches Gesicht, umrahmt von Blumen.

»Komm, küß ihn, Jungchen.«

Lambis blieb reglos. Er sah den Toten an, sah ihn noch einmal, blickte auf zu seiner Schwester. Und plötzlich mit erregter Stimme: »Efterpi«, sagte er zu ihr, »Efterpi.«

»Was ist, Lambislein?«

»Der ist doch nicht unser Vater!«

»Wieso ist er es nicht, Lambis? Er ist es.«

»Nein. Er ist der Sankt Basilios.«

Die Schwester wandte sich zur Bahre. Ja, er hatte recht. Inmitten der schneeweißen Blumen – wie damals in seinem Bart aus Watte – lächelte das geliebte Gesicht, der Sankt Basilios!

»Ja, Lambis. Er ist es. Der Sankt Basilios, der gestorben ist, damit alle Kinder Geschenke haben.«

*Aus dem Griechischen von Isidora Rosenthal-Kamarinea*

## Nikiforos Vrettakos
## Der Vogel aus Ton

In dem Kinderdorf »Kleine Welt« lebten etwa tausend Kinder aus zehn verschiedenen Nationen. Es war nach dem Zweiten Weltkrieg errichtet worden, um Kindern zu helfen, deren Väter gefallen waren und die ihre Familien durch Luftangriffe verloren hatten.

Für jede Nation gab es ein Haus, das aus den Schlafräumen der Kinder, Schulzimmern und der Wohnung des Lehrers und seiner Frau bestand. So fanden die Kinder, die aus allen Himmelsrichtungen in diese Häuser kamen, einen »Vater« und eine »Mutter« vor und dazu drei junge Mädchen, die Helferinnen, die zusammen mit der Mutter den Haushalt der ungewöhnlichen Familie besorgten.

Das griechische Haus hatte dreißig Kinder, von denen die meisten ihre Lebensgeschichte nicht kannten. Die Herkunft der Kinder, soweit man sie ermitteln konnte, kannten nur der »Vater« und die »Mutter«. Sie führten eine Akte über jedes Kind, die niemand außer der Verwaltung des Kinderdorfes zu Gesicht bekam – vor allem nicht die Kinder selbst.

Von halb sieben jeden Abend, wenn die Kinder mit Essen fertig waren, bis um acht, wenn die kleineren im Bett und die größeren in ihren Zimmern sein mußten, durften die Kinder spielen, im Freien, wenn es nicht schneite und regnete (aber es schneite und regnete viel in jener Gegend), oder im Haus. Dann fanden manchmal die Kleinsten Gelegenheit, in die Wohnung der Mutter hinaufzugehen, um sie einmal für sich allein zu haben. An diesem Abend ging Lukas, ein kleiner, sieben Jahre alter Junge, ins Haus, stieg die gebohnerte Holztreppe hinauf und klopfte an die Tür der Wohnung.

Die Mutter wußte schon, als sie zur Tür ging, wer ihr Besucher sein würde. Sie empfing ihn freundlich, beide Arme ausgestreckt, wie sie es auch bei den zwei, drei anderen Gleichaltrigen tat, die an die Tür klopften oder im Korridor auf und ab gingen und warteten, bis sie gerufen wurden. Sie setzte sich in einen Sessel, nahm Lukas auf die Knie, ließ ihn hochhüpfen und sprach mit ihm. Sein trauriges Gesicht strahlte, er schwenkte seine Arme vor Freude, er preßte seine Stirn auf die ihre und trillerte Worte, die einmal einen Sinn hatten und einmal keinen.

Vor ihnen, auf einem niedrigen Tischchen, stand ein bunter Keramikaschenbecher in der Form eines Vogels. Sein Körper war hohl, sein grauer Kopf mit dem schwarzen Schnabel reckte sich hoch. Er stand ihnen zugewandt und schien sie anzusehen. Lukas zeigte mit seinem kleinen Zeigefinger auf ihn und lachte: »Frau Elvira, schauen Sie, das Vögelchen ist eifersüchtig.«

In diesem Augenblick klopfte es an die Tür, und ein anderes Kind trat ein. Als Lukas das Kind sah, umarmte er die Mutter, so fest er konnte, und fügte hinzu: »Auch Petros ist eifersüchtig ...«

Das andere Kind sagte nichts, blieb einige Sekunden in der Tür stehen, und bevor die Mutter ihn zu sich rufen konnte, schlug er die Tür mit aller Kraft zu, und man hörte ihn die Holztreppe hinuntergehen.

Es war acht Uhr vorbei, als die drei Helferinnen an die Tür der Wohnung klopften.

»Ein Kind fehlt ...«

»Welches Kind? Welches?«

»Petros, Frau Elvira.«

Die Mutter sperrte die Wohnung zu und ging mit ihnen hinunter. Sie suchten in den Schlafräumen, einem nach dem anderen, fragten die Kinder, durchsuchten die Badezimmer, den Keller, den leeren Dachboden, die Schulzimmer und guckten in die Schränke. Petros war verschwunden.

Jetzt riefen sie die Direktion an, der Direktor telefonierte mit den anderen Häusern, und dann alarmierte er die Polizei, die nicht zum erstenmal eine solche Meldung aus dem Kinderdorf bekam. Es kam vor, daß ganze Gruppen von Kindern verschwanden, die später nicht sagen konnten, warum sie fortgelaufen waren und wohin sie hatten gehen wollen. Sie nahmen den ersten Weg, den sie vor sich sahen, und machten »Revolution gegen Unbekannt«.

Nachdem die Bahnstation und die Nachbardörfer benachrichtigt waren, gab man Alarm im Kinderdorf. Die großen Kinder bildeten Gruppen. Sie durchsuchten den Wald und beleuchteten mit ihren Taschenlampen Baum für Baum und Strauch für Strauch. Sie umringten den kleinen See und leuchteten die Wasserfläche ab. Und immer hörte man ihre traurigen Rufe in den vielen verschiedenen Sprachen: »Komm, Petros, sag ein Wort! Antworte uns, wenn du hier bist!«

Der Himmel war verhangen. Die Rufe und die Lichter der Taschenlampen kreuzten sich lange Zeit wahllos im Dunkeln. Dann kehrten die Kinder heim, und auch die Erwachsenen kamen zurück, die mit ihren Autos ausgefahren waren und mit den Scheinwerfern der Autos die Umgebung abgesucht hatten.

Die Eltern des griechischen Hauses saßen sich gegenüber am kleinen Tisch, sprachen miteinander oder blätterten zerstreut in einem Buch. Sie hatten die Akte von Petros herausgesucht: Vater und Mutter unbekannt. Sie blieben wach und hofften, daß jeden Augenblick das Telefon läuten würde. Als es an die Tür klopfte, fuhren sie hoch.

»Was ist, Lukas?«

»Ich kann nicht schlafen, ich habe Angst, Frau Elvira.«

Er kam näher mit gesenktem Kopf und preßte verlegen die Hände zusammen. Er schaute stumm auf den Keramikvogel, der jetzt so stand, als schaute er zum Fenster hinaus. Er streckte die Hand aus und berührte ihn: »Du hättest nicht eifersüchtig sein sollen, Vögelchen.« Dann sah er zum Fenster hin und sagte zitternd: »Ich glaube, es regnet draußen, Frau Elvira.«

Die Mutter nahm Lukas an der Hand. Sie führte ihn wieder zum Schlafraum und tat so, als sähe sie die Tränen nicht, die ihm über die Backen liefen. Aber sie ließ das Licht brennen, als sie ging. Die beiden anderen Kinder schliefen tief, mit dem Gesicht zur Wand. Petros' Bett war leer.

Bei Sonnenaufgang läutete das Telefon. Man rief vom deutschen Haus an. Auf dem großen Baum zwischen dem deutschen und dem griechischen Haus hatte man Petros entdeckt. Er saß dort oben, einen Ast umklammert und den Kopf an den Stamm gelehnt. Der Vater des deutschen Hauses hatte eine Leiter an den Stamm des Baumes gelehnt und war hinaufgestiegen. Der kleine Junge streckte die Arme aus, beugte sich vor und ließ sich weinend auf die Brust des Vaters fallen. Seine Hände waren kalt wie Eis, seine Lippen blau, seine Zähne klapperten. Er konnte kein Wort sprechen. Der deutsche Vater trug ihn ins griechische Haus zurück.

Es dauerte Stunden, bis Petros sich wieder bewegen und wieder sprechen konnte. Viele Kinder waren unter dem Baum hergegangen und hatten den Stamm mit ihren Taschenlampen beleuchtet. Er hatte die Stimmen, die ihn riefen, die nahen und die fernen, gehört.

»Aber warum hast du keine Antwort gegeben?«

»Weil ich weinte.«

»Und warum hast du geweint?«

»Ich dachte, niemand auf der Welt liebt mich.«

»Und warum bist du auf den Baum geklettert?«

»Ich wollte sehen, ob jemand nach mir sucht ...«

Auf dem Fest, das am gleichen Abend im griechischen Haus stattfand, gab es Tee, Limonade und viel Kuchen. Die Kinder kamen aus allen Häusern zusammen, und das Orchester der Sieben- und Achtjährigen, das aus zwölf Kindern mit Blockflöten, der Klavierlehrerin, Willy, der alle Vogelstimmen nachahmen konnte, Kamil mit seinem Akkordeon und Andrea mit ihrer Gitarre bestand, legte los. Alle Kinder waren in ihren Werktagskleidern, nur Petros war festlich angezogen: blauer Anzug, frisches weißes Hemd, rote Krawatte – und tadellos frisiert. Er saß die ganze Zeit regungslos am Ende eines Tisches. Als aber die Kinder zum Schluß riefen: »Petros soll etwas vortragen, Petros soll etwas zu uns sagen!«, stand er ohne Zögern auf. Er stieg auf einen Stuhl und sagte, so laut er konnte: »Ich werde nie wieder auf den Baum klettern!« Und sofort senkte er den Kopf, stieg wieder herab und setzte sich auf seinen Platz, begleitet vom Beifall und den fröhlichen Stimmen der Kinder.

Das Fest beschloß Lukas. Bevor die Kinder auseinandergingen und die Lichter ausknipsten, stieg er auf den Stuhl, auf dem Petros vorher gestanden hatte, und spielte allein ein Lied auf seiner Blockflöte.

*Aus dem Griechischen von Isidora Rosenthal-Kamarinea*

Holland

J. Bernlef
# Die vergessene Geschichte

Wo ist denn mein Bleistift? Eben lag er doch noch hier, und jetzt ist er nicht mehr da. Bleistifte haben doch keine Beine, er kann doch nicht weglaufen! Eben war er doch noch da! Wenn ich nur wüßte, wo ich ihn hingelegt habe – ich hab's vergessen. Ach ja, natürlich, so was Verrücktes: Ich schreibe damit!

Ist dir das auch schon mal passiert? Du suchst deine Mütze, dabei hast du sie auf dem Kopf, oder du suchst deine Schuhe und hast sie längst angezogen.

Ich bin furchtbar vergeßlich. Früher nicht, da fiel mir alles sofort ein, aber heute! Es ist schrecklich. Aber das ist noch gar nichts gegen den Mann, von dem ich erzählen wollte.

Der Mann, von dem ich dir erzählen will, war der vergeßlichste Mensch, der mir begegnet ist. Ein Wunder, wie vergeßlich er war. Schaaf hieß er, Herr Schaaf.

Ich lernte ihn vor längerer Zeit kennen. Das dauerte drei Jahre. Ich meine, es dauerte drei Jahre, bis er mich kannte. Jedesmal, wenn ich ihn traf und sagte: »Guten Tag, Herr Schaaf«, sagte er: »Pardon, ich glaube nicht, daß ich die Ehre habe. Ich kenne Sie nicht.«

Aber nach drei Jahren kannte er mich endlich. Das kam so: Nachdem er mir wieder mal begegnet war und wieder zu mir gesagt hatte »Pardon, ich glaube nicht, daß ich die Ehre habe, ich kenne Sie nicht«, hielt ich ihn fest und sagte: »Sie kennen mich sehr wohl. Wir sehen uns Tag für Tag auf der Straße, aber Sie erkennen mich nicht wieder. Sie haben bestimmt ein sehr schlechtes Gedächtnis.«

Herr Schaaf nickte und seufzte. Man sah, es bedrückte ihn, ein so schlechtes Gedächtnis zu haben.

Er tat mir leid. Darum sagte ich: »Wissen Sie was: Ich schenke Ihnen ein Foto von mir. Wenn ich Sie wieder treffe und Sie grüße, holen Sie Ihre Brieftasche heraus und gucken sich mein Foto an: Dann erkennen Sie mich bestimmt wieder.«

Das war ein guter Einfall. Herr Schaaf war sehr froh. Ich gab ihm ein Foto von mir.

Tags darauf traf ich ihn. Er hatte eine Pudelmütze auf dem Kopf, denn es war kalt. Es fror. Auf den Grachten liefen die Kinder Schlittschuh. Fast hätte ich ihn nicht erkannt mit der blauen Mütze.

»Hallo, Herr Schaaf«, rief ich.

Herr Schaaf blieb stehen und drehte sich erstaunt um.

»Pardon«, sagte er, »ich hatte nicht die Ehre ...«

»Die Brieftasche!« sagte ich. Weiße Wölkchen kamen aus meinem Mund. Herr Schaaf blickte ihnen nach.

»Meine Brieftasche«, stammelte er und suchte nervös in allen Taschen.

»Ach du lieber Himmel, meine Brieftasche, ich hab sie doch nicht vergessen?«

Da bekam ich einen Schreck. Wenn Herr Schaaf seine Brieftasche vergessen hätte, wäre mein Plan umsonst gewesen! Aber da war sie zum Glück, eine alte, abgewetzte braune Brieftasche.

Ich sagte: »In Ihrer Brieftasche ist mein Foto.«

Herr Schaaf starrte mich an, als käme ich vom Mond.

Er schlug die Brieftasche auf, und tatsächlich, da lag's.

»Merkwürdig«, murmelte Herr Schaaf, »sehr merkwürdig. Nie gesehen.«

»Überhaupt nicht merkwürdig!« rief ich fröhlich. »Ich hab's Ihnen doch gestern gegeben.« Und ich erklärte ihm, was wir ausgemacht hatten.

Herr Schaaf lachte. Er sagte: »Ich weiß zwar überhaupt nichts mehr davon, aber ich find's wirklich nett von Ihnen.«

Von dem Tag an spielte sich immer dasselbe ab, wenn wir uns trafen. Ich rief: Guten Tag, Herr Schaaf, oder: Hallo, Herr Schaaf, oder: Wohin so spät, Herr Schaaf. Dann drehte er sich um, schaute mich an, fing an: Pardon, ich glaube ..., und dann rief ich triumphierend: Die Brieftasche! Das Foto, Herr Schaaf!

Und dann lachte er. So ging es jedesmal.

Heute – es ist wieder Winter, und Herr Schaaf trägt wieder eine Mütze, aber eine rote – heute sagte er: »Kommen Sie mit, wir wollen Erbsensuppe essen. Nichts geht über eine warme Erbsensuppe im Winter.«

Wir gingen in ein Gasthaus und setzten uns ans Fenster. Und nun erzählte Herr Schaaf seine Lebensgeschichte.

»Fangen wir von Anfang an«, sagte er. »Schon als kleines Kind vergaß ich viel, deswegen glaubten meine Eltern, ich sei ein nachlässiges Kind. Sie sagten immer, Andreas – so heiße ich –, Andreas, räum endlich deine Sachen auf. Laß doch nicht immer alles herumliegen! Dann mußte ich erstmal suchen, *wo* irgendwas herumlag, denn das hatte ich natürlich vergessen. Auch in der Schule vergaß ich alles. Aber da ich auch vergaß, daß ich sitzenblieb, war es eigentlich ganz nett für mich. Jedes Jahr blieb ich sitzen, und als ich zwölf Jahre alt war, hatte ich nichts gelernt. Die meisten Kinder lernten auf anderen Schulen weiter, aber ich brauchte nicht weiterzulernen, ich hatte ja sowieso nichts gelernt. Ich spielte auf der Straße. In der Gegend, in der ich zu Hause war, waren auch viele Hunde. Mit denen spielte ich. Tagelang zog ich mit ihnen querfeldein. Ich hatte Glück: Hunde haben gute Nasen, sie konnten den richtigen Heimweg riechen. Sonst hätte ich mich längst verlaufen.

Eines Tages kam ich nach Haus. Das heißt, nein, eben nicht. Die Hunde brachten mich zu einem Haus. Sie blieben stehen und wedelten mit dem Schwanz. Hier wohnst du, sollte das heißen. Ich guckte das Haus an und schüttelte den Kopf. Ich erkannte mein Zuhause nicht mehr.

Da bin ich in die weite Welt gegangen. Überall bin ich gewesen, in London, Paris, Bangkok und Tokio, aber weil ich nicht mehr weiß, was ich gesehen habe, bin ich eigentlich nirgends gewesen. Nun bin ich also hier«, sagte Herr Schaaf, »und esse Erbsensuppe. Hmm. Schmeckt gut.« Herr Schaaf nahm einen Löffel Erbsensuppe, kaute ein Stückchen Wurst und erzählte weiter: »Es wurde immer schlimmer mit meiner Vergeßlichkeit. Da ging ich zum Arzt. Aber als ich dort war, um Tropfen oder sonst was zu verlangen, hatte ich schon vergessen, was ich fragen wollte. Der Arzt untersuchte mich, aber er konnte nichts finden. ›Sie sind kerngesund‹, sagte er. ›Sie können gehen‹.

Eines Morgens wurde ich wach. Aber weil ich sofort vergaß, daß ich wach war, stand ich nicht auf, bis ich so hungrig wurde, daß ich wohl oder übel heraus mußte. Natürlich hatte ich vergessen einzukaufen oder vergessen, wo ich die Sachen hingetan hatte. Also ging ich in ein großes Geschäft, in einen Supermarkt. Da gab's haufenweise die schönsten Sachen, aber ich hatte vergessen, welche Dinge man essen kann. Schließlich kaufte ich irgend etwas. Es war ein Stöckchen aus Holz, das hatte Haare an einem Ende. Ich biß darauf, aber es schmeckte nicht gut, und so wie die Leute auf der Straße mich anschauten, konnte es nichts Eßbares sein. Schließlich gab ich es einer kleinen Frau, die hatte eine hohe, piepsende Stimme. Sie nannte das Ding ›Aufwaschbürste‹. Mir war bisher nicht aufgefallen, daß es solche kleinen Menschen gibt. Weiter oben in der Straße sah ich noch mehr: ganz viele kleine Männer und Frauen in fröhlichen bunten Kleidern. Sie spielten in einem Sandkasten. Ich fand sie viel netter als die Menschen, die groß waren wie ich. Gegen Abend kamen viele von den großen Menschen. Sie nannten die kleinen Menschen ›Kinder‹ und sagten, sie müßten jetzt ins Bett. Da war ich wieder allein.

Da machte ich mich auf den Weg in ein anderes Land. Am Abend bemerkte ich auf einem fernen Hügel ein Licht. Überall gab es große

Schilder mit der Aufschrift ›Königsschloß‹. Ich wußte nicht, was das zu bedeuten hatte. Ich ging einfach weiter. Schließlich kam ich an ein großes Tor mit einem Soldaten davor.

›Halt‹, rief der Soldat. ›Was wollen Sie?‹

›Ich will gar nichts‹, sagte ich. ›Ich bin Herr Schaaf.‹

›Schafe kommen hier nicht rein‹, rief der Soldat, der die Weisheit mit dem Löffel gefressen hatte.

›Der König hat Sorgen‹, sagte der Soldat, und Tränen schossen ihm in die Augen.

›Aha‹, sagte ich. ›Wieso denn?‹

›Der kluge Berater des Königs ist gestorben. Und nun hat der König niemanden mehr, der ihm in all den schwierigen königlichen Geschäften einen Rat geben kann.‹

›Soll ich's mal versuchen?‹ fragte ich. ›Ich habe nichts gelernt, aber man kann nie wissen!‹

Zuerst zögerte der Soldat, dann aber meinte er: ›Also gut, kommen Sie.‹

Er klopfte ans Tor.

›Wer da!‹ rief der König hinter der goldenen Tür.

›Ich bin's!‹ rief ich, ›Herr Schaaf.‹

›Bäääääh‹, machte der König. Denn er hielt sich natürlich für den Klügsten im ganzen Land.

Ich trat ein. Am Ende des Saals saß der König auf seinem Thron, den Kopf auf die Hände gestützt. Der König hatte Sorgen, das konnte man sehen.

›Meine Tochter will den Prinzen von Schlaraffenland heiraten, dabei habe ich sie bereits dem Prinzen von Rübenreich versprochen. Ach Gott, was soll ich bloß machen! Wissen Sie's vielleicht, Herr Lamm? Können Sie mir nicht helfen?‹

›Womit denn?‹ fragte ich, denn ich hatte die Geschichte des Königs schon wieder vergessen.

So erzählte der König noch einmal, daß er seine Tochter mit dem Prinzen von Rübenreich verlobt hatte, während sie den Prinzen von Schlaraffenland heiraten wollte.

Und wieder bat er um meine Hilfe, und wieder antwortete ich: ›Warum?‹

›Mensch, bist du taub!‹ brüllte der König rot vor Wut.

›Nein‹, sagte ich, ›ganz und gar nicht. Aber ich kann nichts behalten. Ich vergesse alles.‹

›Ach, muß das schön sein‹, seufzte der König. ›Kannst du mir das nicht beibringen? Nie mehr Sorgen! Immer fröhlich! An nichts mehr denken! Hurra! Bring's mir bei, Lämmchen!‹ Und der König fing an, aus seinem Leben zu erzählen. Ich saß neben ihm und hörte zu. Zuerst vergaß der König seine Tochter, als nächstes die Prinzen von Rübenreich und Schlaraffenland, dann sein Land, und schließlich vergaß er sogar, daß er König war. Ich ließ ihn alles vergessen.

Eine Stunde später trat der Prinz von Rübenreich ein. Er bat, man möge ihm erlauben, binnen einer Woche die Prinzessin zu heiraten. Der König nickte. Als der Prinz von Rübenreich gegangen war, fragte der König: ›Wer war denn das?‹ Ich zuckte die Schulter. Da kam der Prinz von Schlaraffenland herein. Er stolperte über den königlichen Teppich und jammerte fortwährend: ›O Majestät, was haben Sie getan, ich liebe Ihre Tochter, ich will sie heiraten!‹

›Guter Mann, dann tu's doch‹, sagte der König. Er hatte keine Ahnung, wer der Mann war, der da flehend vor seinem Thron kniete. Und eine Tochter? Auch das war neu für ihn.

Natürlich konnte das nicht gutgehen. Der Prinz von Schlaraffenland und der Prinz von Rübenreich kriegten sich draußen sofort in die Haare um die Prinzessin, und schließlich gab's Krieg.«

Herr Schaaf hatte seine Erbsensuppe längst aufgegessen, aß aber lustig weiter. Immer wieder steckte er den leeren Löffel in den Mund und schmatzte.

»Und dann?« fragte ich.

»Dann floh ich hierher. Man hat mir gesagt, ich soll arbeiten. Darum fing ich in einer Fabrik an zu arbeiten. Aber weil ich vergaß, jede Woche meinen Lohn abzuholen, wurde ich entlassen. So was Ungeheuerliches hätten sie noch nie erlebt, sagten sie, jemand, der vergißt, seinen Lohn abzuholen!«

»Und dann«, fragte ich, »was machten Sie dann?«

»Nichts«, sagte Herr Schaaf, »gar nichts.«

»Aber Sie müssen doch essen«, meinte ich.

»Essen?« Er schaute mich verwundert an. »Was ist das?«

»Na, und was ist mit der Erbsensuppe da!« Ich zeigte auf den leeren Teller.

»Erbsensuppe? Was soll das heißen? Wer sind Sie? Pardon, ich habe nicht die Ehre ... Machen Sie bloß, daß Sie wegkommen!«

Und Herr Schaaf wollte mir mit dem Suppenlöffel zu Leibe.

Ich machte mich aus dem Staub.

Dieser Herr Schaaf! Ein komischer Kerl! Aber irgendwas stimmt nicht mit seiner Geschichte. Hast du das mitgekriegt?

Wenn er alles vergaß, wie konnte er wissen, daß er in der Schule gewesen war, daß er in die weite Welt gegangen war und daß durch seine Schuld die Prinzen von Schlaraffenland und Rübenreich noch immer Krieg führen um die Prinzessin, die dieses Jahr mit ihren 86 Jahren die älteste Prinzessin der Welt ist?

Vielleicht wollte er mich für dumm verkaufen und hat sich alles ausgedacht. Vielleicht *konnte* Herr Schaaf nichts anderes als Geschichten ausdenken. Denn an das, was er selbst erlebt hatte, konnte er sich ja nicht erinnern!

Auf dem Heimweg dachte ich, also gut, ich werde die Geschichte von Herrn Schaaf aufschreiben, denn er selbst hat bestimmt wieder alles vergessen. Und ich versuchte mich zu erinnern, was Herr Schaaf mir erzählt hatte. Ach du lieber Himmel! Wie war das doch gleich? Ich merkte, daß ich nun dabei war, die ganze Geschichte zu vergessen. Ich rannte los, rannte und rannte.

Außer Atem sprang ich die Treppe rauf in mein Zimmer, nahm Papier und Bleistift und fing ganz schnell zu schreiben an. So. Endlich. Fertig. Nochmal durchlesen:

»DIE VERGESSENE GESCHICHTE. Wo ist denn mein Bleistift? Eben lag er doch noch hier, und jetzt ist er nicht mehr da.«

Habe ich das wirklich geschrieben? Sicher, das ist meine Handschrift.

Also jetzt hör ich auf zu schreiben. Ich will viel lieber wissen, *was* ich geschrieben habe.

*Aus dem Holländischen von Erika Gostischa*

HENK VAN KERKWIJK
# Der Angriff

Das Raumschiff C 743 P, seit zehn Jahren in Betrieb, war startbereit zum Abflug vom Mars. Kurz vor dem Countdown kamen noch drei Extra-Passagiere an Bord. Keine Menschen, sondern Stromberis, die grauen Bewohner des fünften Planeten zu Stern Karina 4362. Nette Leute, gewiß, doch sie hatten einen Nachteil: Sie haarten entsetzlich.

Davon abgesehen waren sie allgemein beliebt. Die Insassen des Raumschiffs C 743P waren froh, daß es Stromberis waren, die auf ihrem Heimatplaneten abgesetzt werden wollten. Für dasselbe Geld hätten auch ein schwefelstinkender Schlunz oder ein schwarzgalliger Karz mitfahren können. Die C 743P passierte auch ihre Welten auf der neuesten Expedition durch den Weltraum. Nein, dann lieber Stromberis. Natürlich war das Haaren alle vier Tage kriminell. Aber dafür hatten sie angenehme Brummelstimmen, und außerdem strahlten sie fortwährend eine intensive, ansteckende Fröhlichkeit aus.

Der elfjährige Dwar aber war nicht zufrieden. Er hatte die Aufgabe, die Stromberis herumzuführen, und dazu hatte er gar keine Lust mehr, als er merkte, daß er fürchterlich niesen mußte, sobald die komischen Wesen haarten. »Hatschi!« prustete Dwar und zeigte von der Galerie, die sie entlanggingen, auf einen ausgedehnten Garten: Kinder spielten unter Obstbäumen auf der Wiese, kleine Vögel flogen umher. Alles wurde beleuchtet von Lampen in der Kuppeldecke, einer perfekten Imitation von Sonnenlicht.

»Das Schiff ist groß«, erzählte Dwar. »Das ist einer der vier Gärten. Es gibt fast alle irdischen Pflanzen. Eigentlich ist alles wie auf der Erde. Durch die Schwerkraftanlage wiegt man soviel wie auf der Erde, die Luft ist wie auf der Erde, und Tag und Nacht dauern so lange wie auf der Erde.«

Die Stromberis nickten.

»Durchschnittlich so lange wie auf der Erde«, verbesserte sich Dwar. Er hatte gelernt, daß Tag und Nacht auf der Erde nicht überall gleich lang sind. Das hing davon ab, wo man gerade wohnt. In nördlichen Gegenden zum Beispiel sind die Tage im Sommer lang und im Winter kurz. Er selbst hatte das nicht erlebt. Er war auf Ganymed geboren.

»Ganymed, der größte Mond des Jupiter«, sagte Zuno, der älteste der drei Stromberis.

»Hm«, murmelte Dwar zustimmend und zog die Nase hoch, die wieder fürchterlich juckte.

»Gehen wir in die Regelzentrale«, schlug er vor. »Wir starten gleich.«

Die Regelzentrale war ein großer, runder Raum. Zwei Männer und drei Frauen saßen schon vor den Schirmen und Schaltpulten. Auch die Dektorleitungen, die normalerweise an den Stühlen hingen, hatten sie schon auf dem Kopf. Dektoren sind kleine künstliche Gehirne. Wenn sie gut am Kopf befestigt sind, werden sie ein Teil des eigenen Gedächtnisses. Jeder kann das riesige Schiff steuern, wenn er an den Dektor angeschlossen ist.

Die drei Stromberis lächelten über Dwars Begeisterung.

»Wir haben auch Dektoren«, erzählte Zuno, »sie sind anders gebaut, damit sie auf unsere Gehirne passen.« Und er schüttelte anmutig seine zehn Tintenfisch-Arme, die von seinen Schultern hingen. Rauschend fielen die Haare zu Boden.

»Hatschi«, heulte Dwar.

Aber dann hörte man ein anderes Geräusch.

»Kommt her«, rief er aufgeregt und zog seine drei Gäste an ihren Fangarmen zu einer Halbkugel in der Mitte des Raumes. Man hörte einen anhaltenden hohen Ton. Unter einer Glasplatte sprühten Funken, und glühende Wellenlinien schlängelten auf und ab.

»Das ist die Aufhebung der Schwerkraft«, erklärte Dwar. »Damit werden wir vom Mars weggeschleudert. Die Startgeschwindigkeit wird dann durch die großen Maschinen unten weiter erhöht.«

»ACHTUNG – DREI SEKUNDEN ZUM START!« ertönte eine ruhige und routinierte Stimme, die in der Regelzentrale und im ganzen Schiff zu hören war. Und dann ...

Dong!

Dong!

Dong!

Eine kurze Erschütterung wie beim Aufheben eines mit Gläsern schwer beladenen Tabletts. Unmittelbar danach war alles wieder ruhig. Der helle Ton brach ab, die Funken und die feurigen Linien verglühten.

»Guckt mal«, sagte Dwar und zeigte auf die Schirme, vor denen die fünf Menschen saßen. Dicke, dunkelblaue Linien zuckten schneller, immer schneller. »Seht ihr, die Beschleuniger sind eingeschaltet. Wenn wir die Beschleunigung nicht halten können, treiben wir von der Milchstraße ab. Und wenn wir zu schnell abbremsen, kann die Reise Jahre dauern. Geplant ist aber nur ein Monat.«

Die Hände der fünf Leute rasten über die Schalttafeln. Auf dem letzten Schirm kamen die blauen Linien zum Stillstand. Die Männer und Frauen nahmen die Hände von den Tasten und lehnten sich zurück. Dann setzten sie die Dektoren ab und hängten sie über die Stühle. Sie standen auf.

Bundell, einer der Männer, erkannte Dwar. Er war der Vater von dem nettesten Mädchen auf dem ganzen Schiff (meinte Dwar). Bundell kam auf Dwar zu.

»Zeitlich schön abgestimmt«, sagte er zufrieden.

»Vor etwa zehn Jahren«, erzählte Zuno, »sind zwei unserer Schiffe weitergeschossen, weil die Bremsanlage kaputtging.«

»Und?« fragte Bundell.

Zuno gluckste vor sich hin. »In zwei- oder dreitausend Jahren wird vielleicht jemand die Explosion wahrnehmen.« Und er und die anderen Stromberis mußten bei dieser Vorstellung so lachen, daß ihre Tintenfisch-Arme hin und her wackelten und die Haare um sie herum durch die Luft flogen.

»Hatschi«, prustete Dwar und noch einmal »hatschi!« und wieder »hatschi!«

Bundell guckte ihn erstaunt an.

»Ich würde mal zur Dektorbibliothek gehen«, riet er ihm. »Es gibt bestimmt ein Mittel gegen deine Empfindlichkeit.«

»Danke«, schluckte Dwar und zog eilig ab, ein Taschentuch vor die Nase gedrückt.

Die Dektorbibliothek war so groß wie zwei Gärten, aber niedriger, mit Schrankwänden voll winziger Schubladen. Und in jeder Schublade war ein Dektor, ein Stück Gedächtnis. Kein Dektor war größer als ein Päckchen Kaugummi, auch wenn das Thema noch so kompliziert war. Neben dem Eingang hing die Dektorleitung der Bibliothek. Angeschlossen war der Leitdektor, der es ermöglichte, in der Unmenge von Schubläden die richtige zu finden.

Dwar setzte sich den Leitdektor auf und merkte, daß er das gesamte Bibliothekssystem überblickte. So arbeiten Dektoren nun mal. Er wußte Themen und Stichwörter und die Nummern der Schubläden, die zu den Stichwörtern gehörten. Aber er verstand nicht alles. Nun ja, der Nutzen von Himmelskarten zum Beispiel war klar. Er wußte, wozu sie gebraucht wurden. Aber was bedeutete »Telekinese (einfache, erweiterte und mechanisch verstärkte ...)«, oder was bedeutete etwas so Verzwicktes wie »Die aktive Verarbeitung von Energieüberschüssen bei Überschreitung zehntausendfacher Lichtgeschwindigkeit«? Leider war etwas so Simples und Einfaches wie »Niesen und was man dagegen tun kann« dem Dektor zufolge in der Dektorbibliothek nicht zu finden. Mit einem Ruck hängte er den Dektor wieder auf, trat wütend gegen den nächsten Schrank und ging.

Am nächsten Morgen machten die Stromberis etwas sehr Altmodisches: Sie lasen. Sie lasen. Sie lasen ein Buch. Na ja, Menschen und auch Kinder griffen oft zu diesem alten irdischen Spielzeug. Aber es war das erste Mal, daß Dwar Nichtmenschen traf, die darauf versessen waren.

Er brauchte diesmal nicht zu niesen, weil die Stromberis neue Haare bekamen. Trotzdem ging er vorsichtig auf sie zu.

Nur Zuno blickte auf. Er steckte gerade einen Mikrofilm in den flachen Viewer, drückte auf die Taste, und das erste Blatt war zu sehen. Er lachte über Dwars Erstaunen.

»Wir haben auf dem Mars angefangen zu lesen«, erklärte er, »zuerst als Notlösung, weil eure Dektoren nicht auf unsere Gehirne wirken, das habe ich dir schon gesagt. Und außerdem haben wir keinen Spaß am Fernsehen. Das kennen wir in unserer Welt schon lange. Aber Lesen ist ja so was Komisches. So eine alte Tradition, die bei euch immer noch fortlebt. Ich habe hier übrigens ein sehr interessantes Buch: ›Die Irdische Geschichte‹. Eine Geschichte von lauter Kriegen. Ich stelle fest, daß ihr besonders zerstörungswütige Lebewesen seid.«

»Oh . . .« Dwar wollte dazu etwas sagen, aber Zuno war schon so in sein Buch vertieft, daß es keinen Sinn mehr hatte. Vorsichtig machte er sich davon. »Solange sie Ruhe halten mit ihren Büchern, brauche ich nicht zu niesen«, dachte er zufrieden.

Zwei Wochen später fragten die Stromberis, ob sie auch den Rest der Reise mitmachen dürften. Sie waren neugierig auf das Flugziel. Auf dem Rückweg konnten sie immer noch abgesetzt werden. Natürlich war das in Ordnung.

Wieder zwei Wochen später erreichte die C 743P den unbekannten Doppelstern. Es gab 29 Planeten, und zu den Planeten gehörten insgesamt ungefähr 189 Monde. Von diesen zusammen 218 mehr oder weniger kühlen Himmelskörpern waren dreizehn, auf denen Leben war, zwei Planeten schienen bewohnt. Eine Anzahl neutraler Dektoren, das sind Dektoren, die noch keine Information enthalten, eine Art Blanko-Gedächtnis also, wurden in den Informationszufuhr-Computer gesteckt. Alle Bewohner von C 743P waren jetzt in der Regelzentrale. Ganz vorn standen die Stromberis. Sie haarten gerade wieder. Neben ihnen Dwar. »Hatschi« war das einzige Geräusch. Sonst war es vollkommen still, alle guckten auf den großen Fernsehschirm über den Kontrollschirmen.

Der eben entdeckte Planet wurde immer größer. Berge konnte

man sehen und viel Grün, aber auch große bebaute Flächen. Die blauen Streifen verschwanden von den Kontrollschirmen, das Raumschiff verringerte seine Geschwindigkeit. Jetzt bewegte es sich so langsam, daß es von der neuen Welt aus erkannt werden konnte. Das wußte Dwar. Der Planet war inzwischen so nah, daß er nur im Ausschnitt auf dem Fernsehfilm zu sehen war. Plötzlich flammten überall rote Lampen auf: Das bedeutet Alarm und automatische Steuerung. Auf den Kontrollschirmen tauchten die blauen Streifen wieder auf. Die C 743P schoß mit rasender Geschwindigkeit rückwärts. Im Nu war der neue Planet auf dem Schirm zu einem kleinen Punkt zusammengeschrumpft. Aber da, wo ihr Schiff gerade noch gewesen war, erschienen drei, vier gleißende Lichtkegel.

»Wir wurden angegriffen«, stellte Bundell fest, der hinter Dwar und den Stromberis stand. »Wir wurden angegriffen, aber wer oder was auf dem Planeten wohnt – sie waren zum Glück nicht schnell genug.«

Die Stromberis drehten sich um, Zuno hatte noch immer den Viewer in einem Fangarm. Immer noch war er vertieft in irdische Geschichte. Er war bei den Weltkriegen angelangt, hatte er Dwar an diesem Morgen erzählt.

»Wie Menschen, was?« bemerkte Zuno zu dem Angriff. Und er und die anderen Stromberis strahlten wieder jene intensive, ansteckende Fröhlichkeit aus. Es wurde still.

»Werdet ihr jetzt Krieg führen?« fragte Zuno weiter.

»Nein, nein«, antwortete Bundell säuerlich. »Warum sollten wir! Planeten gibt's genug.«

»Hatschiiii!« nieste Dwar dazwischen.

Bundell betrachtete ihn besorgt: »Was hast du nur? Ich hab dir doch gesagt, du sollst zur Dektorbibliothek gehen.«

»Ja, aber bei Niesen hab ich nichts gefunden.«

Bundell grinste. »Guck mal unter ›Allergie‹«, sagte er.

Dwar nickte und lief davon.

Die Stromberis sahen gerade noch, wie er sich durch die Umstehenden drängelte, dann drehten sie sich kopfschüttelnd zum Schirm, daß ihre Haare nur so herumflogen.

Die feindliche Welt war inzwischen zu einem winzigen Punkt zusammengeschrumpft.

*Aus dem Holländischen von Erika Gostischa*

Marga Minco
Auf dem richtigen Weg

»In letzter Zeit gelingt mir nichts mehr«, rief Michael wütend. Er stampfte mit dem Fuß auf den Boden seines Ateliers und schmiß die Pinsel in die Ecke.

»Was ist los?« fragte seine Frau erschrocken. Sie brachte ihm seine Tasse Kaffee und sah die Pinsel, die zum Teil zerbrochen waren.

»Ich bin auf dem falschen Weg. Ich geb's auf!« Michael rannte im Atelier auf und ab. »Ich sollte besser Anstreicher oder Straßenfeger oder Steinklopfer werden!« knurrte er. Er nahm das Bild mit den braunen und schwarzen Farbflächen von der Staffelei und drehte es zur Wand.

»Aber Michael«, sagte seine Frau, »du hast doch so viele schöne Bilder gemacht.«

»Schön? Schön findest du sie? Na, da bist du aber die einzige in Amsterdam. Warum kauft mir keiner was ab, wenn das alles so schön ist?«

»Vielleicht ...«, Angela zögerte, »vielleicht ... malst du zu ... düster.«

»Düster?« Michael lief rot an. »Was macht das aus, ob sie düster sind? Die von Jan Ananas sind auch nicht fröhlich. Aber seine Bilder werden sogar in Amerika verkauft.«

»Ich weiß nicht ...«, Angela begann zu stottern. »Ich glaube, du mußt ... du solltest ... dich besser umgucken.«

»Ach ja!« brüllte der Maler. »Als ob es schön auf dieser Welt wäre! Alles, was ich sehe, ist dreckig und versaut – Erde, Wasser, Luft, alles verdreckt. Und den Dreck male ich.«

»Aber die Menschen wollen auch mal etwas anderes sehen«, sagte Angela, »was sie in bessere Stimmung bringt, worüber sie lachen können. Versuch's doch mal.«

Sie ging an den Wänden des Ateliers entlang. Überall hingen seine Bilder, aber nicht ein helles Fleckchen war darauf zu sehen.

»Du mußt lernen, deine Augen anders zu gebrauchen.«

Sie nickte ihm aufmunternd zu und verließ das Atelier. Mißmutig lief Michael noch eine Weile auf und ab. Auf der anderen Seite der Gracht sah er einen Lastwagenfahrer große Kartons ausladen. Hinter dem Wagen bildete sich eine Autoschlange, die Fahrer hupten ungeduldig. »Blöde Bande«, knurrte Michael, »Gewühl, Gestank, endloser Krach, und Angela sagt, ich male zu düster. Bah!«

Gerade wollte er sich umdrehen, da entdeckte er an der Gracht einen alten Mann mit schwarzer Jacke und schwarzem Hut, der schaute zum Atelierfenster hoch, nickte ihm zu und hob die Hand. Michael kannte ihn nicht. Er war sicher, ihn noch nie gesehen zu haben. Er blinzelte ein paarmal mit den Augen, und da geschah etwas Sonderbares: Autos schoben sich übereinander zu einem schiefen Turm, andere trieben wie Schiffe auf dem Wasser. Die Fahrer kletterten auf die Bäume und hängten die Kartons an die Äste. Der Lastwagen fuhr mit einem Grachtenhaus auf der Ladefläche davon. Einige Meter über der Straße schwebte ein Mädchen mit flatternden Haaren.

»Verrückte Welt!« rief der Maler. Er rieb seine Augen, um zu sehen, ob der alte Mann womöglich in dem Baum saß, unter dem er gerade gestanden hatte. Der Alte war aber verschwunden.

Du mußt dich besser umgucken ... Ja, Angela wird lachen, wenn er ihr erzählt, was er hier gesehen hat – oder sie denkt, ich bin verrückt!

Er hatte keine Lust mehr, im Atelier zu bleiben. Er zog seine Jacke über und lief die vier steilen Treppen hinunter. Der Lastwagen auf der anderen Seite war fort. Die Autoschlange hatte sich aufgelöst. Michael ging die Prinzengracht herunter und spazierte auf der Kaisergracht zurück. Auf einer Brücke blieb er stehen und beobachtete einen Ausflugdampfer. Da klopfte ihm jemand auf die Schulter: Neben ihm stand der alte Mann mit der schwarzen Jacke und dem schwarzen Hut. Er hatte ein fröhliches Gesicht, rote Apfelbäckchen über einem hochgezwirbelten Schnurrbart. Eine Hand hatte er auf dem Brückengeländer, die andere legte er auf Michaels Arm.

»Du bist doch Maler?« sagte der alte Mann.

»Woher weißt du das?« Michael guckte ihn verblüfft an.

Der alte Mann kniff ein Auge zu.

»Guck mal hoch«, sagte er und zeigte mit seinem dünnen weißen Finger in die Luft.

»Wozu?« fragte Michael.

»Mach's doch mal! Was siehst du?« – »Nichts.« – »Ein feiner Maler«, kicherte der alte Mann, »er sieht nichts.«

»Na ja«, sagte Michael, »ich sehe Blätter an den Bäumen.«

»Höher!«

»Den Schornstein.«

»Noch höher!«

»Einen blauen Himmel.«

»Aha, wir sind auf dem richtigen Weg.« Der alte Mann hielt seinen Arm noch immer ausgestreckt. »Noch was?«

»Nichts weiter.« Michael zuckte mit den Schultern, er verstand den anderen nicht.

»Siehst du nichts durch die Luft fliegen?«

»Nein«, sagte Michael. Er trat zurück und starrte zum Himmel: »Ich sehe nichts.«

»Das ist schade.« Der alte Mann ließ enttäuscht den Arm sinken.

»Was ist denn da oben?« fragte Michael neugierig.

»Ehrlich gesagt, mein Lieber, ich sehe auch nichts Besonderes, aber ... als ich dich hier stehen sah, dachte ich auf einmal: Der sieht es. Ein Maler muß es sehen.«

»Aber was denn, Herr äh ...?«

»Bonewit, Barend Bonewit.« Er gab dem Maler die Hand.

»Michael«, sagte Michael nur.

»Angenehm«, sagten beide zur gleichen Zeit.

»Also was soll ich sehen, Herr Bonewit?«

»Tja«, sagte der alte Mann nachdenklich, er kam einen Schritt näher, »vielleicht einen Gartenzwerg mit Flügeln ... ein Ferkel ... eine Bimmelbahn ... nur ein paar Anregungen, mein Lieber. Adieu!«

Er nickte und ging. Michael sah ihm verblüfft nach, dann ging er in die andere Richtung. Herr Bonewit sollte ja nicht denken, er liefe ihm nach. Noch nie hatte er einen so merkwürdigen Menschen getroffen. Er trödelte zum Frederiksplatz und setzte sich dort in die Sonne. Kinder spielten an einem Brunnen. Zwei Frauen kauften Tulpen am Blumenstand. Er räkelte sich wohlig, dabei kniff er die Augen zusammen, und plötzlich wurde alles auf dem Platz ganz anders: Die Radfahrer fuhren auf den Oberleitungen der Straßenbahn freihändig, rote Tulpen schwebten über das Gras und setzten sich an die schönsten Plätze. Gelbe Narzissen sprangen auf die Hüte der Spaziergänger, blaue Iris segelten durch geöffnete Fenster in die Häuser. Die Drehorgelpuppen hüpften im Takt der Musik von ihren Plätzen und tanzten auf der Fahrbahn.

»Eine verrückte Welt!« rief Michael.

»Das kann man wohl sagen«, meinte ein junger Mann mit weitem Umhang, der neben ihm auf der Bank saß. Er zwinkerte ihm zu und zog ein Buch aus der Tasche, aber nicht mit den Händen, sondern mit seinem Fuß. Der junge Mann hatte keine Arme.

»Man sitzt gut hier in der Sonne. Ich komme langsam zu mir. Ich habe den ganzen Tag schwer gearbeitet.«

»Was machen Sie denn?« fragte Michael.

»Ich bin Bildhauer.«

»Ah ja«, sagte Michael, und er versteckte beschämt seine Hände auf dem Rücken. »Viele Aufträge?«

»Kaum zu schaffen. Aber ich will nicht klagen. Ich finde es großartig, soviel Arbeit zu haben.« Der junge Mann strahlte ihn an. »Sag doch Arend«, sagte er.

»Michael«, sagte der Maler. Er wollte ihm die Hand geben, hielt sich aber gerade noch zurück. »Ich male.«

»Geht's gut?« fragte Arend.

»Nicht sehr«, sagte Michael. »Ich habe das Gefühl, ich bin auf dem falschen Weg.«

»Du mußt anders sehen lernen.«

»Das sagt auch meine Frau. Heute habe ich damit angefangen, und ich muß schon sagen, ich sehe die erstaunlichsten Dinge.«

»Das will ich gern glauben«, sagte Arend. Ganz schnell bewegte er jetzt seine Füße. »Ich muß heute abend noch spielen.«

»Spielen?«

»Meine Tante gibt einen Liederabend. Ich begleite sie auf dem Flügel.«

»Singt deine Tante?«

»Tante Bella? Tante Bella singt wundervoll. Sie singt ganz mühelos das hohe C.«

»Bella ...«

»Bella Bonewit«, sagte Arend.

»Bonewit!« rief der Maler erstaunt.

»Kennst du sie?«

»Nein ... aber ich kenne einen Herrn Barend Bonewit!«

»Onkel Barend!« Arend stieß ihn mit dem Fuß. »Das ist ein wunderbarer Mann! Weißt du was? Komm doch heute abend vorbei. Sie werden sich freuen. Onkel Barend ist Kunstsammler. Sein Haus hängt voll moderner Bilder.«

»Auch von Jan Ananas?« fragte Michael.

»Klar. Er ist immer auf der Suche nach neuen Talenten. Wenn du gut bist, kauft er dir was ab. Dann bist du durch.« Er wandte sich an den Blumenverkäufer: »Was kosten Tulpen heute?«

»Einen Gulden«, sagte der Mann, nahm einen Strauß aus dem Eimer und brachte ihn zur Bank.

»Auf meinem Hut«, sagte Arend. Der Blumenverkäufer nahm das Geld vom Hut und legte die Tulpen neben ihn. »Die bringe ich Tante Bella mit. Sie wohnt an der Herrengracht. Ein großes Haus. Leicht zu finden.«

Arend jonglierte mit dem linken Fuß die Blumen in die Tasche seines Umhangs und sprang auf. »Adieu!« rief er.

Michael starrte ihm lange nach.

»Ich darf mich über nichts mehr wundern«, sagte er sich.

Mit seinem letzten Gulden kaufte er einen Strauß Tulpen für Angela und überquerte den Platz. Beim Brunnen blieb er stehen. Das aufschäumende Wasser leuchtete vor seinen Augen, und er fühlte sich ganz leicht. Er atmete tief, erhob sich langsam vom Erdboden, und als er die Arme ausbreitete, merkte er, es waren Flügel. Er kurvte kurz über den Platz, die Drehorgelmusik wurde leiser, die Häuser und die Menschen kleiner, immer kleiner. Mühelos schwebte er über dem bunten Gewimmel der Stadt, entschlossen, alles zu malen, was er heute gesehen hatte. Er war jetzt in der Nähe seiner Wohnung. Seine Frau saß am Fenster.

»Angela!« schrie er. »Angela, ich bin auf dem richtigen Weg!«

Sie lächelte und winkte ihm zu, als sie ihn mit den roten Tulpen über die Brücke laufen sah.

*Aus dem Holländischen von Erika Gostischa*

# Italien

## Giovanni Arpino
## Der gute Onkel

Die Leute im Wunschland hatten gar nicht so viele Wünsche. Sie wollten nur in Frieden leben, ohne Schulden, ohne große Ausgaben und ohne Angst vor Hunger und morgen. Aber keine Regierung konnte das. Die guten Leute hatten es mit einem Bürgermeister versucht, mit einem Alkalden, mit einem Sheriff, einem Herzog, einem General und dann noch mit einem Admiral, mit einem preisgekrönten Dichter und einem Buchhalter. Später nahmen sie sich einen Diktator und sogar einen Zauberer, der extra aus Indien angereist kam: umsonst.

Die Geschäfte gingen schlecht, die Straßen kriegten Löcher, es regnete zuviel, und hinterher brannte die Sonne wie Feuer, die alten Häuser wurden nicht wieder neu, den kranken Menschen ging es nicht so gut, wie es sein sollte, und die schlimmmen Kinder schmissen die Fensterscheiben mit ihren Zwillen kaputt wie am ersten Tag.

Eines Abends trafen die Leute vom Wunschland sich auf dem Marktplatz und sprachen wie ein Mann: »Jetzt langt's uns aber! Wir wollen so regiert werden, wie wir es uns wünschen. Wenn Menschen das nicht schaffen, nehmen wir uns eben eine Maschine. Die Maschinen sind keines Menschen Feind oder Freund und sind in keiner Partei. Jetzt erfinden wir eine Maschine, die uns regieren kann.«

Sie wählten einen Rechenlehrer, einen Verrückten, der in den Sternen lesen konnte, einen Wahrsager, einen Landvermesser, einen Ingenieur, der die ganze Welt kannte, den Bahnhofsvorsteher und gaben ihnen Papier, einen Bleistift und eine Rechenmaschine und befahlen ihnen, eine Maschine zu bauen, die rechnen und regieren konnte.

Die merkwürdigen Erfinder arbeiteten 7000 Stunden lang. Dann erklärten sie, die Maschine sei fertig. Sie sei schnell, gut geölt, wirksam, könne schreiben und lesen, teilen und malnehmen und sie sei mit niemandem auf der Welt befreundet oder verwandt und werde deshalb alle Menschen gleich gut behandeln.

Man nannte die Maschine »Computer«, sogar »Onkel Computer«, denn das Wunschland ist ein Ort, wo es nur freundliche Menschen gibt, die sich nicht mit Sie, sondern mit Du anreden und sich alle für Cousins und Cousinen halten.

Sie brachten die Maschine in das Büro, das früher dem Sheriff, dem Bürgermeister und dem Admiral gehört hatte, und setzten sie ganz vorsichtig auf den großen roten Sessel.

Onkel Computer fing gleich mit der Arbeit an. Er sagte, was die Leute tun sollten, blitzte mit tausend farbigen kleinen Lampen, bewegte seine Hebel, drückte auf seine Knöpfe, und alle zwei Minuten zog er aus seinem Mund einen Streifen Papier mit vielen Löchern hervor, der aussah wie eine ellenlange Zunge. Darauf konnte man alle Vorschriften ablesen, die das Leben im Wunschland regeln sollten.

Auf den Straßen wurden ein paar Löcher zugeschüttet, eine Operation wurde rechtzeitig ausgeführt, und sogar Regen und Sonnenschein schienen jetzt zu stimmen, obwohl das vielleicht ein Zufall war. Es war jedenfalls genug, und alle Leute hielten Onkel Computer für eine gute und praktische Regierung, die keine großen Ansprüche stellte. Er verbrauchte nicht viel Strom, lief von alleine und war so gerecht, wie der Alkalde, der Herzog und der Zauberer niemals gewesen waren.

Onkel Computer saß alleine in seinem Zimmer auf dem roten Stuhl und arbeitete so fleißig wie jede Maschine. Er machte für alle Leute die Buchhaltung, zählte Tag und Nacht Zahlen zusammen, sagte im voraus, wenn schlechtes Wetter bevorstand, und paßte auf, daß die kleinen Kinder schön brav waren.

Aber bald kam einer, dem es leid tat, daß Onkel Computer so fleißig arbeiten mußte und nichts dafür bekam. Eine alte Frau, die im Winter geröstete Kastanien verkaufte und im Sommer Wassermelonen, sagte: »Was sind wir Menschen doch böse. Kaum haben wir eine gute Regierung, da nutzen wir sie schon aus. Nicht einmal ein Geschenk haben wir Onkel Computer gemacht ...«

Ihre Freundin, die auch so ein Hutzelweib war, das im Winter Strümpfe strickte und im Sommer Pfirsiche blank putzte, sagte sofort: »Wirklich wahr. Deppen sind wir. Undankbares Volk. Onkel Computer arbeitet wie ein Stier, und wir sagen noch nicht einmal mäh. Wenn wir beide nicht daran denken würden, weil wir schon so alt und erfahren sind ...«

Gesagt, getan. Sie legten Onkel Computer, der auf seinem roten Sessel zwischen seinen tausend Hebeln und Maschinenteilen saß und vor sich hinbrummte, eine Wassermelone und zwei Pfirsiche vor die Füße.

Am nächsten Tag: heiliger Himmel! Kaum daß ein reicher Fettwanst die Geschenke gesehen hatte, wollte er es noch besser machen als die beiden Marktweiber und legte Onkel Computer ein neugeborenes Lämmchen hin. Und danach kam ein Schlappeflicker, dann ein

Baumeister, dann ein Metzgermeister und so weiter. Kurzum: Es gab eine Prozession, und während Onkel Computer weiter seine Arbeit tat, füllte sich sein Zimmer mit großen und kleinen und ganz großen Geschenken, und bald stank es nach Rosen, Parfüm, Käse, Hammelfleisch und altem Salat. Der eine brachte ein gemaltes Bild, der andere eine Schüssel voll Schlagsahne, einer legte eine Bratwurst hin und einer eine Stange Knoblauch. Einer, der besonders geizig war, schleppte einen geheimnisvollen Sack an, in dem aber nur Stroh war, und einer, der sein Geld zum Fenster hinauswarf, brachte ein paar goldene Münzen, um zu zeigen, wie großzügig er war.

Nur die Kinder legten nichts hin, noch nicht einmal ihre Zwillen, die sie unter den Matratzen versteckt hatten. Aber wegen dem Gequatsche und Getue der Erwachsenen fingen sie an, wieder mit ihren Zwillen und mit Steinen zu schießen wie früher, in der guten alten Zeit, als die Regierung noch schlecht war und nicht aufpaßte. Ein Stein flog durchs Fenster und traf Onkel Computer direkt unter dem Arm, wo er mindestens 10 000 elektrische Teile hatte.

Onkel Computer schien den Treffer nicht bemerkt zu haben, weil er aus Eisen war, das dachten jedenfalls alle. In seinem Zimmer mit dem roten Sessel, wo jetzt schon eine große Wolke aus tausend Gerüchen von den vielen Geschenken schwebte, machte er weiter seine Arbeit, als wäre nichts geschehen. Aber eines Tages, statt dem Metzger das zu sagen, was er hören wollte, nämlich eine Zahl mit sechs Nullen, streckte Onkel Computer seine durchlöcherte Zunge ganz lang raus und brummelte: »Du Lumpenhund, verkauf dein Suppenfleisch nicht als Kutteln!« Der Metzger war völlig verdattert. Er lief hinaus, holte Leute und fragte den Onkel Computer noch einmal dasselbe. Aber diesmal sagte der gute Onkel: »Du mieser Gauner, verkauf deine Kutteln nicht als Suppenfleisch.« Und ohne lange abzuwarten: »Und du alter Schlappeflicker, hör auf, Schuhsohlen aus Pappe zu machen. Knack!«

Ein Mann, der dabeistand, fing an zu lachen, aber er hörte gleich wieder auf. Denn auf einmal wurde Onkel Computer am ganzen Körper völlig rot, als hätte man seine Karosserie rot angemalt, und beschimpfte ihn ebenfalls mit Lügen, Beleidigungen und Bosheiten. In dem Zimmer mit dem roten Sessel, wo es von tausend Gerüchen ganz entsetzlich stank, gab es einen Höllenspektakel, während die schlimmen Kinder auf der Straße den Krach dazu ausnutzten, wie früher mit ihren Zwillen Krieg zu spielen und zu schießen, daß die Fensterscheiben nur so durch die Gegend flogen und klirrten.

Unterdessen sagte Onkel Computer zu dem einen Hutzelweib: »Wasch dir mal endlich die Füße, Dreckschwein. Krack!«

Und zu dem Bahnhofsbeamten: »Verkauf deinen Bahnhof und werd Straßenkehrer. Knick!«

Und zum Barbier: »Mit dem Pinsel zum Rasieren kannst du dir den Po polieren.«

Kurz und gut: Es gab einen entsetzlichen Krach, die Leute weinten, schrien und fluchten, wie sie das noch bei keiner Regierung getan hatten. Der Schlosser schwang seinen Hammer, als wäre er ein Indianerhäuptling, und wollte den guten Onkel zu Brei schlagen, zu Blechbrei.

Aber das war nicht mehr nötig: Nach einigen Minuten erschrak der Onkel Computer so über seine eigene Rede, daß er mit seinen empfindlichen Stromkreisen, die kurz vor dem Zusammenbruch standen, nur noch etwas Rauch ausstoßen konnte; dann seufzte er noch einmal, knackte, und dann hing seine lange Papierzunge schlapp heraus und schwieg still, für immer.

Die Leute aus dem Wunschland verließen das stinkende Zimmer. Sie waren nachdenklich und unsicher. Sie trafen sich unter der großen Eiche auf dem Marktplatz, um die Sache zu besprechen.

Der eine gab dem anderen die Schuld wegen der Geschenke und meinte, der Geruch habe die Maschine des guten Onkel gestört. Der andere war ganz verzweifelt, wenn er über die Zukunft nachdachte. Wieder einer sagte gar nichts und dachte nur darüber nach, wie schwer das Leben doch ist, und einer schlug vor, zur Erinnerung an den Onkel Computer eine Sackgasse nach ihm zu benennen.

Sie stehen immer noch da und reden, weil es immer etwas zu reden gibt. Sie tun nichts, stehen im Schatten der Eiche und reden, reden, während ihre Kinder mit Zwillen spielen. In den Dörfern in der Nachbarschaft sagen die Leute: »Das Wunschland fängt an, der verrückteste Ort auf der Welt zu werden, ein Land für Leute, die wenig haben und wenig tun.«

*Aus dem Italienischen von Renate und Peter O. Chotjewitz*

Gianni Rodari

# Eine Nacht ohne Mond

Gewisse Dinge kommen heutzutage einfach nicht mehr vor. Dinge, die früher, in den Nächten ohne Mondschein, passierten.

Versucht doch selber einmal zu sagen oder zu schreiben: »Es war eine Nacht ohne Mond ...« Da kann man doch nur lachen. Wenn der Mond abnimmt und nicht hell genug ist, schickt das Amt einfach einen Mond an den Himmel, das weiß doch jedes Kind. Einen schönen, dicken, runden, der heller leuchtet als der richtige Mond.

Sonntags schicken sie sogar zweie hinauf, einen, der von Osten nach Westen wandert, und einen, der von Westen nach Osten wandert, und mitten am Himmel treffen sie sich, stoßen aber nicht zusammen und geben soviel Licht, wie gebraucht wird. An den großen Festtagen schickt das Amt sieben Monde zum Himmel, alle in verschiedenen Farben, und die Leute finden, daß die künstlichen Satelliten endlich einem friedlichen Zweck dienen. Nicht wie früher, als die Satelliten dazu verwendet wurden, sich nachzuspionieren und gegenseitig mit der Atombombe Angst zu machen.

Dann gibt es natürlich noch den Mond von den Suppenwürfeln Marke KNURR. Die Suppe, die man aus den Suppenwürfeln machen kann, ist nicht besonders, aber in jedem Suppenwürfel ist ein Gutschein; wer eine Million Gutscheine sammelt, darf auf einen Knopf drücken und einen viereckigen Mond in die Luft schießen. Das heißt, er hat eigentlich die Form von einem Würfel, genau wie die Suppenwürfel, aber da man nur die eine Seite sieht, ist er viereckig. Schön weiß, mit Bohnerwachs schön blank geputzt, drei Tage bleibt er am Himmel, und alle Zeitungen bringen ein Foto der Hausfrau, die das Glück hatte, den Mond zu gewinnen.

Früher gab es Nächte ohne Mond, wie ich schon sagte. Ich sehne mich nicht danach zurück: Es ist mir ziemlich einerlei, und die dunklen Nächte haben mir nie gefallen. Im Gegenteil, als ich noch klein war, habe ich mich oft gefragt, wenn es nachts so richtig dunkel war, daß man nicht die Hand vor den Augen sehen konnte: »Wer weiß«, habe ich mich gefragt, »ob noch alles da ist, die Bäume, die Häuser. Vielleicht gibt es sie ja nur, wenn das Licht von der Sonne oder vom Mond dafür sorgt, daß man sie sieht.«

Diese Sorgen hat niemand mehr. Der eine oder andere Mond steht immer am Himmel, wenn es nicht sogar zweie sind, oder sieben, sowie der von den Brühwürfeln.

Ich habe einige Zeit gebraucht, um zu der Geschichte zu kommen, die ich erzählen will, denn wenn ich einfach so, ohne irgendeine Erklärung, sagen würde: »Eines Nachts, als kein Mond am Himmel schien, verschwand die Kuppel vom Petersdom«, hätten die Leute sofort schrecklich zu lachen begonnen, so wie wenn der Witz von dem Mann erzählt wird, der vom Motorrad fällt und dabei seinen Kopf verliert und zur Apotheke rennt, um ihn wieder ankleben zu lassen. Dann kommt nämlich auch immer sofort einer und sagt: »Das gilt nicht, weil Sonntag war, und sonntags sind die Apotheken geschlossen.«

Kurz und gut, einmal, in einer Nacht ohne Mond, verschwand die Kuppel von Sankt Peter. Der Latschen-Philipp hatte sie gestohlen. Ein kleiner Gauner, der ziemlich klein war. Außerdem war er ein bißchen dick und doof. Er hieß eigentlich Philipp Bernhard, aber vielleicht hieß er auch Bernhard Philipp, niemand kann sich mehr richtig daran erinnern. Diejenigen, die sich an ihn erinnern, behaupten lediglich, er heiße Latschen-Philipp, weil er so mit den Füßen schlurft, als ob er immer Latschen anhat. Es ist einer von diesen Spitznamen, die sich die Spitzbuben im Gefängnis geben: der Latschen-Philipp, Karl der Schöne, Eddie Langfinger oder der schüchterne Georg.

Der Latschen-Philipp klaute die Kuppel von Sankt Peter mit Hilfe der Finsternis, aber bald darauf war er schon nicht mehr so sicher, ob die Finsternis ihm wirklich einen Gefallen getan hatte. Himmelgranatensalat, war das Ding schwer! Alle zehn Schritte mußte er die Kuppel von einer Schulter auf die andere setzen, und das alles im Rennen. Wenn man ausreißt, darf man unter keinen Umständen stehenbleiben, noch nicht einmal, um ein Hufeisen aufzuheben oder ein vierblättriges Kleeblatt zu pflücken.

»Los, Latschen-Philipp«, sagte der Dieb zu sich selber und machte sich Mut. Natürlich nur in Gedanken, um Luft zu sparen. »Los, du wirst es schon schaffen. Noch hundert Meter, dann hast du es geschafft. Denk dran, das eine Mal, als sie dich geschnappt haben, hast du den Fehler begangen, an einem Brunnen stehenzubleiben, um zu trinken.«

Natürlich hatten sie ihn geschnappt, aber wie gut und frisch und klar war das Wasser gewesen! Der arme Latschen-Philipp fühlte das frische Wasser noch immer auf seinen trockenen Lippen und in der Kehle, die vor Anstrengung ganz zugeschnürt war.

»Du bist ein Blödmann, Latschen-Philipp! Das nächste Mal, wenn du etwas klaust, nimmst du eine Feldflasche mit, ja?! Du weißt doch, daß die Flucht am schwierigsten ist.«

Er hätte große Lust gehabt, die Kuppel abzusetzen und ein Weilchen auszuruhen, aber er machte sich wieder Mut, während er sich nach rechts wandte, aus der Stadt raus und auf die Felder zu: »Los, Latscher, vorwärts, du alter Kraftprotz.«

Kraftprotz war auch so ein Spitzname, den er in seiner Jugend gehabt hatte, als er das erste Mal im Gefängnis saß. Da sagte er immer: »Ich bin so groß wie ein Dackel, aber stark.«

Inzwischen war er fünfzig Jahre alt und konnte nicht mehr so schnell rennen, wenn er etwas auf der Schulter trug, ob es nun ein Sack Kartoffeln, ein Eisschrank oder eine Kuppel war.

Bald darauf fuhr ein Nachtwächter auf seinem Moped über den Platz vor dem Petersdom. Auch von ihm ist nur der Spitzname bekannt. Er hieß Butzbacher, weil er aus einem Dorf kam, das auf deutsch Butzbach heißt.

Dieser Nachtwächter hatte offensichtlich die Eigenart der Katzen, die keinen Mond brauchen, um nachts etwas zu sehen. Fährt an dem Platz vorbei, will gerade in die andere Richtung fahren, in einen Stadtteil namens Borgo Pio, schaut sich aber noch einmal um und sieht, daß die Kuppel auf der Peterskirche verschwunden ist. Das ist doch nicht möglich! Er bremst scharf, setzt den einen Fuß auf die Erde, schiebt seine Mütze in den Nacken, schaut noch einmal genau hin ...

»Da soll mich doch der Schlag treffen«, sagt der Butzbacher. Rennt zur Polizei: »Los, kommt her und seht euch das an. Sie haben uns die große Kuppel abgestaubt.«

»Wie bitte?«

»Man hat den Michelangelo geklaut, mitsamt der Kugel obendrauf.«

»Michelangelo« sagt der Butzbacher, weil der Baumeister so geheißen hat.

Die Polizisten sagen nur: »Ach, geh schlafen, hau ab. Hast du Rotwein oder Weißwein getrunken?«

»Aber ich bin nicht betrunken; schaut doch selber hin.«

»War es Wein oder Schnaps?«

»Hört mal, ich will keinen Ärger. Vor allen Dingen will ich nicht vom Leutnant ausgeschimpft werden, wenn morgen früh herauskommt, daß ich keinen Alarm geschlagen habe. Laßt mich mal telefonieren.«

»Wenn du noch einen Liter Wein per Telefon bestellen willst, bestell für uns etwas mit.«

»Aber wollt ihr nicht wenigstens einmal nachschauen? Da, seht ihr, daß überm Dach nichts mehr ist? Seht ihr's oder nicht?«

»Nein. Was soll man denn in dieser Dunkelheit sehen?«

»Ihr müßt einen Augenblick lang ganz fest hinschauen, los! Dann werdet ihr ein großes schwarzes Loch am Himmel sehen.«

»Wir schaun ganz fest hin, und wir sehen kein Loch.«

»Gut, dann steigen wir hinauf in die Kuppel; wer nicht sehen will, muß fühlen. Wir klettern hinauf, und dann könnt ihr anfassen und fühlen, daß sie nicht mehr da ist.«

»Man kann nicht hinauf. Man müßte den Portier wecken, die großen Türen aufmachen, den Schlüssel für den Fahrstuhl suchen. Und wenn wir oben sind, fragen wir uns, ob wir alle verrückt geworden sind.«

Der Butzbacher war verzweifelt. Wenn Vollmond gewesen wäre oder Halbmond oder eine Mondsichel, eine kleine Scheibe Mond, ein kleiner Krümel vom Mond oder auch nur so ein dünnes Fädchen, wäre es ihm leichtgefallen, die Polizisten zu überzeugen, daß er die Wahrheit sagte. Früher glaubte man einem auch gar nichts, wenn man keine Zeugen hatte.

Nach einer Weile zog einer der Polizisten eine Ansichtspostkarte aus der Tasche. Er hatte sie gerade erst gekauft, um sie einem Fräulein zu schicken, das Postkarten sammelte.

»Schau her«, sagte er, »siehst du, daß die Kuppel immer an ihrem Platz steht?«

»Das ist kein Beweis«, antwortete der Butzbacher.

»Natürlich ist es ein Beweis. Auf der Postkarte ist sogar eine Briefmarke«, sagte der Polizist.

»Na gut«, sagt der Butzbacher, »dann mach ich es eben so.«

Damit wollte er sagen, daß er sich jetzt die Trillerpfeife in den Mund steckte und so laut zu pfeifen anfing, daß man es sogar am anderen Ufer des Tiber hören konnte; das ist der Fluß, der durch Rom fließt.

»Ruhe!« schrie der Polizist, »willst du den Papst aufwecken?«

In Wirklichkeit schlief der Papst noch gar nicht. Er war lange aufgeblieben, um zu lesen, und schaute in diesem Moment gerade aus dem Fenster, um die Augen auszuruhen. Daß die riesige Kuppel fehlte, sah er nicht und ging in aller Ruhe zu Bett.

Auf den Pfiff des Butzbachers hin kamen jedoch andere Nachtwächter angelaufen, einige Straßenbahnschaffner, ein Engländer, der seinen Hund zum Pipimachen ausführte, ein Priester und ein Gefreiter von der Gendarmerie. Nachdem sie in aller Kürze von dem Vorfall gehört hatten, schauten sie hinauf, rieben sich die Augen, bis sie fast herausfielen, aber sie sahen gar nichts.

»Einen Mond bräuchte man«, sagte der Engländer.

»Ja, ein Mond wäre schön«, sagte der Priester.

»Schicken wir jemand, den Mond aus London holen.«

»Wenn das so ist«, sagte ein Straßenbahner, »würde auch der Mond von Neapel ausreichen. Wißt ihr was? Wir denken im Schlaf darüber nach. Morgen früh werden wir sehen, ob der Butzbacher recht hat.«

»Aber ich ...«, sagte der Butzbacher.

»Aber ich ... was?« sagte der Straßenbahner, »deine Pflicht hast du doch getan, oder? Also laß gut sein.«

Der Butzbacher fing beinahe an zu weinen. Alle, die drumherum standen, trösteten ihn, als ob seine Großmutter gestorben wäre.

»Nur Mut, es wird schon werden ...«

»Komm, vergiß es!«

»Du mußt wieder an die Arbeit.«

Auch dem Schlappen-Philipp kamen die Tränen, so schwer war die Kuppel, die ihm abwechselnd das Schlüsselbein, die Schulterblätter und den Halswirbel zerquetschte.

»Wenn ich wüßte, wer mich auf diese Idee gebracht hat!«

In der Dunkelheit stieß er fast mit einem Radfahrer zusammen, der leise in Gedanken angeradelt kam.

»Bist du es, Latschen-Philipp?«

»Oho, wer bist du denn?«

»Der kleine Kaiser bin ich, ja?«

»Aha, der Bäckerlehrling. Und wo fährst du so früh hin?«

»Wo ich hinfahre? An die Arbeit. Du weißt doch, daß die Bäcker als erste zu arbeiten anfangen. Aber sag mir lieber, mit was für einem Ding auf dem Rücken du herumläufst?«

»Das geht dich gar nichts an!«

»Gib's nur zu, Latscher, du hast dir die Kuppel unter den Nagel gerissen, das ist es. Was glaubst du, wieviel sie wiegt?«

»Was weiß ich? Sie wird viele Millionen Zentner wiegen. Ich bin völlig naßgeschwitzt. Hast du ein Taschentuch?«

»Hier, trockne dich mal ein bißchen ab. In deinem Alter solltest du dich nicht mehr so anstrengen. Du hebst dir ja einen Bruch.«

»Wem sagst du das. Ich hab es schon längst bereut, hab ich. Komm, halt mal einen Moment die Kuppel, damit ich etwas Luft holen kann ...«

Der kleine Kaiser lehnte sein Fahrrad schnell an einen Baum und nahm die Last auf die Schultern. Der Schlappen-Philipp sagte: »Entschuldige vielmals, kleiner Bäcker, ach ... du wirst mir verzeihen, bei meinem Alter ...«

»Aber was soll denn das«, stotterte der kleine Bäcker, »was

machst du denn da, Schlappen-Philipp! Ach, Schlappen-Philipp! Scheibenkleister, du kannst mir doch nicht das Fahrrad klauen!«

»Aber ich klaue es dir doch gar nicht. Ich stelle es dir vor das Haus. Glaub mir, ich nehme es nur, weil ich nicht mehr laufen kann.«

»Und mich läßt du einfach hier sitzen«, jammerte der Bäckerlehrling, »mit diesem entsetzlichen Ding auf dem Rücken. Ist das vielleicht ein Benehmen? Dir leih ich noch mal mein Taschentuch ... das ist doch die Höhe! Jetzt haut er einfach ab und läßt mich mitten auf der Straße stehen. Latscher! Latschen-Philipp!!«

Aber der Latscher war schon weit weg, man hörte nur noch das Fahrrad quietschen, und dann löste sich auch das Quietschen in der Dunkelheit auf.

»Und ich?« fragte der kleine Kaiser sich selbst, »was mache ich? Nun schau bloß einmal, was ich für einen Ärger habe. Wenn man mich sieht, denken die Leute glatt, ich hätte die Kuppel vom Petersdom geklaut. Am besten, ich fahre in die Schweiz und haue ab.«

Aber dann fiel ihm ein, daß er überhaupt kein Geld hatte, um in die Schweiz zu fahren. Und was sollte er seiner Verlobten erzählen? Sie hieß Rosanna. »Wie soll ich ihr erzählen, daß der Schlapper mir diesen Streich gespielt hat?«

Während er überlegte, hatten seine Füße auf eigene Faust schon beschlossen, nach Sankt Peter zu laufen, und da die Gedanken immer langsamer sind als die Füße, begriff der kleine Kaiser erst, als er schon am Laufen war, daß es nur einen einzigen Ausweg gab: »Ich will die Kuppel an ihren Platz zurückstellen und gute Nacht und auf Wiedersehn«, dachte er. »Ich muß sowieso dort lang.«

Die Bäckerei seines Meisters lag wirklich in der Nähe vom Petersplatz. Es war noch stockdunkle Nacht, als er ankam. Sein Hemd war naß, so sehr hatte er geschwitzt. Das Wasser tropfte von seiner Nase, aber er hatte ja kein Taschentuch mehr.

»Wenn dieser Latschen-Philipp denkt, daß ich ihm noch mal mein Taschentuch leihe«, dachte der kleine Bäcker, »dann hat er sich geschnitten. Dieser Straßendieb! Das Fahrrad wird er mir ja vielleicht zurückgeben, aber das Taschentuch hat er bestimmt verloren.«

Er stellte die Kuppel zurück an ihren Platz auf dem Dach der Kirche, putzte sich mit dem Hemdsärmel die Nase und ging langsam zu seiner Backstube hinüber, wobei er vor Ärger ein paarmal tief ein- und ausatmete. In der Nähe der Brücke über den Tiber stand der Butzbacher wie eine Salzsäule und lehnte sich auf sein Moped. Er kannte den kleinen Bäcker, weil er ihn fast jede Nacht traf, aber er wunderte sich darüber, daß er zu Fuß ging.

»Na, hast du deine Tretmühle verkauft?« fragte er ihn.

»Na, nicht richtig verkauft ...«

»Dann haben sie sie dir geklaut?«

»Nicht direkt. Ich habe sie sozusagen verliehen.«

»Hör zu«, sagte der Butzbacher, »du könntest mir einen Gefallen tun. Schau dir mal die Kuppel an, ob dir nichts auffällt.«

»Was soll man in dieser Finsternis denn sehen?« fragte der Bäkkerlehrling. Er sah aber trotzdem hin, und auch der Butzbacher schaute in die Richtung und ... sperrte das Maul weit auf: Die Kuppel stand wieder an ihrem Platz, als sei sie soeben zurückgekehrt.

»Ich kann nichts Besonderes erkennen«, seufzte der kleine Kaiser, der so genannt wurde, weil er mit Nachnamen Kaiser hieß, aber manche Leute nannten ihn einfach den Kaiserling.

»Und du, was siehst du?« fragte er den Butzbacher.

»Ach weißt du, ich habe gedacht ... übrigens, hast du unterwegs irgendwen getroffen? Den dicken Käse vielleicht oder den alten Hauruck, den starken August oder vielleicht den Latschen-Philipp?«

»Den Latscher?« fragte der Kaiserling, »ach den. Nein, nicht, daß ich wüßte. Ich habe niemand gesehn. Aber jetzt mußt du mich entschuldigen, ich muß in die Backstube.«

»Na, dann geh mal schön.«

Der Butzbacher wartete noch so lange, bis es hell wurde, dann schwang er sich auf seinen Sattel und fuhr nach Hause. Er gab Gas und ließ zufrieden den Auspuff knattern, um seinem Herzen Luft zu machen, während der Papst aus dem Fenster sah und die Arme auf die Fensterbank legte. Es bestand kein Grund zur Unruhe, denn, wie immer, stand rechts von seinem Fenster die Kuppel von Sankt Peter und war von der Erde bis zu dem goldenen Kreuz auf der Spitze genau einhundertzweiunddreißig Meter und fünfzig Zentimeter hoch.

*Aus dem Italienischen von Renate und Peter O. Chotjewitz*

# Jugoslawien

BRANA CRNČEVIĆ
Das kleine Mädchen und die Wölfe

Der helle Abend senkt sich herab, am Himmel sind nur weiße Wölkchen, die die Sterne nicht verdecken können. Sie glitzern, und mir kommt es so vor, als ob sich die Sterne, so klein, wie sie sind, im Dunkeln fürchten und sich deshalb gegenseitig Mut machen, indem sie sich zublinzeln: Ich bin ja da, hab keine Angst.

Seka und ich schauen zum Fenster hinaus. Ich bin Sekas Onkel, und sie ist das schönste Mädchen auf der ganzen Welt. Das finde ich wirklich, nicht nur, weil ich ihr Onkel bin. Trotzdem, wenn jetzt irgendein Onkel, der Franzose ist oder Engländer, Russe, Neger oder Eskimo, sagen würde, daß seine Seka die Schönste sei – wir würden uns nicht zanken. Wir alle sagen die Wahrheit. Es gibt viele schönste Mädchen auf der Welt.

Seka mag mich, weil ich groß bin und weil mir die beiden Vorderzähne fehlen. Wenn ich meinen Nachmittagsschlaf mache, höre ich manchmal, wie vorsichtig die Türe aufgeht. Sie kommt mit ihrer Freundin herein und flüstert ihr geheimnisvoll zu: »Komm, du mußt dir meinen Onkel anschauen. Ihm fehlen die beiden Vorderzähne.«

Und dann bin ich so froh, daß sie mir fehlen!

Manchmal sagt sie einfach: »Mein Onkel schläft. Komm, schau mal, wie komisch er aussieht.«

Seka ist lieb. Oft schenkt sie ihr ganzes Spielzeug ihren Freundinnen. Einmal hat sie sogar mich weggeschenkt. Aber nicht ganz. Weil sie mich mag, hat sie es nicht ganz tun können. Sie kam, Hand in Hand mit ihrer Freundin, und sagte ganz aufgeregt: »Dragana hat keinen Onkel.«

»Ich weiß«, sagte ich.

»Willst du von heute ab auch ihr Onkel sein? Sie tut mir so leid, daß sie keinen Onkel hat. Sei du Onkel für uns beide, halbe-halbe.«

So bin ich ein Halbe-halbe-Onkel geworden, halb für Seka, halb für Dragana.

Aber jetzt gerade sind wir allein zu Hause und schauen zu, wie der Abend kommt. Damit es uns nicht langweilig wird, teilen wir uns die Wolken. Die ist für mich. Die da für Seka. So haben wir auf einmal jeder sieben Wolken, kleine, weiße. Dann klappert Seka mit ihren Töpfen und Tellern, und ich lese Zeitung. Ich weiß, sie wartet nur darauf, daß wir ein Gespräch anfangen, aber ich will nichts sagen, kein Wörtchen. Ich möchte wissen, wie sie wohl anfangen wird.

»Ich habe einen Glückskäfer gesehen, der war so groß wie eine Taube«, sagt Seka.

»Sieh mir in die Augen«, sagte ich.

»Onkel, kann ich dir auch in ein Auge sehen?«

Da sage ich: »Ich habe eine Taube gesehen, die war so klein wie ein Glückskäfer.«

»Onkel, sieh mir in die Augen.«

»Seka, kann ich dir auch in ein Auge sehen?«

Das haben wir erfunden, damit wir uns, wenn wir ein klein bißchen mogeln, beim Mogeln erwischen können, sie mich oder ich sie, und damit die anderen nicht wissen, daß wir gemogelt haben.

Seka fängt an zu gähnen. Das bedeutet, es ist viertel neun Uhr abends. Sie fängt immer um viertel neun Uhr abends an zu gähnen. Das geht bei uns alles nach Programm: Sie will sich dann fünf Minuten lang nicht die Hände waschen, dann tut sie es doch. Fünf Minuten lang will sie sich einfach nicht hinlegen, dann tut sie es doch, und dann muß ich ihr etwas erzählen.

Am meisten erzählen wir beide von dem Wolf. Wölfe gibt es nicht bei uns in der Stadt. Der Bus hält direkt vor unserem Haus. Es ist eine große Stadt. Einen Wolf kann Seka höchstens im Zoologischen Garten sehen. Sie ist aber noch nie dort gewesen (wirklich, ich muß sie einmal mitnehmen), sie hat den Wolf bisher nur in ihrem Bilderbuch gesehen, und sie hat auch einen Spielzeugwolf, dem hat sie ein Ohr abgerissen.

»Seka, wenn du nicht in zweieinhalb Minuten eingeschlafen bist, rufe ich den großen Wolf aus dem Wald!« drohe ich ihr.

Sie versteckt sich schnell unter der Bettdecke, bleibt zwei, drei Sekunden darunter, dann kommt sie wieder hervor: zuerst ihre schwarzen Haare, dann kommt die Stirn, dann kommen ihre lachenden Augen. Sie fragt: »Ist der Wolf wieder weg?«

»Ja, er ist weg.«

Seka will, daß ich ihr noch etwas erzähle, aber ich denke gar nicht daran.

»Wenn du mir nicht noch etwas erzählst, dann rufe ich den großen Wolf aus dem Wald«, droht sie mir.

Bis heute habe ich mich dann immer versteckt und habe gefragt: Ist der Wolf wieder weg? Aber heute abend, ich weiß selbst nicht, warum, vielleicht habe ich mich ein bißchen geschämt, daß ich Angst vor dem großen Wolf aus dem Wald hatte, denn ich bin doch schon groß, und wir wohnen direkt an der Bushaltestelle, und wenn der

Wolf wirklich käme, könnte ich ja auch schreien – diesmal also sage ich zu Seka, gegen alle unsere Spielregeln: »Ich habe keine Angst vor dem Wolf.«

»Aber der Wolf ist groß. So groß wie zwei Handtücher zusammen.«

Ich weiß selbst nicht, warum ich so habe angeben müssen. »Egal, ich bin auch so groß wie die zwei Handtücher im Badezimmer. Aus diesem Wolf mache ich Hackfleisch.«

»Wie kannst du aus dem Wolf Hackfleisch machen?«

Mit Müh und Not habe ich irgendeine Ausrede gefunden.

»Und wenn zwei Wölfe kommen?«

»Ich habe keine Angst.«

»Und wenn ich alle Wölfe rufe?«

»Dann schlage ich sie alle tot, alle Wölfe der Welt.«

»Aber bei den Wölfen ist auch ein kleiner Wolf, ein klitzekleiner.«

In meiner großen Tapferkeit war ich auf einmal ganz unbarmherzig. Da fängt Seka an zu weinen, und ich werde verlegen und frage sie: »Was hast du denn ?«

»Warum willst du auch den kleinen Wolf totschlagen? Dieser kleine Wolf ist lieb.«

»Das hast du mir nicht gesagt.«

»Nein, du willst auch den kleinen, klitzekleinen Wolf totschlagen, aber der ist lieb.«

Ich habe schwören müssen, daß ich dem kleinen Wolf kein Haar krümme, und sie wurde wieder ruhig. Auf einmal schaute sie mich listig an und sagte: »Onkel, sieh mir in die Augen!«

»Warum?«

»Wegen den Wölfen.«

»Seka, kann ich dir auch in ein Auge sehen?«

Da lachte sie, und mit diesem Lachen im Gesicht schlief sie ein. Ich blieb noch ein Weilchen am Fenster stehen. Ich schaute zu, wie die Sterne blinzelten, und mir kam es so vor, als ob sie zueinander sagten: Ich bin ja da, hab keine Angst.

*Aus dem Serbischen von Peter Urban*

## Danilo Kiš
## Die Verlobung

Andreas – oder Andi, wie sie ihn nannten – war damals acht oder neun Jahre alt. Es war an einem Sommerabend, er lag oben auf dem schaukelnden Wagen, im frischen Heu, und sah dem Sonnenuntergang zu.

»Guten Tag, Herr Sam«, sagte der Bauer und zog seinen speckigen Hut. Auch Andis Vater, der hinter dem Heuwagen einherging, zog den Hut: »Guten Abend. Sie sehen doch, die Sonne geht schon unter!«

»Morgen wird es Wind geben«, sagte Herr Herrmann.

»Ja«, sagte Andis Vater und ging weiter hinter dem Wagen her.

Andi wußte nicht, ob sein Vater ihn überhaupt oben im Heu gesehen hatte, aber auf einmal duckte er sich tiefer ins Heu: Sein Vater und Herr Herrmann sprachen über ihn. Er hörte seinen Vater sagen: »Ach, hören Sie auf, der ist ein großer Strolch geworden.«

Andi wußte, das war auf ihn gemünzt.

»Tja, mein Herr«, sagte der Bauer, »der wird bald hinter den Mädchenröcken her sein.«

»Was sagen Sie?« sagte Andis Vater. »Bald?! Ich bitte Sie, er hat vor ein paar Tagen etwas getan, das kann ich Ihnen überhaupt nicht sagen, so schäme ich mich.«

Andi begriff, daß sein Vater es wußte. Aber am meisten schmerzte ihn, daß seine Mutter ihn verraten hatte. Und sie hatte ihm versprochen, daß sie dem Vater nichts sagen würde. Wenn es nicht wieder vorkommt.

»Ja, ich sage Ihnen, mein Herr Sam...«, sagte der Bauer, aber Andi hielt sich die Ohren zu, um nichts mehr hören zu müssen. Ein Schwindelgefühl erfaßte ihn, vom schweren Geruch des frischen Heus und vor Scham.

Sie hatten Verstecken gespielt, im Hof von Herrn Szabo, Julijas Vater. Nachmittags, nach der Schule. Während Farkas zählte, versteckten sie sich zusammen, in Pärchen: Oto und Marika, Emika (Julijas Schwester) und Oskar, Julija und Andi. Er war schon lange in Julija verliebt. Sie gingen in dieselbe Klasse und waren die besten Schüler. Er bei den Jungen, Julija bei den Mädchen. Sie hatte die schönere Handschrift und war schneller beim Antworten, er konnte schöner zeichnen und schrieb die besseren Aufsätze.

Andi war oft bei den Szabos, aber nie in ihrem Haus.

»Ich werde dir einen Brief schreiben«, sagte er flüsternd.

Sie lagen in der Scheune, im Heu. Vom Hof hörte man gedämpft, wie Farkas zählte: fünfundfünfzig, sechsundfünfzig, siebenundfünfzig, achtundfünfzig ...

»Ich weiß, was du mir schreiben willst«, sagte sie.

»Das weißt du nicht«, sagte er.

»Doch, ich weiß es.«

Jetzt mußten sie still sein. Sie hörten, wie das Scheunentor knarzte.

»Da ist doch jemand im Heu«, sagte Farkas.

Sie wußten, daß er sie nicht sehen konnte. Dann wurde es wieder still. Sie wußten, daß Farkas noch da stand und horchte. Dann hörten sie seine Schritte, draußen vor der Scheune im Kies. Er hatte das Tor offengelassen.

»Du weißt es nicht«, sagte er.

»Doch, ich weiß es«, sagte sie.

»Ich gebe ihn dir morgen in der Schule. Ich lege ihn in die Religionslehre. Seite dreizehn.«

»Warum dreizehn?«

»Nur so«, sagte er.

»Gut«, sagte sie. »Aber ich weiß, was du mir schreiben willst.«

»Schwöre, daß du es niemandem sagst.«

»Gut«, sagte sie. »Aber ich weiß, was du mir schreiben willst.«

»Das weißt du nicht«, sagte er. »Wenn du ihn gelesen hast, verbrenne ihn und zerstreue die Asche in aller vier Winde.«

»Warum?« fragte sie.

»Nur so«, sagte er. »Damit niemand lesen kann, was ich dir geschrieben habe.«

»Er hat schon alle gefunden«, sagte sie.

»Du gehst als erste«, sagte er. »Und sag, du wärst im Stall gewesen.«

Sie rutschte das Heu hinunter und lief davon. Erst als er ihr Lachen auf der anderen Seite des Hofes hörte, kam auch er hervor.

Das nächste Mal war Andi dran mit Suchen. Aber danach trafen sie sich wieder, fast wie verabredet, an derselben Stelle im Heu.

»Ich weiß, was in dem Brief stehen wird«, wiederholte sie. Sie hatte strohgelbe Zöpfe, eine Stupsnase mit Sommersprossen und einen großen Mund. Sie roch nach getrocknetem Klee.

»Willst du es jetzt?« sagte er. Er brachte es kaum heraus.

»Ich habe Angst«, sagte sie.

»Ich auch«, sagte er.

»Schwöre, daß du es niemandem sagst.«

»Ich schwöre es«, sagte er.

»Ich habe Angst«, sagte sie noch einmal.

Sie lagen ganz dicht beieinander. Sie machte die Augen zu. Er küßte sie. Sie hatte eine kleine Narbe auf der Wange und eine Stupsnase mit Sommersprossen. Sie roch nach getrocknetem Klee.

»Ich habe Angst«, sagte sie.

»Ich auch«, sagte er.

Einmal waren sie zu lange im Heu geblieben, und Farkas hatte sie gefunden.

»Andi und Julija sind Mann und Frau«, sagte er.

»Das ist nicht wahr«, sagte Andi.

»Sie sind Mann und Frau«, sagte Farkas wieder.

»Wir haben nichts miteinander«, zischte Julija.

»Warum wirst du dann rot?« fragte Farkas. »Warum wird sie rot, wenn sie nichts miteinander haben?«

Julija fing an zu weinen, und damit war die Sache heraus. Und dann lief alles verquer. Andi war stärker als Farkas, und darum hat er ihm eine runtergehauen. Und Farkas rannte weg und petzte alles Ana, Andis Schwester.

Darum beschloß Andi, zum Abendbrot nicht nach Hause zu gehen. Auch nicht morgen zum Frühstück. Überhaupt nicht mehr. Den Sommer über konnte er im Fluß angeln und im Winter von Dorf zu Dorf gehen und bei den Bauern helfen. Und wenn er genug Geld beisammen hatte, würde er sich ein Boot kaufen und zu Großvater fahren, nach Cetinje. Oder anderswohin. Er würde Gangster werden oder Detektiv. Egal, was.

Bis zum Einbruch der Dunkelheit versteckte er sich am Flußufer, dann wurde es kühl, und er fing an zu zittern. Vor Kälte und vor Angst. Sicher suchten ihn jetzt seine Mutter und Ana im ganzen Dorf. Vielleicht würde seine Mutter Kummers sterben, wenn er bei Dunkelheit nicht nach Hause kommt. Darum beschloß er, seine Reise aufzuschieben und ein wenig näher zum Dorf zu gehen. Er hörte Ana rufen. Und antwortete.

»Komm nach Hause«, sagte Ana. Aber sie traute sich nicht, näher an das Weidengebüsch zu kommen, weil sie wußte, daß Andi seine Steinschleuder hatte. »Komm raus, ich sage Mama nichts.«

»Was hast du ihr schon zu sagen«, sagte er.

»Ich sage ihr nicht, daß du mit Julija verlobt bist.«

»Sag Mama, daß ich nie wieder nach Hause komme«, sagte er, und er spürte, wie er einen Kloß im Hals bekam.

»Mama wird weinen«, sagte Ana.

»Hast du es ihr gesagt?« fragte er.

»Nein«, sagte Ana. »Wirklich nicht.«

»Wenn du ihr nichts sagst, dann gehe ich auch nicht nach San Franzisko. Auch nicht nach Montenegro.«

»Ich sage ihr nichts«, sagte Ana.

Und da kam auch seine Mutter. Andi hörte sie rufen. Er wischte sich die Tränen ab, seufzte tief und kam aus seinem Versteck. Er flüsterte Ana zu: »Also gut, aber wehe, wenn du ihr etwas sagst.«

Aber seine Mutter merkte immer, wenn er geweint hatte.

»Warum hast du denn geweint, mein Kleiner?« fragte sie.

»Ich habe nicht geweint«, sagte er, und da entrang sich ihm ein Seufzer, genauso einer, wie wenn man geweint hat.

Und dann fing er auch noch an zu weinen. Er hatte daran denken müssen, wie es gewesen wäre, wenn er in die weite Welt geflohen wäre.

Ana wollte ihm helfen: »Er hat wieder nach San Franzisko fliehen wollen. Oder nach Montenegro, zu Großvater.«

Und jetzt mußte er auch zugeben, daß er geweint hatte. Und sagen, warum er geweint hatte. Natürlich hätte er um nichts in der Welt zugegeben, daß er mit Julija verlobt war und daß er mit ihr im Heu geschlafen hatte. Er sagte nur, was er unbedingt mußte, nämlich: Er hatte sich mit Julija im Heu versteckt, und Farkas hatte ihn deswegen geärgert. Darum hat er ihn ja auch verhauen. Das ist alles. Und wenn sie ihn aufs Rad geflochten hätten oder ihm brennende Streichhölzer unter die Fingernägel gesteckt hätten, nichts hätte er zugegeben. Und er war fest davon überzeugt gewesen, daß seine Mutter ihm glaubte und daß Ana ihr nichts erzählt hatte. Daß er mit Julija verlobt war und alles andere.

Und jetzt, jetzt hatte er begriffen, daß seine Mutter alles wußte und daß sie es sogar seinem Vater erzählt hatte, denn wie hätte sein Vater sonst sagen können, er, Andi, hätte vor ein paar Tagen etwas getan, das man gar nicht weitersagen könnte?

Und darum hielt er sich jetzt die Ohren zu und hielt die Augen geschlossen, darum war ihm jetzt, als müßte er sterben vor Schande und vor Kummer.

*Aus dem Serbischen von Peter Urban*

## Dušan Radović
## Warum die Kinder in der Nase bohren

Kleine Kinder – ihr müßt schon entschuldigen – bohren in der Nase, als ob es in dieser kleinen Nase etwas sehr, sehr Wichtiges gäbe.

Als ob ihnen jemand, als sie geboren wurden, ins Ohr geflüstert hätte: »Paßt auf eure Nase auf, Kinder, paßt gut auf eure Nase auf, ihr werdet sie noch einmal brauchen, eure Nase!«

Einmal hat ein kleiner Junge aus dem fernen Lande Ilindija aus seiner Nase ein Kamel gezogen. Das ist wahr!

Er hatte sich gelangweilt, wie alle kleinen Kinder, und darum wandte er sich an seine Nase. Und die Nase hatte Mitleid mit dem kleinen Jungen und schenkte ihm ein Kamel.

Der kleine Junge spielte zwei Tage lang mit diesem Kamel, aber dann stopfte er sein ungewöhnliches Spielzeug unter das Bett. Und wieder langweilte er sich. Er wandte sich wieder an seine kleine Nase. Und bat sie um ein neues Geschenk.

Die Zaubernase hatte noch einmal Mitleid mit dem kleinen Jungen und schenkte ihm eine große Gazelle. Gazellen sind liebe und schöne Tiere, mit ihnen kann man sehr schön spielen.

Aber dieser kleine Junge konnte mit der Gazelle nicht länger als zwei Tage spielen, dann stopfte er auch sie unters Bett. Und wieder war es ihm langweilig.

Er hatte eine Zaubernase, und darum hatte er es leicht.

Aber eine Nase ist eine Nase, auch wenn es eine Zaubernase ist. Und jede Nase, auch eine Zaubernase, kann einmal kaputtgehen. Und wenn sie einmal kaputt ist, ist auch mit dem Zaubern Schluß.

So ist auch diese Nase kaputtgegangen. Und war auf einmal keine Zaubernase mehr. Und konnte dem kleinen Jungen kein Spielzeug mehr schenken.

Ja, so war das. So weit kennen wir die Geschichte.

Der kleine Junge hat sie bestimmt den anderen Kindern erzählt, und dann hat bestimmt die ganze Welt davon gehört. Und darum bohren heute alle kleinen Kinder, sobald sie geboren werden und sie sich langweilen, in ihren kleinen Nasen.

Wir wissen nicht, ob noch einmal eine Nase zur Zaubernase werden wird. Aber: Wer Geduld hat, hat vielleicht Erfolg.

Ein Kamel wird sich höchstwahrscheinlich niemand mehr aus der Nase ziehen, denn Kamele sind heutzutage äußerst selten. Sie sind unbarmherzig ausgerottet worden.

Aber dafür gibt es heute andere interessante Sachen: Wippen, Traktoren, Telefone, Hämmer, Zangen, Fahrräder, Roller. Nur: Es ist immer gut, wenn man sich ein Taschentuch vor die Nase hält, damit keines dieser wertvollen Dinge auf den Boden fällt und kaputtgeht.

*Aus dem Serbischen von Peter Urban*

Dušan Radović
## Die Geschichte von den Affen

Früher einmal hatten die Affen keine Schwänze.

Sie hatten Schwänze, aber das waren keine richtigen Schwänze, sondern Regenschirme. Bunte, schöne Regenschirme, zum Auf- und Zumachen.

Wenn es regnet, werden alle Tiere naß, nur die Affen nicht: Sie machen ihre Regenschirme auf und hocken sich darunter.

Wenn die Sonne brennt, dösen die Affen im Schatten, denn die Regenschirme konnte man auch als Sonnenschirme benützen.

Sie hatten es gut.

Jeder Affe hatte seinen eigenen Regenschirm.

Aber weil die Affen in den Wäldern leben, und weil es in den Wäldern viele Bäume gibt, und weil die Bäume Äste haben, und weil die Affen dauernd von Ast zu Ast springen, sind ihnen die Regenschirme eingerissen, zuerst ein bißchen, dann immer mehr, und waren nie mehr schön und neu.

Sie rissen und rissen ein, bis sie zum Schluß ganz zerfetzt waren.

Neue Regenschirme wollten den Affen nicht wachsen, so daß sie jetzt nur noch die Griffe hatten.

Selbstverständlich weinten die Affen. Es hat ihnen sehr leid getan.

Zuerst wußten sie nicht, was sie tun sollten, aber dann ist es ihnen eingefallen.

Sie klammerten sich mit diesen Griffen an die Äste und hängten sich, den Kopf nach unten, daran.

Das finden sie komisch, und darum lachen sie.

*Aus dem Serbischen von Peter Urban*

Polen

Jacek Bocheński
Dieses Pferd könnte Prometheus heißen

Eines Septembertages zur Zeit der Abenddämmerung, als es aufhörte zu regnen und man in der einsetzenden Dunkelheit nur hörte, wie die Tropfen langsam an den Pflanzenstengeln herabglitten, wurde die zumeist schläfrig-träge Umgebung meines Hauses plötzlich von großem Lärm erfüllt. Der Zufall wollte es, daß ich gerade den Weg entlangging; so gelang es mir, Zeuge eines wichtigen Ereignisses zu werden.

Schon lange war in meiner Umgebung nichts Besonderes passiert. Die verspätete Heuernte ging ihrem Ende entgegen. Holz aus den umliegenden Wäldern und Sand aus dem benachbarten Fluß wurden abgefahren. Der Waldhüter mit der dunkelroten Nase stand stundenlang auf der Schwelle seines Hauses und schaute sich die Welt an. Abends spielten Musikanten in der Gastwirtschaft »Zum Forst«. Kriegsversehrte Musikanten. Ein Beinloser zupfte die Gitarre. Der zweite, etwas ältliche Brünette mit dem gefärbten Schnurrbart, spielte Akkordeon und sang dazu italienische Lieder. Er ging wie der erste an Krücken. Der dritte, ein ganz junger Blonder, strich die Geige, er zeigte keinerlei körperliche Gebrechen und zählte wohl nur ehrenhalber zu den Kriegsversehrten.

Alles drängte auf den Herbst hin. Die Ernte war weder gut noch schlecht ausgefallen, gerade so mittelmäßig. Die Leute schienen voller Resignation, und da die Tage schon kürzer und die Nächte länger wurden, kauten sie zur Abendzeit träge auf der Ofenbank ihr Essen und freuten sich gewissermaßen darüber, daß wieder ein Tag vergangen war, was zu der Hoffnung berechtigte, der nächste Tag werde ebenfalls irgendwie vergehen. Auch die Pferde, die über den tief ausgefahrenen Weg die Wagen voll Sand und Holz zogen und von den Fuhrmännern reichlich mit Peitschenschlägen bedacht wurden, ergaben sich resignierend in ihr Schicksal. Ihre Köpfe hingen tiefer herab als nötig, ihr Schritt war langsam, schwer und menschenähnlich.

An diesem Abend, als ich den Weg entlangging und noch nichts von dem bevorstehenden wichtigen Ereignis wußte, herrschte uferlose Stille. Die Luft atmete Kühle und Frische. Der Wald, der die nahen Hügel einhüllte, flüsterte nicht einmal. In der Gastwirtschaft rüsteten sich die Kriegsversehrten vielleicht schon für ihr Konzert, die Fuhrmänner tranken Schnaps. Auch ich ging dorthin, denn mein

Haus stand nicht weit davon entfernt. Niemand war auf dem Weg, nichts trübte Stille und Leere ringsum.

Plötzlich vernahm ich vor mir ein Geräusch, oder besser, ich spürte eine Bewegung. Sie kam von der Gastwirtschaft, aber ich konnte nicht feststellen, was es war. Eine ähnliche Unruhe spüren wir, wenn jemand sich in unserer Nähe aufhält, denkt, intensiv lebt, obwohl wir ihn nicht sehen und hören. Es war eine Bewegung im Raum, weniger eine körperliche als eine geistige. Wurde etwa neben mir eine große Erfindung geboren? Eine große Liebe? Eine Offenbarung? Schon glaubte ich zu sehen, wie die Luft ringsum in Regenbogenfarben leuchtete. Meine Nase fing einen belebenden Geruch auf. Meine Haut empfand ein Vibrieren der Atmosphäre.

Schließlich gelang es meinem Ohr, einen Hufschlag aufzufangen, und gleich danach sah ich eine Silhouette aus der Dunkelheit auftauchen. Es war ein Pferd. Es ging im Schritt und hielt nach beiden Seiten der Landstraße Ausschau. Aber was für ein Pferd! Ganz unähnlich allen hiesigen Pferden. Kopfhaltung und federnder Schritt verkündeten einen Rebellen von Pferd, die Ohren einen Pfiffikus von Pferd und die wachsam geweiteten Nüstern einen Wagehals von Pferd. Schon hatte es mich bemerkt und näherte sich, zu allem entschlossen. Es war bereit, jedes Hindernis ohne langes Überlegen zu zertreten. Es sah wie ein tollkühner Held aus, der entschlossen ist, den entscheidenden Schritt zu tun. Es setzte alles auf eine Karte, sein eigenes Leben und notfalls auch ein fremdes. Es wurde schneller. Es kam nicht direkt auf mich zugelaufen, sondern schien zwischen der einen und der anderen Seite des Weges zu schwanken. Ich spürte, daß es witterte. Es erfaßte mich mit seinem Atem und überlegte eilig, was es tun solle. Schon war es ganz nahe. Wie phantasievoll es die Ohren spitzte! Was für ein begeistertes, ein geflügeltes Pferd! Wie leicht es war! Schließlich wich es mir großmütig in geschicktem Sprung aus, doch der Befehl: »Rühr mich nicht an!« war zu spüren. Erst jetzt bemerkte ich ein lautes Gerassel, das ihm folgte. Dieses leichteste und freieste Pferd der Welt zog einen Wagen. Mit dumpfem Poltern rollten die Räder über das Pflaster. Doch der Wagen war leer. Er trug weder Sand noch Baumstämme, noch einen Fuhrmann, wie sich jetzt zeigte. Ich begriff: Das Pferd war *durchgegangen.*

Zugegeben, ich hatte die Absicht, wie ein nichtswürdiges Geschöpf zu handeln. Ich wollte das Pferd anhalten. Es war ja durchgegangen. Es wird wer weiß was anrichten. Wo ist der Fuhrmann? Na, so was! Ein Pferd ist durchgegangen. Was für ein Verlust! Gab es am Wagen ein Schild mit dem Namen des Besitzers? Werden die Leute das Pferd nach Hause bringen können? Sicher ist der Fuhrmann in der Gastwirtschaft. Offenbar hat sein Wagen am Tor gestanden, bis das Pferd durchging. Was tun? Ich kann ja das Pferd nicht anhalten. Soll ich jemanden rufen?

So gemeine Gedanken gingen mir durch den Kopf. Inzwischen begann das Pferd zu traben. Es lief den leicht abfallenden Weg hinunter, der Wagen hüpfte über den unebenen Boden und rasselte vernehmlich. Ich sah noch das auf und ab schwingende Hinterteil des Pferdes und seine wehende Mähne, dann verschwand alles im Dunklen. Nur ein immer mächtigerer Nachhall blieb zurück. Offensichtlich berauschte sich das Pferd an der Freiheit. Es ging in Galopp über. Man hörte zunächst ein Getrappel gleich einem Trommelwirbel, dazu lautes Klatschen, dann ertönte ein Scheppern, ein Klappern, zahlreiche Klirr- und Knirschlaute. Das Getrommel hallte in fernem Echo von Feldern und Wäldern zurück. Alles rundum dröhnte donnernd, das Schlagzeug der Elemente tobte, als hätten die Berge ihren Platz verlassen und stürzten in die Täler. Doch langsam wurde das Gepolter des Gespanns schwächer. Das Echo wurde leiser, später klang noch etwas herüber wie ein Losreißen, ein verzweifelter Sprung gleichsam, und plötzlich legte sich auch das letzte Geräusch. Das mußte das tragische Ende des Laufs gewesen sein, nachdem die Ernüchterung eingetreten war und gewiß der Verlust aller Hoffnungen. Das Pferd war ja vor den Wagen gespannt. Es konnte nicht weit weglaufen. Trotzdem spürte ich, wie die Luft immer noch vibrierte, die Felder in leichtem Rhythmus pulsierten und der Wald am Horizont sich wiegte.

In diesem Augenblick entstand bei der Gastwirtschaft Unruhe, Leute kamen herausgelaufen. Voran eilte ein erschrockener Fuhrmann, ihm nach ein zweiter Fuhrmann und dahinter ein dritter Fuhrmann. Sie schrien und fuchtelten erregt mit den Armen. Gleich darauf erschien der Waldhüter. Alle waren nur in Hemdsärmeln, anscheinend hatten sie in Eile die Gastwirtschaft verlassen. Sie hoben die Fäuste zu den Sternen; von fern erinnerten sie an eine Gruppe von Gespenstern, denn die Dunkelheit behinderte den Blick und verzerrte ihre Umrisse. Hinter dem Waldhüter humpelte ein seltsamer Schatten mit einem ovalen Gegenstand in der Hand. Es war der Gitarrist mit seinem Instrument. Neben ihm eilte auf Krükken der schwarze Schnurrbart herbei, der Akkordeonspieler. Sogar der Geiger, der sich nur ehrenhalber zu den Kriegsversehrten zählte, war mit seinem Bogen losgestürzt und rannte besinnungslos den Weg entlang.

»Ogottogott!« riefen sie. »So ein Mistvieh! Ogottogott!«

Schon waren sie nur einen Sprung weit von mir entfernt. Ich erblickte ihre zerzausten Schöpfe, ihre blitzenden Augen, ihre verschwitzten Stirnen. Ich vernahm das Schnaufen des Waldhüters und das Stöhnen der lahmen Musikanten, die mit den Fuhrmännern nicht Schritt halten konnten.

»Das Pferd!« schrien sie. »Das Pferd hat sich losgerissen! Ist hier ein Pferd vorbeigelaufen, das 5000 Zloty wert ist? Ich werde ihm die Peitsche geben ... Ich werde es in die Rippen ... Das Pferd! Das Pferd! Das Pferd!«

Ich fühlte, wie schnell mein Herz in der Brust schlug. Das Blut stieg mir zu Kopf. Ich trat den Laufenden in den Weg und machte weit den Mund auf, um frische Luft zu schöpfen. Und unter all diesen Umständen faßte ich einen entscheidenden Entschluß.

»Hier ist kein Pferd vorbeigekommen«, entgegnete ich ihnen.

*Aus dem Polnischen von Klaus Staemmler*

## Marian Grześczak
## Traumspiele

»Stellt euch vor, ich habe euch nichts zu erzählen«, sagte Mu, aber Ula, Pet und Lem wußten seit langem, wenn Mu sagt: »Stellt euch vor, ich habe euch nichts zu erzählen«, hat sie gerade etwas zu erzählen, und zwar etwas Seltsames. Also konnte es an diesem Tag nicht anders sein.

»Warum der Stein Flügel hat?«

»Warum die Rose lacht?«

»Warum der Igel blüht?«

»Warum, warum«, mischte sich Pet ein, »ich möchte wissen, ob ein Schnürsenkel zur Ringelnatter werden kann.«

»Ach, wenn die Blumen Flügel hätten«, seufzte Ula, »das wäre schön. Könnt ihr euch das vorstellen? Die Vögel wachsen und blühen im Garten, und die Blumen setzen sich auf die Zweige oder auf die Dächer.«

Mu entschloß sich, ihr Schweigen zu brechen: »Wer antwortet endlich, warum?«

»Weil die Steine wirklich den Vögeln ähnlich sind«, sagte Pet, »und wenn man auf sie zugeht, verhalten sie sich sogar freundlicher, sie fliegen nicht weg, sondern lassen sich in die Hand nehmen. Und weißt du warum, Mutter?«

»Nein.«

»Sie schlafen so fest, daß sie sogar ihre Flügel nach innen nehmen.«

Mu zog sich langsam hinter die Augenlider zurück, als wollte sie sich in weißen Nebel hüllen, aber niemand kann sagen, ob sie gerade in den Traum der Kinder eintrat oder schon aus ihm heraustrat. Wahrscheinlich trat sie aus ihm heraus, denn im Traum geschieht alles wirklich, und diese Gespräche über den Stein, die Rose und den Igel waren doch gewissermaßen extra ausgedacht. Denkt sich Mu vielleicht Märchen für Kinder aus? Aber vielleicht war das nicht Mu, sondern Fe? Nach dem Abendessen behauptete ein Herr, der aussah, wie ein Schornstein mit Hut oder ein Turm mit Weste, immer wieder steif und fest: »Ob der Stein Flügel hat? – Nein. – Ob die Rose lacht? – Nein. – Ob der Igel blüht? – Nein. Aber alle waschen ihre Wäsche mit Orion.« Dann verschwand Fe in Gestalt eines weißen Punktes, und Mu rief aus der Küche: »Kinder, Zeit zum Schlafengehen.«

Der Schlaf kam und ging langsam. Dieser Orion störte Pet sehr, weil er von ihm nichts wußte, und wenn man von etwas nichts weiß, plagt einen das mächtig. Ula schlief schnell ein, so sind eben die Mädchen. Lem bedauerte Mu. »Sicher muß sie sich bis morgen eine Reklamesendung ausdenken«, flüsterte er leise, »und statt noch etwas mit uns zu spielen, arbeitet sie. Dieses widerliche Fernsehen« – er wiederholte einen Satz, den er einst von seinem Vater gehört hatte – »nimmt uns Mu wieder einmal weg.«

Aber ganz so einfach konnte das nicht sein, denn wenn jemand sein Ohr nahe an Lems Mund gehalten hätte, so hätte er noch mehr gehört als den Satz des Vaters, er hätte gehört, wie der dicke Herr Zeit, der nie schläft, wie dieser Fettwanst sagte: »Fe will euch Mu nicht nur wegnehmen, es will sie euch ersetzen.«

Doch konnte man Lems anklagendes Flüstern nicht deutlich hören, weil er schüchtern und ein bißchen verstört war, außerdem drang unaufhörlich ein Geräusch durch das offene Fenster ins Zimmer: Schschschschschschschschschschschschschschschsch schschschschschschsch Wer kann, mag sich dieses Schschschsch schsch vorstellen als etwas ganz Übergroßes ohne Anfang und Ende, wer es jedoch nicht kann, der wird zusammen mit Ula, Pet und Lem mitten in einer großen Stadt wohnen, wo anstelle von Bäumen Neonröhren wachsen und anstelle von Hunden Autos bellen.

Ein ähnliches Spiel hatten sie sich einst zusammen mit Mu erdacht. Aber es ist schwer zu sagen, ob erdacht oder erträumt. Erwachsene sind manchmal so unerwachsen und die Unerwachsenen so erwachsen.

»Nach den Ferien geht ihr in eine neue Schule«, hatte Mu eines Tages verkündet, »Vater hat eine neue Wohnung gekauft.«

»Ich will aber nicht ...«, sagte Ula mit verdrießlichem Gesicht. »Meine Freundinnen ...«

»Paß auf, du wirst neue finden«, tröstete Pet sie, »Lem und ich haben solche Probleme nicht ...«

Na ja, und so geschah es, den ganzen Juli und August über waren die Kinder an der See, und dann brachte Mu sie zum neuen Haus.

»Weißt du«, erzählte Pet unterwegs, »wir haben das gespielt, was du mit uns erdacht hast. Wir haben eine Baumeisterbande gegründet. Ula war der Brückenbauer, Lem der Wegebauer, ich der Hausbauer.«

Ula: »Pet hat sich einen Sonnenblumenturm ausgedacht. Phantastisch.«

Pet: »Eine ganze Stadt von Sonnenblumentürmen. Du warst aber besser, Ula.«

Lem: »Für so eine Stadt braucht man besondere Wolken, besondere Vögel, besondere Menschen. Mu, warum fährst du so langsam?«

Mu: »Ich verstehe nicht, Pet, warum Ula besser war.«

Pet: »Sie hat sich eine Brücke ausgedacht, die bis zur Flußmitte führt und dann wieder umkehrt. Am anderen Ufer ebenso. Prima, was? Eine Brücke ist da, aber man kann nicht hinübergehen!«

Mu: »Und was ist mit Lem?«

Ula: »Er schämt sich, weil ihm nichts gelungen ist. Er hat sich ausgedacht, die Wege sollten sehr, sehr lang sein und dann plötzlich im Wald oder im Meer enden. Straßen hat er für überflüssig gehalten.«

Mu: »Alle?«

Ula: »Was für eine Frage. Natürlich. Und die zwischen den Türmen sollten Sonnenblumenwege heißen.«

Pet: »Warum sollen Straßen unnötig sein?«

Lem: »Alles stimmt.«

Ula: »Was?«

Lem: »Kannst du nicht sehen?«

Sie fuhren in die Stadt hinein. Die Gärten, an denen sie vorüberkamen, waren aus Glas. Die Luft war gläsern. Der Himmel war gläsern. Der Vogel, der über sie hinwegflog, war gläsern. Durch seine Riesenflügel drangen die Sonnenstrahlen. »Ich müßte Flügel haben«, sagte Pet.

»Ein Junge hatte einmal welche«, antwortete Ula, »aber das war kein Vogel, sondern ein Stein. Er ist ins Meer gefallen.«

Als das Auto hielt, öffnete Lem die Augen. Er machte das langsam wie immer, wenn er keine Lust hatte zum Aufstehen. Einen Augenblick lang war er sogar sicher, das Auto aus dem Traum sei Wirklichkeit, als wäre der Traum ein Weg und die Augen dessen Ende. Aber vom Fenster her drang es unaufhörlich und hartnäckig in sein Ohr: Schschschschschschschschsch, und es gab keinen Zweifel.

»Oho«, Lem räkelte sich mit sichtbarer Zufriedenheit. »Herr Krach kann wieder nicht einschlafen.«

Der Wecker klingelte, dann hörten sie ein Rufen aus der Küche.

Mu: »Kinder, Zeit zum Aufstehen!«

Pet: »Wie schade. Wißt ihr, ich habe von einem Hund geträumt, der sagte: Darf ich vorstellen, das ist Ula und das Pet, meine Geschwister.«

Während des Frühstücks folgte wie immer die Fortsetzung der Träume. Mu trug alles in ihr Notizbuch ein und hatte nicht die geringste Mühe zu erraten, wer echte Träume erzählte und wer sich etwas ausdachte.

Ula: »Ich habe von einem Jungen mit rotem Gesicht und blauen Flügeln geträumt.«

Pet: »Ich habe von einem Hund geträumt, der war wie eine Stadt, und von einer Stadt, die war wie ein Hund.«

Lem: » Ich habe von einem großen Vogel geträumt, der die Kerne aus den Sonnenblumentürmen pickte.«

Mu: »Nun gut, ihr kommt zu spät in die Schule.«

Auf dem Weg zur Schule gingen sie über einen schmutzigen Hof, wo die Erwachsenen glauben konnten, die Steine hätten Flügel, und wo die Neonröhren glauben konnten, der Igel blühe, und wo die Rosen glauben konnten, Kinderträume seien fröhlich. Hier wuchs kein einziger echter Baum, hier wurde keine einzige echte Ameise geboren, hier fiel kein einziger echter Regentropfen. Dagegen war alles mit Orion zu einem solchen Grau ausgewaschen, daß man zur Sonne Klecks sagte, was jedoch nicht der Wahrheit entsprach, denn die Sonne ist die Sonne, und ein Klecks ist ein Klecks.

Die Kinder heben die Hände und lassen sie sinken. Denn auch die Kinder möchten gern fliegen, aber die Älteren erlauben es ihnen nicht. Also blühen nur die Träume. Na ja, aber jeder weiß, daß man im Traum ganz anders fliegt als in Wirklichkeit.

*Aus dem Polnischen von Klaus Staemmler*

ZBIGNIEW HERBERT
# Die schreckliche Geschichte von Stefan Zirperich

Dies ist die schreckliche Geschichte von Stefan Zirperich, ich bitte deshalb die Kinder, die Angst haben, wenigstens das rechte Auge zuzukneifen und das linke Ohr zuzustopfen. Die ängstlichsten Kinder-Hasenfüße dürfen jetzt sagen, sie hätten vergessen, sich die Zähne zu putzen, sie können sich davonschleichen und sich im Badezimmer zehn Minuten einschließen, so lange nämlich wird diese schreckliche Geschichte dauern. Sie ist nur für Kinder bestimmt, die gute Nerven haben, gern grausame Räuber spielen und davon träumen, Generale zu werden, wenn sie erwachsen sind, für Kinder, die sich am liebsten mit Schwächeren prügeln, auf den Klosetts Zigaretten rauchen und außerdem Katzen quälen.

Ich fange also an. Denkt daran, ich habe euch gewarnt. Gleich werden in diesem Zimmer furchtbare Dinge geschehen.

Zuerst muß ich euch meinen Helden vorstellen. Er heißt Stefan Zirperich und wohnt in der Stillen Straße Nr. 13. Wie wir alle genau wissen, bedeutet die Dreizehn Unheil und Unglück.

Es ist ein ganz gewöhnliches, etwas verkratztes Haus, in dem Herr Zirperich wohnt, mit einem kleinen steinigen Hof, auf dem es ein Blumenbeet gibt. Das betreut Frau Amalia aus dem dritten Stock. Eigentlich hat noch niemand diese Blumen gesehen, weil sie ganz einfach nicht wachsen wollen. Frau Amalia begießt sie täglich, sie nörgelt über die schlechte Erde, aber im nächsten Frühling würden die Blumen bestimmt wachsen und alle Leute würden kommen, sie bewundern.

Doch wozu verdrehe ich euch den Kopf mit diesen Blumen, da jetzt gerade Herr Zirperich, ohne sein grausames Schicksal zu ahnen, das Haus verläßt. Er begibt sich auf seinen Nachmittagsspaziergang. An der Leine führt er den Hund Nikodem. Das ist der rassigste Hund, den ich kenne, weil er nicht eine, sondern viele Rassen hat. Kurze Dackelbeine, massiger Bulldoggenrücken und eine sehr komische Zottelschnauze, von der man nicht weiß, woher sie stammt.

Sie gehen also spazieren, Herr Zirperich und der Hund Nikodem. Nicht zu schnell, nicht zu langsam. Am Kiosk kauft Herr Zirperich seine Zeitung und sucht lange nach einer Ansichtskarte. Er will sie seinem Neffen Jurek schicken, der weit weg wohnt, in die zweite Klasse geht und das Meer liebt. Er findet eine Karte mit großem, graugrünem Wasser und bewölktem Himmel, in der Mitte ein leicht zur Seite geneigtes Segelschiff mit Segeln weiß wie Feiertagshemden.

Jetzt gehen Herr Zirperich und der Hund Nikodem in die Konditorei »Zur Farnkrautblüte«. Ich habe euch noch nicht erzählt, daß Herr Zirperich ein schreckliches Leckermaul ist, er liebt Kuchen über alles, am meisten Wiener Käsekuchen, am allermeisten Nußtorte und Apfelkuchen, am allerallermeisten Schokoladenananastorte mit Schlagsahne. Hunde haben zu einer Konditorei keinen Zutritt, aber Nikodem ist ein außergewöhnlicher Hund, alle mögen ihn gern, sogar die Kassiererin der Konditorei »Zur Farnkrautblüte«, denn Nikodem sitzt immer still unter dem Tisch und kommt gar nicht auf den Gedanken, jemandem nach der Wade zu schnappen.

Herr Zirperich ißt seinen Kuchen (heute gibt es Schokoladenananastorte mit Schlagsahne), trinkt seinen Tee in kleinen Schlucken und schreibt die Karte an seinen Neffen, der weit weg wohnt und das Meer liebt.

*Lieber Jurek!*

*Lange schon habe ich nichts mehr von Dir gehört. Schreib mir bitte, was Du tust und wie es Dir in der Schule geht. Ich habe Dir ein Fernrohr gekauft, wie es die Segelschiffskapitäne benützen. Du bekommst es, wenn Du zum Fest Deinen alten Onkel besuchst, der Dich liebt und grüßt.*

Und in der Nachschrift: *Nikodem sendet Dir ein freundschaftliches Schwanzwedeln.*

Dann stehen sie auf und gehen hinaus, der Herr und der Hund. Zwischen ihnen gibt es eine stille Vereinbarung. Auf dem Hinweg führt Herr Zirperich Nikodem, auf dem Rückweg jedoch führt Nikodem Herrn Zirperich, denn es gibt so viele Dinge, die der Aufmerksamkeit eines Hundes würdig sind, ein Beet mit roten Salbeiblüten und eine zerschlagene Milchflasche und eine kleine Metallscheibe, aber auch die dunklen, geheimnisvollen Kellerfenster, von denen jedes anders riecht, nach Kohlen oder nach Sauerkohl oder nach alten Möbeln.

Sie müssen sich jedoch beeilen, denn Herr Zirperich hat sehr viel zu tun. Ihr fragt, was er von Beruf ist. Ein Augenblickchen Geduld. Wir steigen mit ihm hinauf in den zweiten Stock des etwas verkratzten Hauses Stille Straße Nr. 13. Sobald Herr Zirperich die Tür öffnet, wißt ihr alles.

Es ist, als ob ihr an einem heißen Sommertag eine Wiese betretet, auf der hundert Grillen zirpen, hundert Zikaden, oder einen Eichenwald, in dem hundert Spechte rhythmisch auf die Baumrinde klopfen.

Jetzt wißt ihr's also: Herr Zirperich ist Uhrmacher, das heißt, er heilt kranke Uhren. Gerade hat er einen weißen Kittel angezogen, ganz wie der Herr Doktor, der euch manchmal in den Hals guckt. Ins Auge hat er eine schwarzgerahmte Lupe eingeklemmt. Er untersucht das Innere mit den vielen Zahnrädchen und Federchen und denkt: Was fehlt diesem armen Schlucker, daß er aufgehört hat zu ticken und sein langes Pendelbein zu schaukeln?

Nikodem hat sich inzwischen in die Ecke gelegt und schläft.

Da sehe ich, daß der kleine Hans wieder hereinkommt, der gleich zu Anfang ins Badezimmer geschlichen ist, als ich sagte, das werde eine schreckliche Geschichte. Jetzt fragt er, ob sie schon zu Ende ist.

»Nein!« rufen die Jungen (die General werden wollen).

»Nein!« rufen die Mädchen (die Katzen quälen).

»Da war noch gar nichts Fürchterliches!« rufen sie gemeinsam.

Da war nichts und wird nichts sein.

Denn, seht nur, so ist das. Ich wollte euch wirklich eine schreckliche Geschichte erzählen. Aber als ich anfing, meinen Helden, Herrn Zirperich, den Uhrmacher, zu beschreiben, habe ich ihn ganz einfach liebgewonnen. Je mehr ich von ihm erzählte, desto lieber hatte ich ihn. Und jetzt tut er mir leid, ihn den Wölfen, den Räubern oder Meeresstürmen auszuliefern.

So ist das nun einmal im Leben. Ihr könnt euch selbst davon überzeugen.

Ihr geht zum Beispiel in den Zoo und seht das Nashorn. Manche Kinder (besonders diejenigen, die General werden wollen und Katzen quälen) sagen: Was ist das für ein ekelhaftes Vieh. Es wäre gut, einen Batzen Lehm zu kneten und dem da in die Schnauze zu schmeißen. Aber wenn es den Kopf zu euch umwendet und mit seinem kleinen Auge blinzelt, denkt ihr gleich: ein ganz nettes Tierchen.

Wenn ihr Herrn Zirperich auf seinem Nachmittagsspaziergang mit dem Hund Nikodem begegnet, grüßt ihn von mir. Er nimmt euch bestimmt mit in den Park.

Jetzt ist Herbst, also fallen Kastanien von den Bäumen wie kleine grüne Igel und kullern über den Boden.

Sicher geht ihr zusammen die Kastanienallee entlang, die sehr weit hinausführt bis zur Lichtung der Hohen Gräser; ihr geht durch die Luft, die immer blauer wird, dunkelblau, schwarzblau, durch die Herbstluft, in der wir mit den Augen blinzeln.

*Aus dem Polnischen von Klaus Staemmler*

## Marek Nowakowski
## Mut

Lang und elastisch, schwarz-weiß gefleckt, eine pinselartige, mistverkrustete Quaste am Ende, pfiff er wie eine Peitsche durch die Luft.

Der Sommersprossige, der in den Baracken wohnte und einen Taubenschlag besaß, knallte gekonnt mit ihm.

»Hüh! Ihr Kleinen!« schrie er wie ein Fuhrmann seinen Mähren zu.

Die Jungen sprangen geschickt zur Seite.

Der Sommersprossige traf Filip unter den Knien. Aber Filip biß die Zähne zusammen und zuckte nicht. Mit gespielter Gleichgültigkeit betrachtete er den roten Striemen. Der Sommersprossige kicherte.

»Du hast Angst ...« Er zog die Wörter in die Länge.

Seine Bande, all die Sitzenbleiber, sahen Filip mit wachsamer Aufmerksamkeit an. Sie umgaben ihn im Kreis, und ihre Augen stachen ihn wie Dornen.

»Du hast Angst ...«, wiederholte der Sommersprossige.

Filip hatte Angst. Dieser Lehrer war ja der Schrecken aller Klassen. Sogar die Großen, die dieses Jahr die Grundschule verließen, gingen ihm lieber aus dem Weg. Manchmal wagten sie es, ihm hinter einer Hausecke etwas nachzurufen, einen Stein zu werfen, mit Kreide seinen Spitznamen an einen Zaun zu schreiben ... Der Lehrer war kahlköpfig, breitschultrig wie ein Lastträger, krummbeinig. Dazu seine geheimnisvolle Aktentasche, von der er sich nie trennte. In dieser Tasche hatte er angeblich seine Erfindung. Eine Maschine oder einen Apparat. Und er bewachte sie wie den größten Schatz.

Obwohl Filip also mächtig Angst hatte, verneinte er mit einer heftigen Kopfbewegung. Sein Blick hing die ganze Zeit über an dem ekelhaften Kuhschwanz mit dem eingetrockneten Blut an der Wurzel. Der Sommersprossige schwang den Schwanz wie eine Peitsche.

»Wenn ich könnte«, sagte der Sommersprossige, »würde ich ja selbst ... oder Styja, Kapucha, Syfon – jeder von uns ...«

Seine Kumpane nickten eifrig. Der Sommersprossige schüttelte eine Handvoll Tabak aus der Jackentasche, drehte sich eine Zigarette, leckte das Papier und zündete sie an. Er tat ein paar Züge und gab dann Filip den Stummel.

» Zieh mal«, schlug er gnädig vor.

Filip sog den Rauch in die Lunge und verschluckte sich. Tränen traten ihm in die Augen.

Die Jungen aus der Bande des Sommersprossigen lächelten boshaft.

»Aber«, sagte der Sommersprossige, der Anführer der Sitzenbleiber, »jeder von uns hat schon seinen Eintrag, die könnten uns bei der geringsten Kleinigkeit rausschmeißen. Und ein drittes Mal in der gleichen Klasse ...« – er schwang den Schwanz – »dann lieber klauen gehen. Nur du bist blütenweiß ...«

»Klar«, stimmte Kapucha zu, »er kann's riskieren.«

»Lauter Einsen hat er«, warf Syfon ein, »so ein Streber ...«

Filip wurde rot und ließ den Kopf sinken.

»Er sitzt in der ersten Bank«, meinte Styja, »und ist am nächsten dran ...«

»Außerdem, wenn du zu uns gehören willst ...« Der Sommersprossige ließ den Satz rätselhaft verklingen.

Filip verstand ihn ausgezeichnet. Wenn er zu ihnen gehören will, muß er sich mit irgend etwas hervortun. Mit etwas nach ihrem Maß. In der Hand hielt er den Turnbeutel. Er spürte, wie ihre Augen an ihm hingen. Sie warteten. Es war ein schwerer Augenblick. Denn Filip, den die Bande des Sommersprossigen Streber schimpfte, wollte wirklich zu ihnen gehören. Aber sie stießen ihn immer weg. Wenn sie sich verabredeten, die Schule zu schwänzen, um in den alten russischen Forts herumzustromern, verjagten sie ihn brutal. Oder die spannenden Ausflüge in die Felder der nahen Gärtnerei, um Tomaten oder Kohlrabi zu stehlen: Das verabredete Signal in der Abenddämmerung, der Treffpunkt an der Lehmgrube. Auch da ließen sie Filip nicht mitgehen. »Hau ab«, sagten sie, »du paßt nicht zu so was ...«

Jetzt hatte er eine Chance. Wieder warf er einen Blick auf den ekelhaften Kuhschwanz, den die Hand des Sommersprossigen in schlangenartige Bewegungen versetzte.

Er hatte keinen Grund anzunehmen, die anderen hätten Angst und er wäre als Opfer auserkoren. Der Sommersprossige und die ganze Bande der Sitzenbleiber, die waren mutig und zu allem entschlossen. Filip hatte neulich mit eigenen Augen gesehen, wie ein Bahnwächter den Sommersprossigen auf dem Abstellgleis aus einem Wagen geholt hatte. Er hatte ihn mit seinem Gummiknüppel verdroschen und gefragt: »Wer war mit?« Aber der Sommersprossige hatte geschwiegen wie verhext. Später hatte er ihnen die blauen Striemen auf seinem Rücken gezeigt ...

Und die Geschichte mit der Granate voriges Jahr. Sie hatten einen tief in den Sand gebohrten Blindgänger entdeckt. »Das Eisenzeug nehmen wir auseinander«, schlug der Sommersprossige lässig vor. Niemand rührte sich. Da spuckte der Sommersprossige durch seine Zahnlücke und trat als erster heran. Nach einigem Zögern folgten Syfon und Kapucha. Sie gruben den Blindgänger aus dem Sand. Kapucha geriet ins Schwitzen. Der Sommersprossige hörte nicht auf zu pfeifen. Und sie nahmen das Ding auseinander ...

Dem Globus – so nannten sie den Lehrer – hatte er schon manchen Streich gespielt. Zum Beispiel hatte er mitten in dessen Stunde entsetzlich laut »Kikeriki« gerufen.

»Wer war das?« fragte der Globus und ballte die Fäuste.

»Ich.« Der Sommersprossige stand auf.

»Her die Pfote!« brüllte der Globus.

Er schlug ihm mit dem Federkasten auf die Hand. Sie schwoll an wie ein Beefsteak. Aber der Sommersprossige hörte nicht auf zu lächeln. Sein Lächeln war herrlich und siegreich. Tränen standen ihm in den Augen. Er bekam weitere Schläge ...

Filip mußte sich entscheiden. Er streckte die Hand aus. »Gib her!«

Seine Hand schloß sich um den rauhen Kuhschwanz.

»Kuh oder Ochse?« wollte Syfon wissen.

»Kuh«, entgegnete Kapucha, der den Schwanz in Herrn Rapps Fleischerei erbeutet hatte.

Alle bewegten sich unruhig. Langsam näherte sich der Schuldiener Walczak. Er hielt mißtrauisch Ausschau.

»Steck ihn weg«, flüsterte der Sommersprossige.

Filip versteckte den Kuhschwanz im Turnbeutel.

Der Schuldiener Walczak stand vor ihnen und stützte sich auf seinen Besen.

»Was heckt ihr wieder aus«, sagte er mit greisenhaft gedehnter Stimme.

»Nichts!« antwortete der Sommersprossige und verbeugte sich höflich.

Der Schuldiener Walczak murmelte etwas Unverständliches und gähnte. Gerade waren Tauben am Himmel aufgetaucht. Sie zogen ihre Kreise in gleichmäßiger Ordnung wie eine Staffel Jagdflugzeuge. Immer höher hinauf. Der Sommersprossige hob den Kopf und schaute ihnen nach. Tauben liebte er. Er sah ihnen nach, als beneidete er sie um ihren hohen Flug. Sein hageres Fuchsgesicht wurde etwas weicher, die Lippen öffneten sich. Auch der Schuldiener Walczak beobachtete den schneeweißen Schwarm vor dem Hintergrund des blauen Himmels.

Der Lehrer mit dem Spitznamen Globus ging die Anwesenheitsliste durch. Der breitschultrige und muskulöse Mann wurde in Filips Augen zum Riesen. Seine Glatze glänzte wie poliert. Neben ihm stand auf dem Tisch die pralle, geheimnisvolle Tasche, er lehnte sich mit dem Ellbogen gegen sie. Seine Hände waren breit und behaart, die Finger rot und kurz. Filip erinnerte sich, wie der Lehrer einmal mit Syfon umgesprungen war. Er hatte ihn mit der Hand leicht hochgehoben wie einen jungen Hund und ihm mit der anderen den Hintern verdroschen. Syfon hatte gejault und hilflos mit den Beinen gestrampelt.

Auch die Eltern hatten Angst vor dem Globus. Syfons Vater kam mit zwei Männern in die Nähe der Schule. In einer engen, schattigen Gasse warteten sie auf den Globus. Der erschien mit seinem ungeschickten Watschelgang im Tor, unter dem Arm seine Tasche. Die drei Männer traten ihm in den Weg. Im Gebüsch versteckt hielten die Jungen den Atem an.»Mein Alter wird's ihm schon zeigen«, sagte Syfon immerzu mit unangefochtener Gewißheit. Was dann passierte, geschah schnell und unerwartet. Die drei Angreifer wirbeln wie Puppen durch die Luft. Einer fliegt gegen den Zaun, der zweite liegt schon am Boden, der dritte flieht hinkend und stöhnend ...

Zur Beruhigung blickte Filip aus dem Fenster. Er sah die nahe Lehmgrube, die struppige Weide am Abhang, jemand springt von der Weide ins Wasser, dahinter der verrußte Schornstein der Ziegelei.

Der Globus rief seinen Namen. Wie ein Automat stand er auf und sagte mit einer Stimme, die vor wachsender Angst bebte: »Hier!«

Dieser Basiliskenblick des Globus hinter seinen Brillengläsern! Wie die Augen eines Tiefseefisches. Filip schaut sich verstohlen um. Viele Augenpaare sind auf ihn gerichtet. Syfon. Kapucha. Der kleine Cesio. Der Boxer. Und der Sommersprossige. Am schlimmsten sind die Augen des Sommersprossigen. Sie scheinen zu spotten. Alle warten. Bald ist der Globus fertig mit der Anwesenheitskontrolle.

Unter der Bank tastet Filip nach dem rauhen und harten Kuhschwanz. Er faßt ihn ganz fest. Er preßt die trockenen Lippen zusammen, schaut sich nicht mehr um, konzentriert sich ganz auf den unweigerlich nahenden Höhepunkt. Der tief geneigte Kopf des Globus. Die glänzende Glatze mit den blauen Äderchen. Über ihr kreist eine Fliege. Die Blätter des Klassenbuches rascheln. Schon die letzten Buchstaben im Alphabet. Die letzten Sekunden ... Eine verzweifelte Energie erfaßt ihn. Denen wird er's zeigen! Nie mehr sollen sie ihn Streber nennen ... Schnell steht er auf und holt aus. Der Kuhschwanz trifft die Glatze des Globus. Das trockene Klatschen klingt in der gespannten Stille wie ein Donnerschlag. Der Kuhschwanz legt sich wie eine Schlinge um den Hals des Globus, und sein Ende, die mit trockenem Mist verklebte Quaste, hängt ihm vor der Brust.

Der Globus springt auf. Sein Blick ist wirr und schrecklich, die Hände sind vorgestreckt. Eine Weile schnappt er nach Luft wie ein Fisch. Er ballt die Fäuste. Zwei Hämmer sind seine Fäuste.

»Wer?« bringt er schließlich heiser heraus. »Wer hat das getan?«

Stille herrscht in der Klasse. Filip drückt sich gegen die Bank und hat die Hände unter dem Tisch versteckt. Der Globus schaut in die Runde. Plötzlich bleibt sein schrecklicher, bläulich durch die Brille funkelnder Blick an Filip hängen. Und verläßt ihn nicht mehr. Der Globus tritt einen Schritt vor. Den Kuhschwanz hat er gepackt wie eine Peitsche. Das ist Filip unerträglich. Er springt auf und stürzt sich in die Flucht. Der Globus ihm nach. Schwer atmend schneidet er Filip den Weg ab.

Da hört man etwas klappern und klirren.

Und gleich darauf die Stimme des Sommersprossigen voll heuchlerischer Ehrerbietung: »Herr Studienrat, Ihre Tasche ist runtergefallen.«

Der Globus hält plötzlich ein. Seine pralle Aktentasche liegt, vom Sommersprossigen heruntergestoßen, auf dem Fußboden.

»Irgend etwas muß zersprungen sein.« Der Sommersprossige beugt sich besorgt darüber.

Der Globus dreht sich um. Er läuft zur Tasche. Und wirft sich mit dem ganzen Körper über sie. Er faßt sie mit beiden Händen, stützt sich mühsam am Tisch und steht auf, sein Gesicht ist schweißnaß, der Atem geht stoßweise. Er sieht kläglich und gar nicht mehr bedrohlich aus. Und ringsum dröhnt ungehemmtes Gelächter. Manche Jungen haben die Hefte zu Trompeten eingerollt und tuten ausdauernd.

Und da spürte Filip, der in der Ecke bei den Kleiderhaken stand, zum erstenmal im Leben einen Schmerz oder einen empfindlichen Kummer, den man nicht mehr vergißt.

Der Kuhschwanz lag verlassen im Gang zwischen den Bänken. Zusammengerollt, schwarz-weiß gefleckt, schmutzig und abstoßend.

Der Globus senkte den Kopf tief und eilte, ohne auch nur eine Hand von der Tasche zu lösen, in ungeschicktem Trab zur Tür. Er verließ die Klasse. Sogleich stieg das Gelächter um einige Töne an. Das siegreiche Gelächter der Klasse Vb.

*Aus dem Polnischen von Klaus Staemmler*

WIKTOR WOROSZYLSKI

# Seeräuber
# *oder* Der Garten meiner Kindheit

Nie habe ich dieses Seeräuberspiel zu Ende gespielt. Ich spielte Seeräuber in der Stadt meiner Kindheit, einer ganz anderen Stadt als der, in der ich jetzt wohne, inmitten anderer Felder und Wälder, an einem anderen Fluß. Obwohl, wenn man sich's überlegt, alle Städte sich irgendwie ähnlich sind. Auch eure Stadt hat viel Gemeinsames mit der Stadt meiner Kindheit und der Stadt, in der ich jetzt wohne. Doch auf diese Frage kommen wir vielleicht später zurück. Wenn ich euch erzähle, wie in dem alten Garten, in dem der Sommer rauschte wie das Meer – sein Rauschen war für mich und meine Freunde um so eher Meeresrauschen, als keiner von uns bis dahin je echtes Meeresrauschen gehört hatte –, also wenn ich euch erzähle, wie ausdauernd wir auf den Zweigen der alten Apfelbäume über dieses Meer gesegelt sind, unter der Seeräuberflagge mit dem Totenkopf und den gekreuzten Knochen. Aber eigentlich kann ich euch nicht länger davon erzählen, denn plötzlich dringen von verschiedenen Seiten uniformierte erwachsene Männer in den Garten meiner Kindheit ein und umzingeln mich. Ich bin in Gefangenschaft. Die vom Baumwipfel herabgerissene Seeräuberflagge hängt tot in ihren Händen. Und nie, ach, nie werde ich dieses Seeräuberspiel zu Ende spielen.

Ich werde es nicht zu Ende spielen. Obwohl die uniformierten Männer mir nichts tun und nach längerem Befragen sogar glauben, daß es nur ein ganz gewöhnliches Spiel und die Flagge nur die Fahne unserer Jungensehnsucht nach dem bunten Abenteuer war und nicht die Standarte des Feindes, wie sie gemeint hatten, als sie in den Garten eindrangen. Sie gehen also und lassen mich in Freiheit zurück. Nur die Seeräuberflagge mit dem Totenkopf und den gekreuzten Knochen nehmen sie als Siegeszeichen mit. Doch nicht das macht mein weiteres Spiel unmöglich. Man könnte sich ja mühelos eine andere Flagge anfertigen, die noch schöner im Wind flattert. Wir wußten damals selbst nicht, ich und meine Freunde, warum wir das nicht taten. Erst sehr viel später, wenn ich in Gedanken auf unser für immer unterbrochenes Spiel zurückkam, begriff ich, daß die uniformierten Männer die Welt zerstört hatten, in der dieses Spiel möglich gewesen war, als sie den Garten meiner Kindheit mit dem bedrohlichen Wort *Feind* betraten, das etwas ganz, etwas völlig anderes bedeutete als der Gegner, den wir uns in unseren Spielen vorstellten. Und als sie forderten, wir sollten uns gegen den Verdacht wehren, das heißt mit stockender Zunge, bebenden Händen und schamrotem Gesicht etwas daherreden wie eine schlecht gelernte und unverstandene Schulaufgabe. Ach, ich sag's euch, glaubt es mir bitte: Nach alldem konnte man das Seeräuberspiel wirklich nicht fortsetzen.

Der Sommer neigte sich übrigens schon seinem Ende entgegen, bald hörte das Meeresrauschen in dem alten Garten auf. Und zu Anfang des nächsten Sommers kamen unter dem Gebrüll der Bomben und dem Gezüngel der Flammen anders uniformierte Männer in die Stadt meiner Kindheit. Denn es war Krieg. Ich habe vergessen, euch zu sagen, daß schon seit einigen Jahren Krieg war. Doch ich spürte ihn erst dann deutlich, als die anders uniformierten Männer kamen. Vielleicht weil ich inzwischen etwas älter geworden war, und vielleicht auch aus anderen Gründen. Jedenfalls war es so, daß ich in der Zeit , die mit ihrem Kommen begann und in meiner Stadt drei Jahre dauerte, kaum bemerkte, wie der Begriff *Feind* und das Gefühl, das *Haß* genannt wird, zum täglichen und nächtlichen Begleiter meines Daseins wurde. Und zwar deshalb, weil in diesem Dasein die zum Schutz gegen einen Schlag erhobene Hand viel Platz einnahm und die atemlose Flucht und die schmerzliche Trauer und die Sehnsucht, nicht nach dem Abenteuer, sondern nach einem ruhigen, gerechten und einfachen Leben. Aber habt keine Angst. Ich erwähne das nicht, um den ersten Männern, die in den Garten eindrangen, irgendwie recht zu geben. Und auch nicht, um euch mit den Gesetzen des Hasses bekannt zu machen, die ich als Junge lernte. Sondern nur, um die freudige Erleichterung mit euch zu teilen, daß all das vergeht. Ihr könnt euch bestimmt gar nicht vorstellen, wie schnell das vergeht. Ich mochte es kaum glauben, als ich plötzlich spürte, daß es vergangen war und ich nicht mehr hassen konnte. Alles war ja erst vor kurzem gewesen: die zum Schutz gegen den Schlag erhobene Hand und die atemlose Flucht und die schmerzliche Trauer. Trotzdem kann ich es schon nicht mehr, mag ich es nicht mehr, weiß ich nicht mehr, wie man das macht. Es ist mir schon fremd. Ich wollte ein wahrer Mann sein, weil meine Jungenhaftigkeit immer noch nicht zu Ende war. Deshalb versuchte ich hartnäckig, dieses falsche Gefühl in mir zu bewahren. Aber meine Anstrengungen verpufften. Ich war unfähig dazu. Und es mußte nur noch ein wenig Zeit vergehen, bis ich anfing, diese wunderbare menschliche Unfähigkeit zu segnen.

Ehe der Krieg zu Ende ging, zogen noch allerlei bewaffnete

Männer in verschiedenen Uniformen ihres Weges, an dem auch die Stadt meiner Kindheit lag. Als aber sein Ende kam, mußte ich zusammen mit meinen Eltern und meinen Schwestern diese Stadt verlassen und viele Tage lang fahren. Obwohl es gar nicht so weit war und man diese Entfernung heute in einem halben Tag zurücklegt, mehr ist nicht nötig. Ich fuhr in die Stadt, in der ich jetzt wohne und in der es damals mehr Ruinen als heile Häuser gab, mehr grünüberwachsene Steinhaufen als Straßen. Denn der Krieg hatte diese Stadt wohl grausamer geprüft als jede andere in diesem Teil Europas. Dennoch zog ich dorthin wie viele meiner Landsleute. Und heute scheint es mir manchmal, als hätte ich immer hier gewohnt. Obwohl es mir früher schwergefallen ist, mich damit abzufinden, daß sie so anders ist als die Stadt meiner Kindheit. Und vor allem weil es in ihr keinen solchen Garten gab wie den, in dem ich das Seeräuberspiel nicht zu Ende gespielt hatte. Was sage ich, *solchen* Garten – es geht um *genau diesen* Garten, genau diesen und keinen anderen. Aber im Lauf der Zeit fand ich mich auch damit ab. Nämlich dann, als ich in meiner neuen Stadt Orte guten Nachdenkens und Orte heiteren Lächelns entdeckte. Da ahnte ich, daß es *diesen Garten* auch in dieser Stadt gab. Zwar nicht für mich, der ich kein Junge mehr bin. Sondern für andere, mir unbekannte Jungen, die Jungen sind und ihre Spiele spielen. Manche bringen ihre Spiele zu einem guten Ende, worauf sie leicht zu Spielen übergehen, die nicht mehr für Jungen gedacht sind. Andere aber, plötzlich und im Garten ihrer Kindheit von irgendwelchen Erwachsenen umzingelt, die nicht unbedingt uniformiert zu sein brauchen, müssen sich verwirrt und beschämt wehren und können ihr Spiel nicht zu Ende spielen. Wieder andere aber müssen, obwohl kein Krieg mehr ist, die Hand zum Schutz gegen einen Schlag erheben und atemlos fliehen und erneut den Haß lernen.

Diese Lehre habe ich allerdings nicht gemeint, als ich zu Anfang schrieb, wenn man sich's überlegt, seien alle Städte irgendwie ähnlich und auch eure Stadt habe viel Gemeinsames mit der Stadt meiner Kindheit und mit der Stadt, in der ich jetzt wohne. Ich habe auch nicht die traurigen Ähnlichkeiten gemeint, denen man überall begegnen kann, obwohl auch das – wozu es verheimlichen? – wahr ist. Ich meine die Ähnlichkeit der jungenhaften Sehnsucht nach dem bunten Abenteuer, die nicht nur den Garten zum Meer macht, sondern auch einen gepflasterten Hof zum Garten. Und die Ähnlichkeit der etwas erwachseneren Sehnsucht nach einem ruhigen, gerechten und einfachen Leben. Und die Ähnlichkeit der menschlichen Unfähigkeit zu lange anhaltendem, verbissenem Haß – was natürlich nicht heißt, daß es keine Menschen gäbe, die so hassen können; es gibt sie möglicherweise in allen Städten, doch sind das Kranke, man muß sie bemitleiden. Und die Ähnlichkeit der innigen Beziehung zu den Gärten der Kindheit. Und die Versöhnung mit Orten, die von diesen Gärten weit entfernt liegen. Denn auch jener Ort, an dem dieser Garten einst rauschte, liegt schon ein Vierteljahrhundert weit entfernt ...

Was jedoch das nicht zu Ende gespielte Seeräuberspiel anbetrifft, so bin ich sicher darum Schriftsteller geworden, um es doch irgendwie, wenn auch nicht im Garten meiner Kindheit, weiterzuspielen. Ich habe ein Buch über edle Seeräuber geschrieben, die für die Freiheit und gegen die Tyrannei kämpfen, und auch ein paar Bücher, deren Inhalt ich hier nicht anführen möchte. Wozu auch. Sie alle haben, so vermute ich, etwas zu tun mit der Sehnsucht meiner Jungenjahre. Und wegen dieser Vermutung brauche ich mich ja weder vor mir selbst noch vor sonst wem zu entschuldigen.

*Aus dem Polnischen von Klaus Staemmler*

## Zbigniew Żakiewicz
# Die Jagd auf den Silberfuchs

Ich muß ehrlich zugeben, ich verbringe meine Abende nicht gern am Radio, im Kino oder gar vor dem Fernsehgerät, sondern setze mich nach altem Brauch mit einem Buch in der Hand neben eine kleine Lampe, und mein treuer Freund, der Dackel Jeremias, liegt zu meinen Füßen. So verbringen wir still und ruhig den Abend, ich in das Buch, der Dackel Jeremias in seine Gedanken vertieft.

Eines Abends, als ich mich der Lektüre der Erinnerungen eines berühmten Jägers hingab, räusperte sich der Dackel Jeremias bedeutsam und sprach zu mir mit folgenden Worten: »Ich wundere mich, daß du Zeit vertust mit dem Lesen solchen Unsinns, verzapft von jemandem, der sich nur deshalb für einen berühmten Jäger ausgibt, weil er mit der Büchse wer weiß wie viele Hirsche und Wildschweine erlegt hat! Der hätte mal versuchen sollen, ohne Gewehr auch nur eine kümmerliche Maus zu erjagen, geschweige denn ein wildes Kaninchen oder einen listigen Fuchs.«

»Was redest du da, Jeremias«, verteidigte ich den berühmten Jäger und vergaß völlig, daß Jeremias soeben zum erstenmal und noch dazu mit so viel Eifer gesprochen hatte. »Dazu ist man Jäger, daß man mit der Büchse schießt.«

»P-h! Ich möchte wissen, wie dieser berühmte Jäger mit dem außergewöhnlich listigen Silberfuchs fertig geworden wäre, den ich einst erlegt habe!«

»Wirklich, Jeremias, du hast einen Silberfuchs erlegt? Die Geschichte mußt du mir erzählen!« rief ich und legte das Buch beiseite, weil ich seit langem den Verdacht hegte, mein Dackel Jeremias sei gar kein gewöhnlicher Dackel.

»Wenn du so sehr darum bittest, kann ich es dir erzählen«, entgegnete der Dackel Jeremias zögernd. Und nach einer Weile tiefen Nachsinnens begann er.

»Wie du sicher weißt, sind alle Füchse, die auf der Erde leben, außergewöhnlich listig, so listig, wie eben nur Füchse sein können. Du kannst dir also vorstellen, wie listig der Silberfuchs war, der ein Fell hatte – silbrig wie der Wintermond.

Selbstverständlich wurde der Silberfuchs völlig unsichtbar in der Mondnacht oder sogar am Mondtag, wenn ein entsprechend großer Mondmond leuchtete. Genauso vortrefflich tarnte sich der Silberfuchs an silbrigen Wintertagen, wenn auf Feldern und Bäumen silbriger Reif lag. Alles das wäre noch gar nichts gewesen, wenn der Silberfuchs nicht in einer furchtbar verzweigten Höhle gewohnt hätte, die hundertzwanzig Eingänge und hundertzwanzig Ausgänge besaß. Diese Höhle hatte der Silberfuchs, das versteht sich, in den Silberberg gegraben, aus dem man ganz echtes Silber herausholte. Bitte schön, finde mal einen Silberfuchs in einer silbernen Höhle, die hundertzwanzig Eingänge und hundertzwanzig Ausgänge besitzt und die in den Silberberg gegraben ist!« schlug mir der Dackel Jeremias vor. »Trotzdem mußte der Silberfuchs ohne Rücksicht auf diese Schwierigkeiten erlegt werden, denn beim Wühlen seiner Gänge hatte er sich bis zu dem Silberbergwerk durchgegraben, das man im Silberberg angelegt hatte. Und statt ehrlich Mäuse und Hamster zu jagen, hatte der Silberfuchs Geschmack gefunden an Schweizerkäse und Räucherwurst, die die Bergleute zum Frühstück mitbrachten. Es kam so weit, daß der Silberfuchs das ganze Frühstück auffraß, und die Bergleute, statt Silber herauszuholen, wankend vor Hunger nach Hause zurückkehrten.«

»Der Silberfuchs hat ja Schreckliches angerichtet!« sagte ich empört. »Was also hast du getan, um die Bergleute vor dem Hungertod zu bewahren?«

»Hm, die Sache war nicht einfach. Um den Silberfuchs im Silberberg zu erlegen, mußte man selbstverständlich sehr starke stählerne Krallen haben, denn nur mit solchen Krallen konnte man im Silberberg tiefe Höhlen und Gänge graben.«

»Also hatte der Silberfuchs stählerne Krallen?«

»Sehr richtig«, bestätigte der Dackel Jeremias und verzieh mir meinen Mangel an Scharfsinn. »Der Silberfuchs hatte stählerne Krallen, denn alle Silberfüchse haben stählerne Krallen! Als man mich bat, den Silberfuchs zu erlegen, lenkte ich also meine Schritte zum Schmied und befahl ihm, auch für mich schöne stählerne Krallen zu schmieden«, fuhr Jeremias in seiner Erzählung fort. »Kaum waren die stählernen Krallen fertig, lief ich zum Silberberg und rief dreimal: Wau, wau, wau! Wrr, wrr, wrr! Wau, wau, wau! Als der Silberfuchs diesen Kriegsruf aller Dackel auf der ganzen Welt vernahm, erschrak er verständlicherweise furchtbar und begann, im Silberberg einen neuen, den hunderteinundzwanzigsten Ausgang zu wühlen. Gerade das hatte ich erwartet. Wie du weißt, habe ich ein vorzügliches Gehör, also dauerte es keinen Augenblick, und schon wußte ich, an welcher Stelle der Silberfuchs den hunderteinundzwanzigsten Ausgang wühlte ...«

»Und dann?«

»Dann begann ich mit außergewöhnlicher Geschwindigkeit, den

hunderteinundzwanzigsten Eingang zu wühlen, der dem hunderteinundzwanzigsten Ausgang genau gegenüberlag. Es dauerte keinen Augenblick, und schon hatte ich mich durch den hunderteinundzwanzigsten Eingang zum hunderteinundzwanzigsten Ausgang durchgewühlt. Und gerade da erblickte ich den dünnen und sehr langen Schwanz des Silberfuchses ... Sicher bist du verwundert, daß der Silberfuchs einen dünnen und sehr langen Schwanz hat? Auch ich war verwundert über diesen Anblick. Doch unvergleichlich größer war meine Verwunderung, als ich, kaum hatte ich den sehr langen und sehr dünnen Schwanz des Silberfuchses mit meinen Zähnen geschnappt, spürte, daß auch mich jemand beim Schwanz schnappte! Ich faßte den silbernen Schwanz des Silberfuchses noch fester, und da faßte dieser Jemand meinen Schwanz auch noch fester. Schnell fing ich an, vorwärts zu fliehen, wobei ich den Schwanz des Silberfuchses ständig mit den Zähnen festhielt. Aber dieser Jemand ließ meinen Schwanz nicht aus den Zähnen und rannte ebenso schnell vorwärts. So floh ich eine gute Stunde, und als die zweite Stunde vergangen war und ich bemerkt hatte, daß ich immerzu durch dieselben Gänge rannte und immerzu den Schwanz des Silberfuchses festhielt, während mein Schwanz in den Zähnen eines unbekannten Feindes steckte ... Ja, da begriff ich, daß ich meinen eigenen Schwanz in den Zähnen hielt!«

»Du hieltest deinen eigenen Schwanz in den Zähnen? Wie konnte das passieren?«

»Ich habe dir doch gesagt, daß der Silberfuchs ein furchtbar listiger Fuchs war, deshalb hatte er Gänge gegraben, in denen so lange Dackel wie ich ihren eigenen Schwanz packen. Und weil jeder, der in die Gänge im Silberberg eindringt, sich an den silbernen Wänden versilbert, war auch mein Schwanz silbern geworden wie der des Silberfuchses. Das hat mich – zugegeben – ganz besonders irregeführt ...

Es schien, als gäbe es keinen Ausweg aus dieser schwierigen Lage, zum Glück fiel mir ein, daß die Frühstückszeit gekommen und der Silberfuchs sicher hungrig geworden war auf seiner Flucht und beim Überdenken seiner listigen füchsigen Absichten. Und wenn er hungrig ist, wird er sich an den Schweizerkäse und die Räucherwurst heranmachen, die die Bergleute mitgebracht haben. In höchster Eile begab ich mich durch einen Fuchsgang in das Silberbergwerk. Doch schon kamen aus der Tiefe des Silberbergwerks, wankend vor Hunger, die ausgemergelten Bergleute. Der gefräßige Silberfuchs hatte diesmal den Schweizerkäse und die Räucherwurst bis zum letzten Krümchen aufgefressen! Ja, er hatte sogar – so unverschämt war er geworden! – als Nachspeise einigen Bergleuten den Schnurrbart abgebissen. Das hatte er straflos tun können, weil er in dem Silberbergwerk praktisch unsichtbar war.

Auf der Stelle befahl ich, alle Ausgänge im Bergwerk zu schließen, einschließlich der Durchgänge, die in den Fuchsbau führten, und legte mich selbst vor den Hauptausgang, durch den gerade, wankend vor Hunger, der letzte Bergmann herauskam. Und da erblickte ich um seinen Hals ... den Silberfuchs, schön zusammengerollt und den schönen silbernen Schwanz zwischen den Zähnen! Doch ehe ich den Silberfuchs schnappen konnte, bestieg der letzte Bergmann den Förderkorb und fuhr mit dem Silberfuchs um den Hals nach oben!

Sofort bestieg ich den nächsten Förderkorb und fuhr ebenfalls nach oben. Aber der vor Hunger wankende Bergmann hatte den Silberfuchs nicht mehr um den Hals. Der furchtbar listige und außergewöhnlich silberne Silberfuchs war auf das Feld entwischt! In dieser Lage gab es nur einen Ausweg. Man mußte eine List anwenden.«

»Du mußtest eine außergewöhnlich listige List anwenden, Jeremias, um den außergewöhnlich listigen Fuchs zu erlegen!«

»Im Gegenteil! Die ganze List bestand darin, nicht listig zu sein, denn der furchtbar listige Fuchs würde, wie du sicher schon bemerkt hast, mit den schwierigsten Lagen mühelos fertig. Dazu war er ein furchtbar listiger Fuchs, um die größte List zu überlisten. Deshalb war meine List eine außergewöhnlich einfache List ...«

»Mach schneller!« trieb ich ihn an.

»Ach, ich kann nicht«, stöhnte der Dackel Jeremias. »Wenn ich mich an meine außergewöhnlich einfache List erinnere, läuft mir das Wasser im Maul zusammen, und es bricht mir das Herz! Meine List war folgende ...« – Jeremias hatte offenbar beschlossen, sich von der Erinnerung an seine außergewöhnlich einfache List nicht rühren zu lassen – »Ich ließ mir viel Räucherwurst geben und fraß mich nach Kräften voll, außerdem ließ ich mich von der Schwanzspitze bis zur Schnauze einreiben.«

»Ich kann mir vorstellen, daß du eine herrliche Räucherwurst wurdest!« Ich spürte, wie auch mir das Wasser im Munde zusammenlief.

»Gerade darin bestand meine außergewöhnlich einfache List: Den Bauch voll Räucherwurst und mit Räucherwurst eingerieben, legte ich mich mitten auf die silbrige Wiese, faßte mit den Zähnen meine Schwanzspitze und spielte eine Räucherwurst. Als längster Dackel der Welt konnte ich nur die längste Räucherwurst der Welt spielen«, fügte der Dackel Jeremias stolz hinzu. »Und es dauerte keine Stunde, da kam der Silberfuchs auf die silbrige Wiese gelaufen, in der Absicht, sich an der geliebten Räucherwurst gütlich zu tun. Für mich blieb nur noch übrig, den Silberfuchs zu erlegen. Was ich auch tat«, schloß der Dackel Jeremias seine Erzählung.

Anschließend rollte er sich zu meinen Füßen zusammen, um sich ganz der Erinnerung an seine berühmte Jagd auf den furchtbar listigen Silberfuchs hinzugeben.

*Aus dem Polnischen von Klaus Staemmler*

Portugal

Eugénio de Andrade
Die weiße Stute

Der alte Cristóvão hatte drei Söhne und eine wunderschöne weiße Stute. Das waren kostbare Güter, ganz bestimmt, und es gab für ihn nichts Kostbareres auf der Welt. Trotzdem konnte er sich seit einiger Zeit nicht mehr recht freuen. Er fühlte, daß er alt wurde, und wollte gern sein Testament machen, aber er wußte nicht, welchem seiner Söhne er die Stute vererben sollte. Er hatte sie alle drei gleich lieb, und auch die Söhne liebten ihren Vater sehr. Erst vor kurzem, an seinem siebzigsten Geburtstag, hatte sich jeder etwas besonders Schönes für ihn ausgedacht, António, der älteste, hatte ihm einen langen Umhang geschenkt, Joaquim, der mittlere, eine Fiedel, und João, der letzte, den Cristóvãos Frau Raquel zur Welt gebracht hatte, war mit einer leuchtend roten Rose gekommen.

Der alte Cristóvão dankte ihnen und sagte, er wollte ihnen auch gern ein Geschenk machen. »Was wünscht ihr euch?« fragte er.

»Die Stute!« riefen alle drei wie aus einem Munde.

Da wurde der alte Cristóvão ganz traurig, weil er nicht wußte, was er tun sollte, und er beschloß, seinen Freund, den Apotheker, um Rat zu fragen. Der Apotheker stand in dem Ruf, er sei ein einfallsreicher Mann. Und er genoß diesen Ruf zu Recht. Er konnte sogar Verse schmieden. Nun gibt es viele Leute, die Verse schmieden können, sogar der berühmte Dichter Camões hat es gekonnt, obwohl er nur noch ein Auge hatte. Trotzdem, der Apotheker war eine Ausnahme. Er machte seine Verse nach einer Methode, die ich für höchst selten, ja für einmalig halte: Er reimte mit Hilfe der Mathematik.

Der Apotheker freute sich, daß sein Freund Cristóvão ihn besuchte. Er hatte vor ein paar Tagen einen Brief aus der Hauptstadt bekommen und war ganz begierig darauf, einem verständigen Menschen davon zu erzählen. In dem Brief stand, daß die Akademie für Künste und Wissenschaften gern ein Buch von ihm drucken wollte. Fünfzehn Jahre lang hatte er daran gearbeitet, und so viel Mühe steckte darin! Es war ein kleines Gedicht, und dann folgten fünfzig Seiten mit Zahlen, die zeigten, wie er die Reime berechnet hatte.

»Sehr interessant!« sagte der alte Cristóvão. »Wirklich sehr interessant ... Und nun möchte ich dich noch um einen guten Rat bitten. Wer könnte mir besser helfen als du? Du weißt, ich habe drei Söhne, und alle drei mag ich gleich gern. Außerdem habe ich eine weiße Stute, die der Liebling von allen dreien ist. Nun siehst du ja, daß es langsam zu Ende geht mit mir ... Was soll ich tun? Ich kann die Stute doch nicht unter die drei aufteilen ...«

Der Apotheker war, wie gesagt, ein Dichter und redete darum nicht ins Blaue hinein. Er dachte einen Moment nach und sprach: »Du kannst nur eines tun. Du mußt herausfinden, welcher deiner Söhne es wert ist, die Stute zu bekommen. Denn in Stücke teilen kannst du das Tier wahrhaftig nicht. Und damit du nicht eine himmelschreiende Ungerechtigkeit begehst, mußt du deine drei Söhne auf die Probe stellen. Am besten vertraust du jedem von ihnen die Stute eine Zeitlang an und beobachtest, was geschieht. Danach wird es dir leichter fallen zu entscheiden, wem du sie geben willst.«

Der alte Cristóvão ging nach Hause und tat, wie ihm sein Freund, der Apotheker, geraten hatte. Zuerst vertraute er António die Stute an. »In drei Wochen bringst du sie mir wieder«, sagte er zu ihm.

Für António war die Stute ein hübsches Spielzeug. Er kaufte ihr neue Zügel, einen Sattel und Steigbügel. Und dann ritt er stolz durch die kleine Stadt, immer wieder, damit die Mädchen ihn sahen und sich nach ihm umdrehten. Eines der Mädchen war so begeistert von der Stute, daß es mit António einen Spaziergang durch den Wald machte. Es war mitten im heißen August, und der Schatten unter den Bäumen tat gut. António band die Stute an einen Eukalyptusbaum. Dann pflückte er eine Oleanderblüte, die es dort zu Tausenden gab, und überreichte sie dem Mädchen. Die beiden Verliebten streckten sich im kühlen Schatten aus, und sie hatten einander so furchtbar viel zu erzählen, daß sie schließlich erschöpft einschliefen. Sonderbare Geräusche weckten sie. Es war die unglückliche Stute! Die Arme hatte zu viele Oleanderblüten gefressen, und nun hatte sie schreckliche Blähungen und pupste mit lautem Getöse. Das Mädchen lachte schallend, aber António genierte sich. Sie gingen zu der Stute hin. Vielleicht hört sie damit auf, dachte António, wenn ich sie erschrekke, so wie man manchmal Leute erschreckt, die einen Schluckauf haben. Er nahm ein Stöckchen und piekste die Stute damit ins Hinterteil. Das arme Tier wieherte vor Schmerz laut auf. Wütend sprang es mit den Vorderbeinen in die Höhe, und in dem gleichen Augenblick, als die Zügel rissen, hob die Stute den Schwanz und besprengte die beiden Verliebten – ihr könnt euch schon denken, womit. Und dann lief sie im Galopp nach Hause.

Nun bekam Joaquim die Stute. Wie alle Menschen, die Musik lieben, war er ein Träumer. Aber er träumte nicht immer. Sobald es um Geld ging, war er plötzlich hellwach. So kam er auf die Idee, der Stute ein paar Kunststücke beizubringen. Er wollte sie auf dem Jahrmarkt auftreten lassen und Geld mit ihr verdienen.

Die Stute war sehr begabt. Mühelos lernte sie, sich auf den Hinterbeinen aufzurichten, über aufeinandergestapelte Kisten zu springen und so weiter und so fort. Eines Morgens entdeckte Joaquim, daß sie eine schöne Sopranstimme hatte. Auf der Stelle versuchte er, ihr eine Opernarie von Richard Wagner beizubringen. Das war eine durchaus vernünftige Idee, aber die Stute benahm sich plötzlich, als hätte sie ein Brett vorm Kopf. Joaquim kam auf den Gedanken, daß sie Wagnermusik vielleicht nicht ausstehen konnte. Das geht ja schließlich auch vielen Menschen so. Daraufhin versuchte er es mit einer Arie von Rossini. Aber auch diese fröhliche Musik machte der Stute anscheinend keinen Spaß. Sie wieherte empört und wandte sich entrüstet ab.

»So ein doofes Pferd habe ich noch nie erlebt!« stöhnte Joaquim. »Fressen und den Stall schmutzig machen, das ist alles, was es kann.« Und weil er die Lust verloren hatte, der Stute Gesangsunterricht zu geben, wollte er ihr eine Lektion mit der Peitsche erteilen. Aber auch Geduld und Sanftmut eines Tieres haben ihre Grenzen, und obwohl es so aussah, als sei die Stute tatsächlich nicht imstande, eine große Opernsängerin wie die Callas zu werden, hatte sie doch – und sogar ohne Lehrer – gelernt, von ihren Hufen Gebrauch zu machen. Und als Joaquim sich ächzend nach der Peitsche bückte, schlug sie zweimal kräftig aus.

Nun bekam João die Stute. Er liebte sie von ganzem Herzen, und da ihm nicht verborgen geblieben war, daß seine Brüder einen großen Zorn auf sie hatten, ließ er sie keinen Augenblick allein. Und obwohl es nicht bequem war, nahm er sie nachts sogar mit in sein Zimmer. Aber das Tier war an das Leben im Stall und auf der Wiese gewöhnt und hatte andere Vorstellungen von Sauberkeit als die Menschen, wenn der Unterschied, wie man zugeben muß, im Grunde auch gar nicht so groß war. Nach vier oder fünf Tagen roch es im ganzen Haus wie in einem Pferdestall. Die Brüder protestierten. Wenn er sich von seinem Liebling nicht trennen könnte, dann müßte er eben mit im Stall schlafen, verlangten sie. João fand sich damit ab. Hauptsache, er konnte bei der Stute bleiben und auf sie aufpassen. Tagsüber führte er sie am Zügel über die Wiesen am nahen Fluß. Dort wuchs ein saftiges Gras, das die Stute am liebsten fraß. Und während sie sich daran gütlich tat, studierte João in seinem Lateinbuch und machte die Übersetzungen, die der Pfarrer, bei dem er Unterricht hatte, ihm aufgab. Eines Morgens, als er sich mit einem Gedicht von dem römischen Dichter Horaz abplagte, hörte er die Stute auf eine ungewohnte Weise wiehern. Es klang, als wieherte sie sich die Seele aus dem Leib. Sie zitterte am ganzen Körper, und João sah, daß sie allen Grund dazu hatte: Der Maulesel, der dem Müller gehörte, war an ihr hochgesprungen und hatte sie am Genick gepackt. So ein gemeines Vieh, dachte João und wurde blind vor Wut. Er sah sich nach einem Knüppel um. Vergeblich. Da entdeckte er, nicht weit von der Mühle, eine Unkrauthacke. Er lief hin, holte sie und streckte den Maulesel mit zwei gezielten Hieben auf den Kopf zu Boden. Ohne einen Funken Mitleid, ohne das klägliche Schreien des Esels zu beachten, schlug er immer weiter auf ihn ein, bis das Tier keinen Laut mehr von sich gab.

Die Stute wimmerte leise. Ihr Rücken tat ihr weh, aber sie wußte nicht, ob von dem Esel oder von einem Hieb, der sie aus Versehen getroffen hatte. Und außerdem war sie traurig. Also wirklich, dachte sie, ihr Freund João ging entschieden zu weit! Erst mischte er sich in Sachen ein, die ihn nichts angingen, und dann schlug er auch noch um nichts und wieder nichts ein armes, unschuldiges Geschöpf. Sie fand den frechen kleinen Maulesel gar nicht so übel.

João versuchte, die aufgeregte Stute zu begütigen, und hielt ihr ein Stück Zucker hin, aber die Stute wandte gekränkt das Maul ab. Und in diesem Augenblick sahen sie beide den Müller. Keuchend kam er an, so schnell war er gelaufen, um seinem kleinen Maulesel beizustehen; denn er hatte an den Schreien sehr wohl gehört, daß der Esel Hilfe brauchte. Aber der Müller kam zu spät – der Maulesel war tot. Tränen liefen ihm über die Wangen, als er den blutenden Kopf seines kleinen Esels erblickte. Er wollte sich schon mit geballten Fäusten auf João stürzen, aber da bemerkte er plötzlich die wunderschöne weiße Stute. Er lächelte, nahm sie am Zügel und ging mit ihr davon.

Die Stute drehte sich nicht noch einmal um. Sie wußte, endlich hatte sie ihren Herrn gefunden.

*Aus dem Portugiesischen von Helmut Frielinghaus*

## António Torrado
## Der siebenundsechzigste Affe im Zoo

Ich hatte einen arbeitsreichen Bürotag hinter mir und machte mich müde auf den Heimweg. Als ich in meine Straße einbog, dachte ich, ich sehe nicht recht. Weiter oben in der Straße stand ein rotes Feuerwehrauto. Und rund um das Feuerwehrauto standen lauter Zuschauer, hauptsächlich Kinder. In allen Fenstern lehnten Leute und starrten hinunter. Und dann erblickte ich eine Leiter, die sich höher und höher schob. Ich ging schneller. Ich reckte den Hals. Ich zählte die Häuser und stellte mit Schrecken fest, daß das Feuerwehrauto direkt vor meinem Hause stand. Die Leiter reichte schon bis zum dritten Stockwerk. Ich wohne im dritten Stock, auf der linken Seite.

Ich lief auf die Menschenansammlung zu und zupfte den ersten Feuerwehrmann, den ich sah, am Ärmel.

»Feuer?« fragte ich mit zittriger Stimme.

»Nein, Herr. Affe ...«, antwortete der Feuerwehrmann und wandte sich wieder seiner Arbeit zu.

Er sagte das so ohne Punkt und Komma, daß es in meinen Ohren wie eine Beleidigung klang. Ich wollte ihn schon fragen, was ihm eigentlich einfiele, mich »Herr Affe« zu nennen, und ihn auffordern, sich dafür gefälligst zu entschuldigen. Und ich war drauf und dran, ihn wütend anzuschreien, da gab mir der Lehrling vom Kaufmann, der unter den Neugierigen stand und sicher längst vergessen hatte, weshalb er losgeschickt worden war, die Erklärungen, die mir fehlten.

»Dona Esmeraldas Affe ist entlaufen. Er ist aufs Dach hinauf. Mal sehn, ob sie ihn erwischen.«

Aha! Das war es also. Ich verzichtete darauf, mich mit dem Feuerwehrmann anzulegen, und erkundigte mich nach Einzelheiten. Der Affe, so erfuhr ich, hatte sich am Nachmittag von seiner Leine losgerissen, mit der ihn Dona Esmeralda auf dem hinteren Balkon am Gitter angebunden hatte. Mit einem kühnen Satz war er aufs Dach entwischt. Dona Esmeralda hatte versucht, ihn mit Erdnüssen, Bananen und anderen Leckerbissen zurückzuholen, aber der undankbare Affe ließ sich nicht erweichen. Er hockte hoch oben auf einem Schornstein und rieb sich den Knöchel – da, wo der Riemen gesessen hatte. Dona Esmeralda rief einen Polizisten herbei. Aber der Affe ließ sich nicht einschüchtern. Er sprang auf ein anderes

Dach, wobei er mehrere Fernsehantennen zerbrach. Er kreischte und lachte und schrie in den höchsten Tönen vor lauter Freude darüber, daß er frei war. Dona Esmeralda blieb nichts anderes übrig, als den Rat des Polizisten zu befolgen und die Feuerwehr anzurufen.

»Ich glaube aber nicht, daß die Feuerwehrmänner was erreichen«, meinte der Lehrling. »Dieser Affe ist ein ganz geriebener Bursche.«

Allmählich wurde es Nacht. Und im Dunkeln wollte keiner es riskieren, einem flinken kleinen Affen über die Dächer nachzujagen.

Etwas enttäuscht kurbelten die Feuerwehrmänner die Leiter herunter und fuhren fort.

»Sie werden es sehen, morgen kommt er bestimmt zurück. Erst kriegt er Hunger, dann Heimweh, und dann kommt er zurück«, sagte jemand von den Leuten, die um Dona Esmeralda herumstanden.

Ich dachte, sollen sie doch diskutieren, soviel sie wollen, und stieg die Treppe zu meiner Wohnung im dritten Stock hinauf. Über dem Abendbrot und der Zeitung vergaß ich den Affen. Wahrscheinlich hatte er inzwischen, von Dach zu Dach hüpfend, längst die Stadt erkundet. Was kümmerte mich ein entlaufener Affe. Ich wünschte ihm eine gute Reise.

Bei uns zu Hause bekommt abends jeder einen Becher Milch und ein Tellerchen mit Keksen auf den Nachttisch gestellt. Vielleicht kennt ihr so etwas auch. Wenn man mitten in der Nacht aufwacht und Hunger hat, ißt man ein paar Kekse oder trinkt einen Schluck Milch. Das sind so Gewohnheiten von früher, als ich selbst noch ein Kind war.

Ich ging zu Bett und schlief nach wenigen Minuten ein. Ich hatte einen anstrengenden Tag hinter mir, und dann auch noch all die Aufregung um den Affen der Nachbarin! Ich war schrecklich müde. Beim Einschlafen dachte ich noch, daß die Sache mit dem entlaufenen Affen eigentlich eine lustige Geschichte war, die ich einmal aufschreiben mußte. Aber ehe ich es noch zu Ende gedacht hatte, war ich schon eingeschlafen ... Gute Nacht!

Ich schlief ganz fest und träumte. Ich träumte von einer Horde Affen, die alle eine Feuerwehruniform anhatten und in Windeseile eine riesige Magirus-Leiter hinaufkletterten. Oben auf ihrem Balkon, hinter den Blumenkästen mit Pelargonien, stand Dona Esmeralda und winkte ihnen zu. »Lebt wohl, ihr lieben kleinen Äffchen!« rief sie, aber die Affen beachteten sie nicht und kletterten weiter bis aufs Dach hinauf. Ich weiß nicht mehr wie und warum, aber irgendwie war ich oben auf dem Dach, und ich lag in der Dachrinne und schlummerte sanft, als läge ich in meinem eigenen Bett. Der Feuerwehrmann-Affe oder Affen-Feuerwehrmann, der als erster vor mir auftauchte, weckte mich. Er rief: »Herr Affe, Herr Affe ...« Ich fuhr aus dem Schlaf hoch und antwortete wütend: »Selber Affe.« Wir prügelten uns, und schon kamen die anderen Affen-Feuerwehrmänner dazu, packten mich und zogen mich an den Haaren ...

In diesem Augenblick wachte ich richtig auf. Was habe ich da nur für ein ungereimtes Zeug geträumt, dachte ich. Und weil ich einen trockenen Mund hatte, wollte ich einen Schluck Milch trinken. Ich tastete im Dunkeln nach dem Becher auf dem Nachttisch, nahm ihn und hob ihn an den Mund – aber es war keine Milch mehr darin.

»Komisch«, dachte ich. »Sollte ich etwa die Milch im Schlaf getrunken haben?« Ich wollte nachsehen, wie spät es inzwischen war. Für die Deckenlampe habe ich über dem Kopfende meines Bettes eine Kordel mit einem Schalter daran. Wenn ich auf den Knopf drücke, geht das Licht an. Sicher kennt ihr das System.

Ohne mir etwas zu denken, griff ich nach der Kordel, und im gleichen Augenblick hörte ich ein lautes Kreischen, und irgend etwas zog mich an den Haaren. »Was ist denn das!« rief ich und sprang aus dem Bett.

Es war der Affe von Dona Esmeralda. Er hockte auf dem Kopfende meines Bettes, knabberte meine Kekse und lachte mich aus. Anscheinend hatte ich statt der Kordel seinen Schwanz erwischt, stellt euch vor! Jedenfalls stand ich jetzt am anderen Ende des Zimmers, an der Tür, die Hand noch auf dem Lichtschalter an der Wand, und starrte den Affen verblüfft an. Was sollte ich tun? Die Feuerwehr rufen? Die Polizei? Aber um diese Zeit? Oder sollte ich Dona Esmeralda rufen oder ihren Mann? Oder einen Nachbarn oder die Portiersfrau? Und wenn der Affe in der Zwischenzeit wieder die Flucht ergriff? Alle Leute würden sagen, ich hätte den Verstand verloren und hätte wohl einen kleinen Affen im Ohr.

Es gab nur eine Lösung, sagte ich mir. Ich mußte versuchen, den Affen zu unterhalten, bis es Morgen wurde. Sobald es Tag war, wollte ich ihn gut in meinem Zimmer einschließen und jemanden von meiner Familie als Wächter vor der Tür postieren, und dann würde ich zu Dona Esmeralda gehen, mir von ihr die Leine geben lassen, zu dem Affen zurückgehen, ihm die Leine anlegen, so als wäre es nur ein lustiger kleiner Spaß, und ... fertig! Ich gebe zu, es war vielleicht kein sehr guter Plan, aber ich war so müde und verschlafen, daß mir nichts Besseres einfiel.

Bis es aber so weit war, mußte ich unter allen Umständen wach bleiben und dieFreundschaft meines ungebetenen Besuchers gewinnen. Wie um alles in der Welt behandelt man nur einen losgelassenen

Affen? fragte ich mich. Nun, ich hatte die ganze Nacht vor mir, um es zu lernen.

Am nächsten Morgen klopfte ich in aller Frühe bei Dona Esmeralda an die Tür.

»Ich habe Ihr Äffchen gefunden. Der arme Kleine ist in meinem Zimmer«, sagte ich zu ihr. »Meine Familie ist drüben und bewacht alle Fenster und Türen, damit er nicht davonläuft.«

Dona Esmeralda sah mich durch den Türspalt böse an.

»Ich will nichts mehr von ihm wissen«, keifte sie. »Dieser Streuner, dieser Herumtreiber, dieser Vagabund! Der hat mir schon genug Ärger und Kummer gemacht, dieser undankbare Nichtsnutz. Überlegen Sie nur, was mein Mann allein für die Feuerwehr ausgegeben hat. Eine Unsumme! Und obendrein hat er noch eine Geldstrafe bekommen , weil er keine Affensteuer bezahlt hat... Sie können ihn von mir aus behalten.«

»Aber ich will ihn gar nicht behalten«, sagte ich. »Er hat schon mein ganzes Zimmer auf den Kopf gestellt. Er hat sämtliche Bücher aus den Regalen gerissen, die Wände beschmiert, überall Papierschnipsel verstreut und meine Kekse aufgefressen. Und obendrein mußte ich die ganze Nacht mit ihm Karten spielen, um ihn abzulenken. Es ist schließlich *Ihr* Affe, Dona Esmeralda.«

»Sie kriegen ihn von mir geschenkt. Wenn er sich in Ihr Zimmer geschlichen hat, scheint er sich ja bei Ihnen sehr wohl zu fühlen«, sagte sie unnachgiebig. »Er mag Sie gern. Und jetzt entschuldigen Sie mich bitte. Ich hab die Milch auf dem Feuer. Sicher kocht sie gleich über. Auf Wiedersehen.«

Und damit schlug sie mir die Tür vor der Nase zu. Langsam ging mir auf, von wem der Affe sein ungezogenes Benehmen gelernt hatte! Aber diese kluge Erkenntnis nützte mir jetzt auch nicht mehr viel. Was nun? dachte ich. Soll ich etwa zu Hause bleiben und den Affen hüten? Ihn vielleicht am Tischbein anbinden? Nein, das kam nicht in Frage! Das einzige Tier bei uns zu Hause ist eine Katze, und die geht aus, wann sie will und kommt zurück, wann es ihr gefällt. Sie war kein gutes Beispiel für einen Affen. Und wenn ich ihn einfach einem von meinen Freunden schenke? überlegte ich. Nein, auch das kam nicht in Frage. Schließlich wollte ich meine Freunde behalten und nicht für immer und ewig verärgern. Aber was dann? Sollte ich ihm einen Flugschein oder eine Schiffskarte kaufen und ihn in den Urwald zurückschicken, wo man ihn hergeholt hatte? Das war bestimmt die vernünftigste und die gerechteste Lösung des Problems, aber... woher sollte ich das Geld für die Fahrkarte nehmen? Ach, wenn... Ach, wenn mir doch etwas...

Ich rief beim Zoo an.

»Guten Tag«, sagte ich, »hier spricht António Torrado. Ich möchte dem Zoologischen Garten gern einen Affen schenken.«

Der Mann vom Zoologischen Garten sagte, das sei sehr nett von mir und er wäre mir auch sehr dankbar. »Aber wir haben hier schon sechsundsechzig Affen«, fuhr er fort. »Wenn es ein Panther wäre, oder ein Rhinozeros ...«

»Um Himmels willen!« rief ich, weil ich mir sofort ausmalte, wie wohl erst ein Rhinozeros mein Zimmer verwüstet hätte.

Und dann kam mir die rettende Idee.

»Übrigens, da ist noch etwas«, sagte ich. »Mein Affe ist kein gewöhnlicher Affe. Es hat etwas Besonderes mit ihm auf sich. Das sollte die Zoo-Direktion vielleicht bedenken. *Mein* Affe spielt in einer Geschichte eine Rolle. Er ist die Hauptperson, vielleicht sogar die einzige Person in einer Geschichte, die ich in der Zeitung drukken lassen will. So etwas ist doch immer eine gute Reklame, finden Sie nicht auch?«

Der Mann am anderen Ende der Leitung zögerte ein wenig, ehe er antwortete.

»Hm, tja, wissen Sie«, sagte er, »wir haben hier nämlich schon zwei Affen, die in einem Film mitgespielt haben, aber ...«

»Und was für eine Rolle haben sie in dem Film gespielt?« fragte ich.

»Na ja, nur eine Nebenrolle, ehrlich gesagt. Sie waren nur einen kurzen Moment lang auf der Leinwand zu sehen. Trotzdem ...«

»Sehen Sie!« sagte ich hartnäckig und pries meinen Affen an. »Aber meiner tritt in einer Geschichte als Hauptperson auf, vom Anfang bis zum Ende, mit allem Drum und Dran. Meiner ist ein berühmter Affe.«

»Haben Sie die Geschichte denn überhaupt schon geschrieben?« fragte der Mann vom Zoologischen Garten.

»Ach so ... nein ... noch nicht«, stotterte ich. »Aber ich schreibe sie, Ehrenwort. Ich verspreche es Ihnen. Sie können sich darauf verlassen. Im Ernst, ich fange gleich damit an.«

»Na gut«, sagte der Mann vom Zoologischen Garten. »Wenn Sie Ihre Geschichte fertig haben, können Sie uns den Affen ins Affenhaus bringen.«

Und so kommt es, daß ich diese Geschichte schreiben mußte. Entschuldigt bitte, aber sicher versteht ihr, daß mir nichts anderes übrigblieb.

*Aus dem Portugiesischen von Helmut Frielinghaus*

# Rumänien

## Paul Goma
## Von Anfang an

Mircea ist seeeeehr. Das sagt Paa: seeeeehr. Mircea ist seeeeeeehr böse. So. Weil Vala. Weil Bia. Weil Paa. Weil *die Menschen.* Weil *die Menschen* nicht verstehen. *Die Menschen* sind müde. Seeeeehr. Wenn Paa von der Arbeit kommt, sagt er: »Ich bin seeeeeehr müde«, sagt Paa, wenn er von der Arbeit kommt. »Ich bin seeeeeehr müde diesewelt sosinddieleute derteufelsollsholen.«

»Sei still«, sagt Vala. »Sprich nicht so vor dem Kind.«

Bei Tisch wischt Paa seinen schwarzen Schnauz mit der Serviette. Immer. Er wischt seinen schwarzen Schnauz mit der Serviette und sagt: »Iß schön artig«, sagt Paa. »Oder sollen wir *Diediplomatischenbeziehungen* abbrechen?«

Das will Mircea nicht. Mircea rührt mit dem Löffel in der Suppe. Wenn er ihm eins mit dem Löffel giiiiiibt.

»Iß schön artig«, sagt Paa. »Wer nicht artig ißt, kriegt keine Schlittschuhe. Schöne Schlittschuhe, wie die von Dragos.«

Wenn Mircea ihm eins mit dem Löffel giiiibt. Schlittschuhe. Wie die von Goo. Schlittschuhe tun Kindern an den Knien weh.

»Mircea!« sagt Vala. »HÖRAUF, bitte«, sagt Vala. »Kannst du nicht artig essen? Wie Dragos? Wie Violeta?«

Wenn er ihr eins mit dem Löffel giiiibt. Goo ißt nicht artig. Liva ißt garstig. Das weiß er. Als Vala und Paa Imgebirge waren, und Bia war auch wer, und er war bei Taloonta und bei Untoo, hat er gesehen, wie Goo ißt. Und Liva. GARSTIG. Er weiß das. Liva ist schön. Und riecht nach Livaluva.

»Iß artig«, sagt Paa. »Bei Tante Lena konntest du artig essen, was?«

Bei Taloonta aß er. Taloonta sagt nicht Ißschönartig. Taloonta sagt Magstdumehr?

»Wer seine Suppe nicht artig ißt, kriegt keinen Nachtisch«, sagt Bia.

Wenn er ihr eins giiiiibt! Er holt sich aus dem Kühlschrank, *nachher.*

»Schon wieder hast du dich bekleckert, wie ein Ferkel!« sagt Vala, wenn sie ihn am Kühlschrank ertappt. »Warum hast du dich nach Tisch gewaschen, wenn du wußtest, daß du dich wieder beschmierst?« sagt Vala, im Bad. – »*Darum!*« sagt er.

»HÖRAUF, bitte«, sagt Vala. »Du hast eine Menge garstiger Wörter gelernt«, sagt Vala. »Wo hast du *darum* gehört?«

»Einfach so«, sagt Mircea. »*Einverstanden*«, sagt Mircea.

*Einverstanden* sagt Untoo. Paa sagt bin seeeeeeehr-müde diesewelt. Bia ist alt. Riecht nach Sogologo. Goo hat schlechte Schlittschuhe. Liva ißt garstig. *Einverstanden.* Und Vala? Warum Vala?

»Vala«, sagt Mircea beim Abtrocknen mit dem Handtuch.

»Steh still«, sagt Vala. »Hör auf!«

»Valaaaaaaa!« ruft Mircea, stampft mit den Beinen, sie soll mit dem Handtuch aufhören, *damit er ihr sagen kann.*

»Hör bitte auf«, sagt Vala. »Hör-schon-auf!« sagt Vala.

»Valaaaaa«, schreit Mircea, denn ihm ist eingefallen, daß es im Bad so klingt, als würden viele Mirceas schreien.

»Warum schreist du so, warum?« schreit Vala.

Vala ist böse. Wenn Vala böse ist, riecht sie nicht mehr nach Doremi. Wenn Vala nicht nach Diramé riecht, sagt er ihr nicht. *Einverstanden.*

Nach Tisch schläft Paa. Bia geht nach Hause, hinter der Straßenecke, bei der Apotheke. Mircea gefällt es bei Bia nicht. Weil es dunkel ist.Und nach Sugulugu riecht.

»Wonach riiiiiecht es?« Bia war böse, als Mircea ihr gesagt hat, er will nach Hause, zu Vala. »Was hast du gesagt, wonach riecht es bei mir?«

»Nach Sugaluga«, hat er gesagt und Bia mit ganzer Kraft zur Tür gezogen.

»Was ist das ... Suga ...? Wie hast du gesagt?«

»Sogulogu«, hat Mircea gesagt.

»Hast du das gehört!« Bia hat es Vala gesagt. »Zu behaupten, daß es bei mir nicht gut riecht! Bei mir, die ich das Fenster den ganzen Tag offenstehen habe!«

*Einverstanden.* Bia ist alt. Ihre Wohnung riecht nach Sugolugo. Und es ist dunkel. Dunlck. Keldun. *Einverstanden.*

Paa hat einen Schnauz, Diplomatischebeziehungen und ist seeeeeehr.

Und Vala? Warum?

Wenn Bia nach Sagalaga geht und Paa seeeeeehr schläft, geht er mit Vala in die Küche. Geschirr spülen. Vala spült Geschirr. Vala hat eine VIOLETTE Schürze. Vala hat schwar-zes Haar! Vala versteht nicht.

»Warum, Vala? Warum, Vala? Warum, Vala?«

»Hörauf!« sagt Vala.

Vor ein paar Tagen waren Taloonta und Untoo und Goo und Liva bei ihnen zu Besuch. Und noch und noch. Goo und Liva haben sich hingelegt. DRÜBEN. Er hat sich nicht hingelegt. Taloonta hat gesagt: »Komm nach Hause, es ist schon Mitternacht!« und Taloonta hat zum Fenster gezeigt.

Untoo hat gelacht und gesagt: »*Einverstanden,* sofort!« hat Untoo gesagt.

Und Taloonta hat gesagt: »Komm nach Hause, es ist schon Mitternacht!« und zum Fenster gezeigt.

Und Mircea hat Paa gefragt: »Paa, was ist Mitternacht?«

Und Paa hat gesagt und auf seine Uhr gezeigt: »Wenn es zwölf Uhr nachts ist«, hat Paa gesagt.

Aber Mircea hat zum Fenster hinausgesehn.

»Vala, was ist Mitternacht, Vala?«

Und Vala hat gesagt: »Wenn alle Kinder schon längst schlafen.«

Aber Vala hat nichts gezeigt. Und Taloonta hat wieder zum Fenster gezeigt. Und Mircea ist auf einen Stuhl geklettert und hat die Gardine beiseite geschoben. Und hat GESEHN. *Und es war schön.* Und er hatte keine Angst.

Und nachdem alle gegangen waren, hat er gesagt: »Ich weiß, wer Mitternacht ist.«

»*Wann,* nicht *wer*«, hat Paa gesagt.

Paa ist seeeehr.

»Vala, komm, ich zeig dir Mitternacht«, hat er gesagt.

Hat Vala *hin* geführt und ihr gezeigt. Vala hat gesehn. Aber nicht verstanden.

»Was nennst du Mitternacht?« hat Vala gefragt.

»Sieh«, hat Mircea gesagt.

»Das ist der Mond«, hat Vala gesagt. »Wenn du es aber so willst, soll es Mitternacht sein ...«

»*Einverstanden*«, hat Mircea gesagt.

Heute abend ist Mircea sehr böse. Er weint ständig. Vala sagt: »Komm schlafen, Mircea, komm ins Bett.«

Aber Mircea will nicht. So. Paa sagt: »Feierabend!« sagt Paa. »Es ist Mitternacht«, sagt Paa.

Paa lügt. Heute ist nicht Mitternacht. Er hat zum Fenster hinausgesehn. Heute hat die Nacht keine Mitte.

»Nein«, sagt Mircea. »Nein!«

»Feierabend«, sagt Paa. »Sollen wir Diediplomatischenbeziehungen abbrechen?«

Mircea weiß, wie Diediplomatischenbeziehungen sind. Er hat sie schon zu spüren bekommen, auf dem Rücken, als er den Wasserhahn im Bad hat laufen lassen. Und als er zu Bia DUBLÖDE gesagt hat. Und damals mit den Streichhölzern. Diediplomatischenbeziehungen beißen ärger als Zwiebel, brennen heißer als das Bügeleisen.

Fast wie PFEFFER. Diediplomatischenbeziehungen sind nicht gut.

»Neiiiin«, heult Mircea.

»Großer Gott«, sagt Vala, »was willst du noch?«

»Du weißt schoooooon ...«, sagt Mircea schluchzend.

»Wenn ich wüßte«, sagt Vala. »Aber ich weiß nicht. Sag doch, was willst du?«

»*Seine Tasse,* meine Liebe«, sagt Paa. »Du hast ihm Wasser in einem Becher gegeben, nicht in seiner Tasse.«

»A-ha!« sagt Vala. »Hab ich vergessen. Sieh«, sagt Vala. »Sieh, hier hast du Wasser *in deiner Tasse.* Trink, und komm schlafen.«

»Neiiiiin!« Mircea stößt Valas Hand weg. »Nein!«

»Siehst du, mein Lieber, es ist nicht darum«, sagt Vala. »Was ist los, Mircea, was willst du noch? Sieh, *deine Tasse.*«

»Nicht soooooo!« Mircea heult verzweifelt.

»Nicht so, sag doch, wie!« sagt Vala. »Sag, wie denn?«

»Du weißt schon!«

»Willst du wirklich, daß wir Diediplomatischenbeziehungen abbrechen?« sagt Paa.

»Neiiiiin!« schreit Mircea. »Von Anfaaaaaaang an!«

»Wir werden sie abbrechen müssen«, sagt Paa. »Willst du, daß wir sie abbrechen?«

»Laß ihn«, sagt Vala. »Laß ihn doch, er sagt's uns. Nicht wahr, du sagst es?« sagt Vala. »Du hast was mit Vonanfangan gesagt. Wie meinst du das, *vonanfangan?«*

Mircea weint nicht mehr. Er sagt unter Schluchzen: »So. *Vonanfangaaaaan.*«

»A-ha«, sagt Vala. »Gut«, sagt Vala. »Sieh, ich geh und hol dir Wasser. Anderes Wasser. In deiner Tasse.«

»Neiiiiiin!« brüllt Mircea.

»Mirceaaaaaaa!« sagt Paa.

»Laß ihn«, sagt Vala. »Gut«, sagt Vala, »wir fangen *von Anfang an*: Du bittest mich um Wasser, und ich bring dir in *dei ...*«

»Ich mag niiiiiiiicht!« Mircea heult weiter.

»Mirceaaaaaa!« sagt Paa.

»Laß ihn«, sagt Vala. »Mircea, komm, *vonanfangan*: Bitte mich ...«

»Mirceaaaaaaa«, sagt Paa. »Sollen wir sie wirklich abbrechen?«

»Nein«, sagt Mircea.

»Komm, Mircea«, sagt Vala. »Also, du bittest mich um Wasser, und ich ...«

»Neiiiin!«

»Siehst du, meine Liebe?« sagt Paa. »Ich habe dir tausendmal gesagt, du sollst ihm Wasser *nur* in seiner Tasse geben. Hab ich's gesagt, oder hab ich's nicht gesagt?«

»Laß nur«, sagt Vala. »Ich hab's falsch gemacht«, sagt Vala. »Ich bin auch müde«, sagt Vala. »Ich hab's falsch gemacht, ja, und jetzt will ich's wieder gutmachen.«

»Du hättest ihm *vonanfangan* geben sollen!« schreit Paa.

»*Vonanfangan*!« sagt Mircea.

»A-ha«, macht Vala. »*Vonanfangan,* von da an, wo du Wasser verlangst, und ich geb dir *vonanfangan* in *dei* ...«

»Neiiiiin!« brüllt Mircea und schlägt mit Armen und Beinen um sich, vor Ärger, weil Vala nicht versteht.

Hinter dem Gitter des Bettchens passiert viel. Worte, viele Worte. Dann kommt Vala mit ihren Händen. Und ihrem Haar. Warm und nach Doremi.

»Willst du, daß wir zusammen schlafen?« fragt Vala.

Mircea schüttelt den Kopf: nein.

»Soll ich dir Wasser in *deiner* Tasse bringen?«

Mircea schüttelt den Kopf. Er will kein Wasser. Er will nichts mehr. Er weint leise, klagend, gekränkt.

»Paa ist seeeeeehr müde«, sagt Vala. »Paa muß frùùùùùh aufstehn und zur Arbeit gehn. Paa will *jetzt* schlafen. Und auch ich muß frùùùùh aufstehn und zur Arbeit gehn. Auch ich will schlafen. Willst du nicht schlafen?«

»Nein«, sagt Mircea.

»Nein?« sagt Vala. »Warum, mein Kleiner, warum? Warum nur?«

»*Darum*«, sagt Mircea.

Aber Vala legt ihn ins Bett, deckt ihn zu, rückt ihm sein Kissen zurecht.

»Mach die Augen zu und schlaf«, sagt Vala. »Bitte«, sagt Vala.

Mircea will die Augen nicht zumachen. Er will nicht schlafen.

»Vala«, stöhnt Mircea. »Vala, bitte gib mir Wasser«, verlangt er.

Vala will ihm seine Tasse geben.

»Nicht soooooooo!« brüllt Mircea.

Paa kommt wieder. Vala nimmt Mircea in die Arme.

»Was will das Kind eigentlich, meine Liebe?« sagt Paa. »Was willst du, *mein Herr*? Sag, was du willst! Ein paar auf den Po?«

»Neiiiiin«, stöhnt Mircea und versteckt sich in Valas Haar.

»Warum willst du dann nicht schlafen?« sagt Paa. »Also, Feierabend!«

»Laß ihn!« sagt Vala.

Mircea sagt zu Vala: »Das Telefon läutet.«

»Was?« sagt Vala.
»Was sagt er?« sagt Paa. »Sagt er, das Telefon läutet?«
»Das Telefon läutet«, sagt Mircea.
»Quatsch«, sagt Paa. »Es läutet kein Telefon. Du schläfst jetzt sofort!«
»Laß ihn«, sagt Vala. »Wollen wir schlafen? Komm, gehen wir schlafen«, sagt Vala.
»Das Telefon läutet«, sagt Mircea.
»Es läutet nicht«, sagt Vala. »Das meinst du nur. Komm, wir wollen schlafen«, sagt Vala.
»Das Telefon läutet«, sagt Mircea. »Und dann sagt Paa Hallooo und dann sagt Paa du wirst verlangt, Vala, und dann sagt Vala Hallooo, ich ruf dich morgen an ...«
»A-ha«, sagt Vala.
» ... und dann sagt Bia Gutenacht und dann sagt Bia paß auf, vergiß das Fenster in der Speisekammer nicht und dann ...«
»Schluß jetzt, Feierabend«, sagt Paa.
»Laß ihn«, sagt Vala. »Und weiter? Und Bia geht ...«
» ... und Bia geht und dann sagt Paa morgen muß ich zu dem Esel von einem Jancu gehn und dann sagt Mircea Esel-Besel und Paa sagt dann Halt den Mund und dann sagt Vala du bist schuld, warum sprichst du so vor dem Kind ...«
»Schön!« sagt Vala.
Mircea ist schläfrig. Vala legt ihn ins Bettchen zurück. Deckt ihn zu. Rückt ihm sein Kissen zurecht. Mircea sagt mit geschlossenen Augen: »... und dann legt Vala mich ins Bett und Vala sagt: Es ist spät und Paa sagt Schluß jetzt, Feierabend und Mircea sagt Vala, bitte Wasser und Vala ...«
»... *gibt dir Wasser, in deiner Tasse*«, sagt Vala.
»Hm«, macht Mircea.
»Sieh«, sagt Vala, *»deine Tasse.«*
Mircea will nicht. Er schüttelt den Kopf.
»Nein«, sagt Mircea, »nein.«
»Aber es ist ja *deine Tasse*«, sagt Vala. »Du hast Wasser verlangt, hier, da ist Wasser, *in deiner Tasse.*«
»Nein«, sagt Mircea.
»Ich verstehe nicht«, sagt Vala. »Es ist doch deine Tasse«, sagt Vala. »Ich verstehe nichts mehr. Verstehst du, was das Kind will?« sagt Vala.
»Ich versteh schon«, sagt Paa. »Ein paar auf den Po, das will er.«
»Nein«, sagt Mircea.
»Ich verstehe nichts mehr«, sagt Vala. »Ich hab's falsch gemacht,

hab ihm Wasser in einem Becher gegeben. Aber ich hab es ja wieder gutgemacht, ihm Wasser in *seiner Tasse* gebracht.«

»Komm, gehen wir schlafen«, sagt Paa. »Er hat sich beruhigt.«

»Das Telefon läutet«, sagt Mircea.

»Es fängt wieder an«, sagt Paa. »Komm, meine Liebe, gehen wir schlafen.«

»Ich verstehe nichts mehr«, sagt Vala. »Ich hab's doch wieder gutgemacht, oder? Und jetzt das!«

»Er verstellt sich ja nur«, sagt Paa. »Du verwöhnst ihn zu sehr.«

»Ich verstehe nichts«, sagt Vala. »Ich hab meinen Fehler eingesehn, und ...«

»Ob er Schnupfen bekommt?« sagt Paa.

Paa geht zu Mircea und legt ihm die Hand auf die Stirne. Dann auf die eine Backe und auf die andere. Dann wieder auf die Stirne.

»Er hat kein Fieber«, sagt Paa. »Er verstellt sich. Nicht wahr, *mein Herr*?«

»Laß ihn schlafen«, sagt Vala.

»Er schläft nicht«, sagt Paa. »Warum schläfst du nicht, *mein Herr*?«

»Das Telefon läutet«, sagt Mircea.

»Siehst du?« sagt Vala. »Jetzt hast du ihn geweckt.«

»Iiiiiiich?« sagt Paa. »Wie soll ich ihn geweckt haben, wenn ...«

»Das Telefon läutet«, sagt Mircea.

»Laß nur, es läutet nicht«, sagt Paa. »Wer sollte um diese Zeit anrufen?«

»... und dann sagt Vala Hallooo, ich ruf dich ...«

»Gib's zu, jetzt hast du ihn provoziert«, sagt Vala.

»Also, das ist gut!« sagt Paa.

»... und dann sagt Mircea Esel-Besel ...«

»Gute Nacht, Mircea«, sagt Paa.

»Gute Nacht, Mircea«, sagt Vala und küßt ihn zweimal.

»Jetzt wollen wir schön artig sein«, sagt Paa. »Jetzt ist Feierabend.«

»Es ist Mitternacht«, sagt Vala. »Gut Nacht.«

»Telefon läutet«, maunzt Mircea.

Paa geht. Vala bleibt. Wartet, bis Paa die Türe schließt.

»Telefon läutet«, sagt Mircea.

»Ist nicht möglich«, sagt Vala leise. »Warum willst du nicht verstehn, es ist nicht möglich.«

»Te-le-fon!« Mircea besteht darauf.

»Gut, Liebling«, sagt Vala. »Wenn du's so willst. Na und?«

»Und dann sagt Paa Hallooo ...«

»Aber das geht doch nicht, mein kleiner Mircea, es geht nicht!«

»Es geht.«

»Es geht wirklich nicht. Was du willst, geht nicht.«

»Warum nicht?«

»Weil's nicht geht. Wir können nicht umkehren ... Können nicht von dort anfangen, von wo ... von wo ...«

»Doch.«

»Es wäre gut, wenn wir's könnten«, sagte Vala. »Es wäre sehr gut, wenn wir wieder dort anfangen könnten, wo wir gefehlt haben. Es noch mal anf ... Aber es geht ...«

»Das Telefon läutet«, sagt Mircea.

»Tschüß, mein Kleiner, gut Nacht«, sagt Vala und küßt ihn wieder. »Es geht wirklich nicht. Wenn's möglich wär ...«

»Das Telefon läutet«, Mircea ist unbeirrbar.

»Es wär gut, wenn ... es wieder läuten würde«, sagt Vala. »Aber es läutet nicht wieder.«

»Doch, es läutet«, sagt Mircea.

»Gut Nacht«, sagt Vala.

Das Licht geht aus. Draußen ist Mitternacht. Vala wußte, wie Mitternacht ist. Jetzt sagt sie, es geht nicht.

»Doch es geht«, sagt Mircea.

*Die Menschen* wissen nicht. *Die Menschen* wissen nicht, daß es geht.

»Doch, es geht«, sagt Mircea. »Das Telefon läutet«, sagt Mircea.

Artig wie es ist, läutet das Telefon.

»Und Paa sagt Hallooo.«

Paa sagt Hallooo.

»Und Vala sagt Hallooo, ich ruf dich morgen an.«

Vala sagt Hallooo, ich ruf dich morgen an.

»Und Bia sagt.«

Und Bia sagt.

»Und Mircea sagt.«

Und Mircea.

»Und Mircea sagt sagt sagt DASTELEFONLÄUTET.« Und artig wie es ist, läutet das Telefon.

*Aus dem Rumänischen von Anemone Latzina*

## Dumitru Tsepeneag
# Der Lügner

*Für Pitzurcă*

An dem Morgen wachte er früher auf als sonst, weil die Sonne oder eine Katze aus Luft und die Strahlen der Sonne an sein Fenster klopften. Als er die Augen aufmachte, war die Katze verschwunden, aber in dem bläulichen See des Himmels schwamm ein riesiger Fisch mit Hundekopf.

Paul sprang aus dem Bett, holte die Pistole, von der er sich niemals trennte, unter dem Kissen hervor und ging seine Milch trinken. Aus der Schale stieg eine Meerfrau und räkelte sich auf den Zuckerwürfeln.

»Beeil dich«, sagte Pauls Mutter und holte ein Häschen aus ihrer Schürzentasche, das die Form eines Krautkopfs hatte.

»Schon gut«, brummte Paul und tat keinen Zucker mehr in die Milch. Er nahm seinen Ranzen und ging zur Schule. Es waren nur ein paar Schritte: zur Straßenecke, durch einen Park voll Rosen, Tiger, Panther und allerhand anderer wilder Tiere in allen Farben, und schon stand er vor der Schule. Neben dem Schulgebäude war eine Bäckerei und gegenüber eine Apotheke, in der zwei hochgewachsene Füchse bedienten. Am Ende der Straße sah man den hohen Rathausturm mit der Turmuhr. Als er in den Park kam, kämpfte gerade ein Tiger mit einer Schlange, die eben aus einer Rose gekrochen war. Rosenschlangen sind sehr gefährlich. Paul zog die Pistole und feuerte zweimal auf den Kopf der Schlange, und die verwandelte sich augenblicklich in den Parkwächter. Der Junge sagte artig guten Morgen, und der Parkwächter zeigte ihm die Katze, die er fest im Arm hielt. Es war eine Blumentopf-Katze, eine von denen, die wie Oleander unter den Fenstern blühen. Hinter einem Baum tauchte ein Nashorn mit Bärenfell auf, und Paul zog wieder die Pistole. Aber das Nashorn war die Freundlichkeit selber, eigentlich viel zu gut gelaunt für so früh am Morgen, und Paul sah, daß es in Wirklichkeit der Mathematiklehrer war. Er grüßte und fing an zu laufen. Als er aus dem Park herauskam, steckte er die Pistole in die Tasche und sah nach der Rathausuhr. Er kam noch auf's Haar zurecht!

Die Läden der Apotheke waren noch zu, nur der Bäcker hatte auf. Ein Wecken Weißbrot nickte grüßend aus dem Schaufenster. Paul blieb stehn. Neben der Bäckerei sollte die Schule sein. So jedenfalls war es bisher jeden Morgen gewesen: Erst sah er den Bäckerladen, dann die Schule. Er sah sie auch jetzt, du lieber Schreck, war die heute klein! An diesem sonnigen Morgen war die Schule nicht größer als der Schrank in der Küche. Na gut, sagen wir ein Schrank und ein halber, sie hatte ja zwei Stockwerke. Paul mußte lachen. »Das heißt also, ich hau mich in' Schrank«, sagte er sich, zog die Pistole und feuerte zweimal in die Luft. Aus der Luft fielen zwei Schafe, solche von der fliegenden Sorte, die waren gerade in seine Schußlinie geraten. Es war klar, er kam gar nicht in die Schule rein. Trotzdem ging er näher ran, trat über den Zaun und drückte seine Nase an eine Fensterscheibe. Nichts Besonderes. Die Figur der Zeichenlehrerin, nicht größer als ein Bierkrug, kam gerade mit dem Klassenbuch unterm Arm aus dem Lehrerzimmer. Hinter ihr zwei däumchengroße Knirpse. Er wollte durch ein anderes Fenster in ein Klassenzimmer sehen, machte aber eine ungeschickte Bewegung und stieß eine Korbstange auf dem Basketballfeld mit der Ferse um. Am Fenster des Lehrmittelzimmers erschien ein Knopf mit Schnurrbart: der Kopf des Direktors.

»Du Strolch«, schrie der Direktor, »willst du die Schule niederreißen?« Paul wollte die Schule nicht niederreißen. Er sagte, nein, er will nichts niederreißen, außerdem ist es nicht seine Schuld, wenn über Nacht alles so gekommen ist. Er geht jetzt nach Hause. Der Direktor schrie noch was und drohte mit der Faust. Paul zuckte die Achseln und ging. Er kam wieder in den Park, wo die Tiger aus den Rosensträuchern die zwei fliegenden Schafe heranschleiften und verschlangen. In einem Baum spielte eine sehr schöne Dame auf einer Nachtigall. Paul ging schnurstracks nach Hause und erzählte seinen Eltern, was mit der Schule passiert war. Er stellte sich über den Vorfall gekränkt und preßte sogar zwei, drei Tränen heraus. Er fragte seine Mutter, ob sie ihn nicht in eine größere Schule geben könnte. Die Eltern sahen einander ratlos und mißtrauisch an, und Mama knurrte zwischen den Zähnen: »Alles Lügen.«

Da erzählte Paul, wie er die Stange auf dem Basketballfeld umgeworfen hatte und wie ihm der Schuldirektor höchstpersönlich mit der Faust gedroht hatte. Sie könnten ja mit ihm gehen und sich überzeugen. »Sie ist nicht größer als der Schrank in unserer Küche«, rief Paul mit Tränen in den Augen.

Pauls Vater murmelte etwas von der Regierung und sagte: »Wer weiß, vielleicht lügt der Junge nicht!«

»Ich lüge nicht, wirklich , ich lüge nicht«, sagte der Junge.

»Los, gehen wir«, beschloß die Mama.

Sie gingen gemeinsam zur Schule. Sie gingen durch den Park, der jetzt leer schien; nur ein Mann las Zeitung auf einer Bank.

»Das ist der Mathematiklehrer«, sagte Paul.

Auf der Rathausuhr war es neun vorbei. Sie sahen die Bäckerei und daneben die Schule: Ein großes Haus mit großen Fenstern, die lustig die Sonne spiegelten.

»Sie ist wieder gewachsen«, flüsterte Paul. Und sein Vater, der das Gebäude einige Sekunden betrachtet hatte, trat wortlos zu dem Jungen und klebte ihm eine.

»Lügner«, sagte Mama und rang die Hände.

»Seht doch die Korbstange«, schrie Paul, »seht doch, sie ist umgeworfen! Ich bin drangestoßen, mit dem Fuß!«

»Na, eben«, sagte der Vater. »Du solltest aufpassen, wohin du trittst.«

Und die Eltern gingen fort, ohne sich noch einmal umzusehen. Paul blickte ihnen nach, bis sie im Park verschwanden. »Wenn bloß die Tiger sie nicht anfallen«, dachte Paul und war nahe dran, hinterherzulaufen. Dann überlegte er sich's. Ihre Sache! Er drehte sich auf den Absätzen um, fest entschlossen, in seine Klasse zu gehen und sich für sein Zuspätkommen zu entschuldigen, zum Beispiel damit, daß er mit seiner Schwester zum Arzt mußte, weil die aus Versehen einen Knopf vom Mantel eines Marineoffiziers verschluckt hatte, eigentlich ihr Onkel, der gerade aus Indien zurückgekommen war ... Die Schule war wieder klein geworden, vielleicht noch kleiner als vorhin. Nein, er hatte keine Chance, er paßte nicht rein. »Was mach ich nun«, dachte Paul verärgert. Die Eltern werden ihm auf keinen Fall glauben, auch wenn er sich die Lunge aus dem Hals schreit, sie werden ihn tüchtig verhauen und ihm trotzdem nicht glauben. Er ging in die Hocke und begann, mit den Fäusten ans Tor zu schlagen. Alle Schüler und Lehrer rannten ans Fenster, um den Riesen zu sehen, der sie angriff. Ein Menschenfresser, der die Schule zermalmen will! Der Direktor riß mutig das Fenster auf und begann zu schreien, als steckte er in einer Schlange. Zu seiner Stimme kamen noch die Stimmen der anderen Lehrer und aller Schüler, es war ein Heidenspektakel kleiner, schriller Stimmchen. Paul stand auf und schlug mit dem Fuß ans Tor: Das ganze Gebäude wackelte. Da griff der Direktor nach dem Hörer und rief die Polizei.

»Greift ihn an, mit den Hubschraubern«, schrie er ins Telefon.

Als er die ersten Hubschrauber sah, erkannte Paul die Gefahr. Er nahm Reißaus und war mit ein paar Sätzen im Park. Alle Tiere liefen vor ihm davon. Denn Paul war wütend und entschlossen, seine Haut teuer zu verkaufen. Er würde nicht einfach die Hände in den Schoß legen. Er riß ein paar größere Bäume samt Wurzeln aus und schichtete sie übereinander. Er richtete eine Barrikade auf. Dann zog er die

Pistole, drehte sie am Finger und lächelte. Weiter drüben saß der Mathematiklehrer und las ungerührt seine Zeitung. Paul war gut in Mathematik. Sehr gut sogar.

»Sie sollen nur kommen«, murmelte er. Hoch oben in der Luft aber konnte das Hubschraubergeschwader wegen einer Schafherde nicht mehr weiter. Ein Fisch mit Hundekopf schwebte ruhig in der Luft.

*Aus dem Rumänischen von Marie-Thérèse Kerschbaumer*

Skandinavien

BENNY ANDERSEN

# Die lebensgefährlichen Tulpen

Es war ein richtig dummer Tag. Und wenn du keine Geschichten über richtig dumme Tage magst, danke und auf Wiedersehen! – Wie, du möchtest sie trotzdem gern hören? Na gut, ich dachte, sonst brauchte ich sie gar nicht erst zu erzählen. Wie gesagt, es war ein richtig dummer Tag. Für Jan ging alles schief. Jan war damals sechs Jahre alt. Jetzt ist er bald fünfzig, du kannst dir also ausrechnen, daß die Geschichte vor über vierzig Jahren passierte.

Es fing schon an, als er am Morgen aufstand. Er trat direkt in eine Reißzwecke. »Au«, sagte er, aber die Reißzwecke blieb stecken. Er mußte sich hinsetzen und sie herauspulen. Dann humpelte er ins Badezimmer, um Jod aufzupinseln. Aber die Flasche rutschte ihm aus, fiel zu Boden und brach in Stücke, so daß das ganze Badezimmer mit Jod vollgespritzt wurde. Sein Vater stürzte herbei, rüttelte ihn am Arm und schrie ihn an. Und wenn es etwas gab, was Jan morgens nicht ausstehen konnte: daß sein Vater ihn anschrie. Das tat ihm in den Ohren weh. Jan war nahe daran, wieder ins Bett zu gehen, um einen besseren Start für den Tag zu haben. Aber dann dachte er: Diese zwei kleinen Pannen können mir doch wohl nicht den ganzen Tag verderben. Also ging er nicht wieder ins Bett. Ich finde, ehrlich gesagt, das hätte er tun sollen. Dann hätte es vielleicht eine lustigere Geschichte gegeben!

Jan wusch sich, zog sich an und setzte sich an den Tisch, um zu frühstücken. Aus Versehen stieß er gleich sein Glas Milch um. Da schrie ihn sein Vater wieder an.

»Ist es unbedingt nötig, die Milch umzukippen?« schrie er. »Was würdest du sagen, wenn ich meine Milch umkippte?«

»Nichts«, murmelte Jan.

»Na ja, dann kippe ich sie eben um!« rief sein Vater, und damit stieß er sein Glas um, und die Milch floß über den ganzen Tisch.

Aber da sprang Jans Mutter auf und schrie, daß ein erwachsener Mann sich nicht so kindisch aufführen sollte, und trat ihn vors Schienbein, daß er noch lauter schrie. Jan konnte diese ganze Schreierei nicht mehr aushalten, und er verließ fluchtartig das Haus.

Es war Dienstag, und Dienstag war sowieso ein dummer Tag. Das muß ich gleich genauer erklären: Weißt du, Jans Vater war Busfahrer, und meistens fuhr er seinen Bus am Tage, aber dienstags fuhr er erst am Abend. Deshalb hatten Jans Eltern ausgemacht, daß an diesem einen Tag in der Woche der Mann an der Reihe war mit Putzen, Spülen, Staubsaugen und Kochen, während Jans Mutter in die Stadt fuhr, Freunde und Bekannte besuchte und Bücher aus der Bibliothek auslieh. Jans Vater versuchte so zu tun, als ob er diese Regelung gut fände. Das fand er auch an allen anderen Tagen der Woche, aber dienstags fand er, daß es eine elende Regelung sei und daß es am besten wäre, sie sich vom Halse zu halten. Deshalb war der Dienstag so ein dummer Tag. Aber dieser Dienstag war nun besonders dumm.

Jan ging hinaus in den Garten. Es war ein sehr kleiner Garten. Darin konnten nur eine Tanne, ein Fliederbusch und fünf rote Tulpen wachsen, aber die wuchsen auch da. Jans Mutter und Vater freuten sich beide sehr über die fünf roten Tulpen. Ab und zu sprachen sie davon, daß sie im nächsten Jahr gern sechs Tulpen hätten, vielleicht sogar sieben. Aber dann sollte eine weiße dabei sein.

Nun passierte es unglücklicherweise, daß eine Katze über den Zaun in den Garten sprang. Sie mußte über den Zaun springen, denn das Gartentörchen war geschlossen,und sie hatte es sehr eilig. Sie wurde nämlich von einem großen, wütenden Hund verfolgt. Die Katze landete auf Jans Kopf und sprang von da aus in den Nachbargarten, der etwas größer war. Jan mochte Katzen sonst gern, aber jetzt erschrak er so sehr, daß er sich mit einem Bums hinsetzte. Rat mal, wohin! Ja, richtig, direkt auf die fünf Tulpen. Und nicht nur eine oder zwei wurden umgeknickt, sondern alle fünf. Es war ein richtig dummer Tag. Jan blieb noch sitzen, bis der Hund weg war. Dann stand er auf und versuchte, die Tulpen aufzurichten. Aber sie sanken um, sobald er sie losließ.

Zuerst dachte Jan daran, ins Haus zu gehen und seinen Eltern von dem Unglück zu erzählen. Aber er hatte das Gefühl, daß sie dann beide wieder anfangen würden, ihn anzuschreien, und das konnte er jetzt nicht gut vertragen. Es war sicher klüger, noch ein bißchen zu warten. Erst mußte er herausfinden, wie er die umgeknickten Tulpen ersetzen konnte. Er wollte Sören fragen, was er tun sollte. Sören war Jans bester Freund, und er hatte immer eine Menge guter und lustiger Einfälle. Er ging schnell zu Sören, der ein Stück weiter unten in der Straße wohnte. Sörens Mutter machte auf, und sie sagte, daß Sören Halsentzündung hatte und im Bett lag. Jan durfte nicht zu ihm reingehen, denn sonst hätte er sich anstecken können. Jan bestellte ihm schöne Grüße und ging wieder. Er kannte ein Mädchen, das Betty hieß. Sie war ein kluges Mädchen und hätte ihm sicher helfen können, aber sie war drei Jahre älter und ging zur Schule, deshalb war sie erst spät am Nachmittag zu Hause.

Für diesmal mußte Jan wohl allein zurechtkommen. Er ging zum Fluß hinunter, ging auf die kleine Brücke und schaute aufs Wasser. Eine Libelle flog tief übers Wasser hin auf der Jagd nach Fliegen. Der blaue Himmel und die weißen Wolken spiegelten sich im Wasser. Die Luft war warm. Es hätte so ein schöner Tag sein können. Das Licht glitzerte auf dem Wasser wie Goldmünzen, und plötzlich fiel Jan ein, daß er ein goldenes Einkronenstück von seinem Geburtstag in der Tasche hatte. (Damals waren die Kronenstücke aus Gold, glaube ich.) Davon konnte er Tulpen kaufen! Oben beim Blumenhändler bekam man Tulpen, die nicht abgeschnitten waren; die Zwiebeln saßen noch dran. Er wollte Tulpen kaufen und sie anstelle der umgeknickten einpflanzen. Er fuhr rasch mit der Hand in die Tasche und holte die Goldmünze heraus, aber er war zu hastig; sie rutschte ihm aus der Hand und fiel ins Wasser. Plumps.

Es war ein richtig dummer Tag.

Jan starrte der Münze im Wasser nach, aber sie war sofort verschwunden. Es war sicher ziemlich tief hier in der Mitte. Schlammig war es auch. Jan dachte daran, ins Wasser zu waten und die Münze zu suchen. Kurz vorher hatte er noch gefunden, daß das Wasser sehr angenehm und einladend aussah, aber jetzt sah es plötzlich unheimlich und tief aus. Jan hatte keine Lust zu ertrinken.

Er ging vom Fluß weg und eine kleine Straße hinauf. In einem Garten mähte ein älterer, dicker Mann Gras. Jan faßte sich ein Herz, öffnete das Gartentor und ging hinein. »Guten Tag«, sagte er, »soll ich ihren Rasen für eine Krone mähen?«

Der Mann blickte Jan lächelnd an, dann klopfte er sich auf den Bauch und antwortete: »Weißt du, der Doktor hat gesagt, ich soll meinen Bauch loswerden und mich mehr bewegen. Deshalb will ich den Rasen selber mähen. Aber du kannst eine Limonade haben.«

»Nein danke«, sagte Jan und ging wieder.

Nun bekam er auch noch Hunger. Er hatte ja nicht einmal sein Frühstück gegessen. Aber da war wohl nichts zu machen. Er wollte nicht nach Hause essen gehen, bevor er Tulpen beschafft hatte. Lange lief er durch die Straßen, ohne daß ihm irgend etwas einfiel. Er ging zum Fluß zurück und guckte runter ins Wasser. Vielleicht war es doch nicht so tief, wie er zuerst gedacht hatte. Jan zog Schuhe und Strümpfe aus und watete los. Das Wasser war nicht nur naß, es war auch kalt. Er ging vornübergebeugt und beschattete die Augen mit der Hand, damit er sehen konnte, was alles auf dem Boden kroch und herumlag, Schnecken und kleine Tiere, verrostete Büchsen und ein löcheriger Topf, aber keine Münze. Es lagen auch ein paar Flaschenscherben da, so daß man sich gut vorsehen mußte.

Plötzlich war da ein Fisch, der direkt neben ihm spielte. Jan erschrak, verlor das Gleichgewicht und stürzte kopfüber zur Mitte des Flusses. Er verschwand ganz im Wasser, konnte nichts sehen, kriegte keine Luft, fand keinen Halt unter den Füßen, der Boden war wie ein schleimiger Brei, er zappelte und schlug um sich, stieß gegen etwas Hartes, klammerte sich daran fest, ein Holzpfosten war es, er mußte Luft holen, er zog sich an dem glatten Holzpfosten hoch und kriegte mit knapper Not den Kopf über Wasser. Lange stand er so da mit geschlossenen Augen und schnappte bloß nach Luft.

Der Holzpfosten gehörte natürlich zur Brücke, und es gelang Jan, auf die Brücke hinaufzuklettern. Sein Herz schlug heftig, und seine Beine zitterten. Er hustete schlammiges Wasser aus. Dann schaute er wieder zum Wasser runter. Es war noch viel schlammiger als vorher, jetzt würde es ganz unmöglich sein, die Münze zu finden. Und das konnte ihm auch egal sein. Plötzlich lächelte Jan. Es war irgendwie komisch, daß er um ein Haar wegen eines dummen Einkronenstückes ertrunken wäre. Oder wegen fünf umgeknickter Tulpen. Die Tulpen wuchsen auf jeden Fall im nächsten Jahr wieder, das wußte er. Aber wenn man ertrank, dann war Schluß. Und was bedeutete es schon, daß Vater ihn ein bißchen anschreien würde, wenn er gleich klatschnaß nach Hause kam, ohne Tulpen. Wenn Jan ertrunken wäre, hätte er Vaters Stimme nie mehr hören können. Er freute sich fast darauf, seinen Vater schreien zu hören. Und auf alle Fälle hatte er jetzt Hunger wie ein Wolf.

Jans Eltern erschraken ziemlich, als sie ihn sahen. In aller Eile zogen sie ihm die nassen Kleider aus und steckten ihn ins Bett. Dann kamen sie mit Essen und heißem Tee. Während er aß, erzählte er, wie alles passiert war. Aber keiner von beiden schrie ihn an. Sie waren sehr freundlich, auch als er das mit den Tulpen erzählte. Denn die hatte der Vater inzwischen abgepflückt und der Mutter geschenkt, als sie zurückkam. Jetzt standen sie in einer Vase auf dem Tisch. Die Mutter freute sich darüber. Es sei schon lange her, seit ihr jemand Tulpen geschenkt habe, sagte sie.

Der Tag hatte als ein richtig dummer Tag begonnen, aber jetzt wurde er fast zu einem ziemlich schönen Tag. Er endete dann aber doch noch als ein dummer Tag, denn es stellte sich heraus, daß Jan sich erkältet hatte und drei Tage im Bett bleiben mußte.

Ich habe die Geschichte von Jan selbst. Wie ich zu Beginn sagte, ist er fast fünfzig Jahre alt, und neulich habe ich ihn besucht. Er zeigte mir seinen Garten, in dem er eine Menge Blumen hat, Narzissen, Hyazinthen, Iris und viele andere. Aber keine einzige Tulpe.

»Warum hast du keine Tulpen in deinem Garten«, fragte ich »Magst du keine Tulpen?«

»Doch, ich finde, sie sind oft einfach herrlich«, sagte er und kratzte sich am Kinn, »aber ... Tulpen können lebensgefährlich sein. Es waren einmal fünf Tulpen, die haben mich fast das Leben gekostet ...«

Und so hörte ich die ganze Geschichte, die ich hier erzählt habe.

*Aus dem Dänischen von Doris Erlach*

Per Olov Enquist

# Der Mann im Boot

*Die Geschichte, wie ich sie für Mats erzählt habe*

Das alles passierte in dem Sommer, in dem ich neun Jahre alt wurde. Damals wohnten wir alle am Bursee. Er war groß, mit kleinen Inseln, und es war ein schöner See. Ich war fast neun Jahre alt, Håkan war fast zehn. Durch den See ging ein Fluß. In den nördlichen Teil des Sees floß er hinein, und im Süden floß er hinaus. Der Fluß kam hoch oben aus der Lappmark, und im Frühling flößte man Holz darin. Das konnte ich von unserem Fenster aus sehen: Wie der See sich füllte mit Holzstämmen, Eisbrocken und Eisschollen, wie das Holz langsam nach Süden schwamm, und wie alles schließlich eines Tages im Mai verschwunden war.

Aber nicht das ganze Holz. Ein Teil trieb zur Seite und blieb am Ufer hängen. Es waren schöne dicke Stämme, sie lagen hoch im Wasser und schwammen gut. Wir wußten, was mit ihnen geschehen würde. Nach einer Woche würden die Flößer kommen, die Stämme am Ufer flottmachen, sie ins Schlepptau nehmen und den anderen hinterherschicken. Die Flößer gingen am Ufer entlang oder ruderten in Booten; sie konnten den ganzen See an einem Tage schaffen. Man nannte das »Sladden«. Nach dem »Sladden« war der See wieder leer.

Darum versteckten Håkan und ich drei Stämme. Da, wo wir wohnten, führte ein Graben zum See hinaus. Wir schleppten die Stämme in den Graben, zwanzig Meter weit, legten sie hintereinander in eine Reihe, schoben sie unter den Grasrand und deckten sie mit Gras zu. Wir versteckten sie. Das dauerte einen ganzen Tag. Wir wußten sehr gut, daß das verboten war, aber Håkan sagte, das mache nichts, denn es war nur die Fabrik, die den Schaden hatte, und die hatten sowieso Geld genug. Die konnten ruhig ein Jahr auf ihr Holz warten. Håkan wußte eine ganze Menge über solche Dinge.

Dann, am Tag des »Sladden«, lagen wir am Waldrand und sahen, wie die Flößer kamen. Sie gingen am Strand entlang, und draußen auf dem Wasser fuhr ein Ruderboot. Da und dort fanden sie einen Stamm und stießen ihn ins Wasser. Die Männer im Boot zogen ihn weiter, und wir hörten ihre Stimmen. Es war noch Frühling. Wir hörten, wie sie sprachen, aber wir hörten nicht, was sie sagten. Und als sie an den Graben kamen, wo wir unsere Stämme versteckt hatten, machten sie eine Weile Pause und rauchten, und ich weiß noch, wie gut ich Håkans Atem hören konnte und meinen Herzschlag. So deutlich, als ob er in der kühlen Frühlingsluft wider hallte.

Aber sie gingen weiter. Und sie fanden die Stämme nicht. An nächsten Morgen gab es kein Holz und keine Flößer mehr auf den See, und der »Sladden« war für dieses Jahr vorüber. Aber die Holz stämme hatten wir. Und der See gehörte uns. Wir allein beherrschten ihn jetzt, den ganzen Sommer über.

Sicherheitshalber warteten wir zwei Tage lang. Ich weiß noch, da ich am dritten Tag frühmorgens aufwachte, weil jemand an mei Fenster klopfte: Es war Håkan. Er war über die Feuerleiter zun ersten Stock geklettert und stand da, schnitt Grimassen und streckt die Zunge raus und klopfte gegen die Scheibe. Ich stand auf und lie über den Boden, der sich schön kalt anfühlte. Da sah ich, daß Håkan etwas in der Hand hatte und es mir entgegenstreckte: einen Ham mer. Heute sollte es losgehen. Jetzt gleich.

Ich zog mich hastig an. Ich muß auch gefrühstückt haben, aber da ging wohl schnell. Ich rannte nach draußen. Hinter dem Haus sa Håkan an die Wand gelehnt, in seinem roten Hemd und den blaue Turnschuhen, und er hatte den Hammer und ein Bund Dreizollnä gel, und er lachte mir entgegen, als ich kam.

»Nu aber ran«, sagte er. »Jetzt fangen wir an. Jetzt bauen wir's.«

An diesem Morgen begannen wir, unser Floß zu bauen. Wi hievten die Stämme wieder ins Wasser, legten den längsten in di Mitte und die anderen an die Seiten und schlugen Querhölzer dar über. Ganz vorne ein Querbrett, das wir auf den Stämmen festnagel ten, drei Bretter in der Mitte, zwei ganz hinten. Wir benutzte Dreizollnägel, nur hinten nicht; da nahmen wir zwei Sechszöller, di Håkan irgendwo aufgetrieben hatte.

»Wenn wir das Ding hier nicht mehr brauchen«, brummelte er den Mund voll Nägel, »dann schlagen wir die Querbretter ab un ziehen die Nägel raus. Wenn wir die Nägel drinlassen, geht da Sägeblatt in der Sägerei zum Teufel. Und das macht den Männer den Akkord kaputt.« Er arbeitete eine Weile schweigend und sagt dann: »Man muß an den Akkord denken.«

Håkan war nur ein Jahr älter als ich, aber er wußte eine ganz Menge. Ich habe viel von ihm gelernt. Ich erinnere mich noch seh gut an diesen Sommer, in dem ich neun und Håkan zehn Jahre al wurde: Es war 1943.

Wir brauchten nur einen Tag, dann waren wir fertig.

Håkan wog 38 Kilo. Ich wog 35 Kilo. Die Stämme lagen tief in Wasser: Gewöhnlich ragt nur ein Zehntel des Holzes heraus. Da hängt zum Teil davon ab, wie feucht die Stämme sind. Einige versin en fast, andere liegen hoch im Wasser. Zusammen wogen wir 73 Kilo. Bei Wind gingen die Wellen fast immer über Deck. Sie schlugen aus den Ritzen zwischen den Stämmen hoch. Anfangs war das Wasser ziemlich kalt, höchstens 14 bis 15 Grad. Wir hatten Stiefel an. Das Floß war gut ausgerüstet. Meistens stakten wir; die Stange war genau drei Meter lang, damit kamen wir ziemlich weit raus. Wir hatten zwei Holzbretter zum Paddeln, aber das ging fast gar nicht, jedenfalls nur sehr mühselig. In einer kleinen Kiste, die mit einem Einzollnagel auf der hinteren Plattform befestigt war, hatten wir den Proviant: 1 Flasche Wasser, 1 Stück Wurst (10 cm lang), 1/2 Brot, Zwiebäcke, 1 Messer, 100 g Margarine, 20 Stück Würfelzucker, kleine Dose Melasse (das war eine Art dunkler Sirup, den die Kühe bekamen, aber Håkan behauptete, er sei besser als normaler Sirup; ich mochte keine Melasse, aber er wollte eine Büchse mitnehmen, und da gab ich nach). Das Floß war bestückt mit einer großen hölzernen Armbrust und 6 Pfeilen, einer Weidenschleuder für Tannenzapfen samt Munition (35 Zapfen) und Håkans alter Zwille einschließlich Reservegummi und 10 kleineren Steinen.

Es gab keinen Zweifel: Wir beherrschten den See.

An dem Tag, von dem ich schließlich doch erzählen muß, wo alles aufhörte und alles anfing, an dem Tag fuhren wir noch ziemlich spät aus. Es war nach sieben Uhr. Wir hatten gesagt, daß wir fischen gehen wollten, und das durften wir, es war im Juli. Die beiden letzten Tage hatten wir mit einem Segel auf dem Floß experimentiert. Zwischen zwei lange Stangen hatten wir ein Bettuch gespannt. Manchmal hielten wir die Stangen selber fest, manchmal versuchten wir sie festzuzurren. Es hatte nichts richtig geklappt, aber an diesem Abend ging ein guter Wind. Er kam direkt vom Land, und nachdem wir die Munition und den Proviant kontrolliert und das Segel gespannt hatten, fuhren wir los. Auf der anderen Seite ging gerade die Sonne unter. Wir sahen, daß wir tüchtig Fahrt machten. Wir bewegten uns auf die Mitte des Sees zu. Es war sehr schön; ich wollte das nicht zu Håkan sagen, aber es war sehr schön, als die Sonne gerade unterging. Håkan lächelte nämlich manchmal, wenn ich sagte, wie ich so was fand.

Genau hier wird es nun schwer, sich zu erinnern, wie alles passierte. Håkan saß ganz vorn und sagte, daß er gerade eine feindliche Barkasse gesichtet hätte, die wir rammen müßten. Er befahl volle Segel voraus, gab der Besatzung Order, die Enterhaken zu packen. Die Wellen gingen jetzt ziemlich hoch, und außerdem war es dämmrig. Es wurde langsam dunkel, bis auf die Stelle, wo die Sonne untergegangen war, denn dort war der Himmel noch rot. Håkan

stand auf und ging nach hinten, um seine Armbrust zu holen. Da
Floß war überall glitschig, und ich sah, wie er schwankte und aus
rutschte, und dann fiel er. Es geschah direkt vor meinen Auger
Håkan wie eine Silhouette vor dem rotleuchtenden Horizont, di
wankte und fiel. Das weiß ich noch deutlich. Und dann erinnere ic
mich ebenso deutlich an sein Gesicht im Wasser: Ich sah, wie e
zugleich ängstlich und beschämt war – ängstlich, weil er nicht so gu
schwimmen konnte, beschämt, weil er so ungeschickt gewesen wa

Der See war sehr bewegt. Ich streckte die Hand nach ihm aus. E
wurde dunkel, die Sicht war schlecht, viel kaltes Wasser, ein helle
roter Streifen, wo die Sonne untergegangen war. Håkans Gesicht ir
Wasser. Er grinste, als ob er dachte: Teufel, hab ich mich blö
angestellt. Und ich streckte die Hand nach ihm aus.

Das nächste, woran ich mich erinnere, muß eine ganze Weil
später gewesen sein. Eine Stunde, vielleicht mehr. Ich saß hinten ir
Achterschiff, Håkan saß auf der vorderen Plattform. Er saß d
zusammengekauert, mit dem Rücken zu mir. Ich sah, daß er sic
zusammenkauerte, als ob er fröre. Als ich mich auf dem Floß um
guckte, begriff ich, was wir alles verloren hatten bei dem Durchein
ander, als Håkan ins Wasser gefallen war: Das Segel war weg. Di
Holzbretter zum Paddeln waren weg. Die Stange zum Staken wa
weg. Das Floß war vollkommen leer, bis auf die festgenagelte Kist
mit dem Proviant, auf der ich saß. Und bis auf Håkan und mich
Jeder kauerte an seinem Ende des Floßes. Ich habe später oft darübe
nachgedacht und irgendwie begriffen, daß es eine Lücke im Gedächt
nis gibt: Der Sturm hatte sich inzwischen gelegt. Es war vollkom
men ruhig, die Wogen hatten sich geglättet, das Wasser war spiegel
glatt. Es war ganz still und dunkel, es war wie mitten in der Nacht
und der Mond war aufgegangen. Es war fast Vollmond, die Nach
war schwarz, das Wasser war still und schwarz, aber der Mon
schien. Es sah seltsam aus: Mitten in der Mondstraße lag unbeweg
lich ein fast kaputtes Floß, darauf saßen zusammengekauert zwe
Jungen, das Wasser war wie Silber, es war still, ganz still.

Wir müssen mitten auf dem See sein, dachte ich. Ich wandte mich
um, und da sah ich die Lichter von zu Hause wie kleine weiß
Punkte, weit weg, wie weiße Nadelstiche auf schwarzem Sam
Dann blickte ich auf Håkans unbeweglichen Rücken. Es war wie i
einem Traum. Und es war so seltsam: Diese Stille war so tief, daß ic
sie nicht zu brechen wagte. Ich wollte mit Håkan sprechen, aber ic
tat es nicht.

Und so saßen wir lange, lange schweigend da.

Ich weiß nicht, was ich dachte. Ich weiß, daß ich versuchte, den

Geschehen auf die Spur zu kommen: Wie Håkan fiel, wie er hochkam, warum er so still da saß. Wieso der Wind sich gelegt hatte. Wieso die Wellen sich geglättet hatten. Wieso der Mond schien. Ich muß wohl überlegt haben, wie wir nach Hause kommen sollten. Wir hatten keine Ruder, kein Segel, keinen Wind.

Das ging etwa eine Stunde so. Dann hörte ich in weiter, weiter Ferne Ruderschläge. Sie kamen nicht von zu Hause, sondern genau von Osten, und das war komisch, denn an der Seite wohnte niemand. Aber Ruderschläge waren es, es gab keinen Zweifel. Ich saß, den Blick nach Osten gewendet, und starrte in die pechschwarze Nacht hinein, aber ich sagte nichts.

Die Ruderschläge kamen langsam näher. Dann sah ich plötzlich, wie ein Boot auftauchte, wo der Mond sich im Wasser spiegelte: Genau in die Mondstraße glitt langsam die Silhouette eines Bootes. Es kam auf uns zu; ich sah den Rücken eines rudernden Mannes.

Ich war aufgestanden und sah, daß auch Håkan jetzt stand. Wir standen bewegungslos und starrten auf das Boot, das immer näher heranglitt.

»Hallo«, schrie ich plötzlich übers Wasser, »komm her und hilf uns!«

Der Mann im Boot wandte sich nicht um. Er ließ nur das Boot herangleiten, die Ruder hielt er hoch, das Wasser tropfte von den Rudern. Es war wie im Traum: Der Mann drehte sich nicht um, warum antwortete er nicht?

Dann war er bei uns. Hielt neben dem Floß. Und dann erst wandte er sich um.

Ich sah sein Gesicht im Mondlicht. Ich kannte ihn nicht. Ich hatte ihn noch nie gesehen. Er hatte dunkles Haar, er hatte ein langes, hageres Gesicht, er schaute mich nicht an. Nur Håkan sah er an. Er war nicht aus unserem Dorf, aber er kam, um uns zu helfen. Und er streckte Håkan seine Hand entgegen, und Håkan ergriff die Hand, kletterte vorsichtig ins Ruderboot und setzte sich nach achtern. Sie sprachen beide kein einziges Wort. Und ich stand und blickte sie an.

Da fuhr das Boot ein Stück weg, und das geschah so unmerklich, daß ich nicht gleich verstand, was vorging. Der Mann setzte sich, er setzte sich auf die Ruderbank. Und er begann zu rudern. Håkan saß achtern, mit dem Rücken zu mir, er bewegte sich nicht und sah mich nicht an. Und der Mann begann zu rudern, und langsam verschwand das Boot in der Dunkelheit.

Ich konnte nicht rufen. Ich stand starr, wie versteinert. Lange Zeit muß ich so gestanden haben.

Alles, was ich noch weiß, ist so verwirrend. Es ist schwer, davon zu erzählen. Ich habe mich wohl auf die hintere Plattform gesetzt. Es muß mir sehr kalt gewesen sein. Ich weiß, daß ich die Kiste mit dem Proviant öffnete und aß. Ich nahm die Büchse Melasse-Sirup, den ich eigentlich nicht mochte, und aß ihn. Ich stopfte ihn mit den Fingern in den Mund, er schmeckte süß. Ich sah, wie die Morgendämmerung kam, das Licht sich über dem See ausbreitete, wie der Morgennebel kam und sich lichtete, wie es endlich hell wurde.

Und dann kamen Boote auf mich zu.

Als erster kam Großvater. Nachher sagten sie, sie hätten lange gesucht und gerufen, aber ich hätte nicht geantwortet. Ich sagte, daß ich nichts gehört hätte. Ich stand auf, mein Gesicht war verschmiert, die Melasse war mir den Hals runtergelaufen. Großvater nahm mich bei der Hand und hob mich ins Boot, und ich war vollkommen ruhig. Ich erinnere mich, daß ich mich auf den Boden des Kahns legte, mich lang ausstreckte, still lag und hochschaute, als sie mich in Decken wickelten und als Großvater zu rudern begann, so schnell, als ob er es sehr eilig hätte.

Danach war ich wohl schwer krank. Ich weiß, daß ich im Bett lag, hohes Fieber hatte und eigenartige Träume. Manchmal schwitzte ich sehr, manchmal schlief ich, dann wachte ich auf, weil ich schrie. Sie kamen in mein Zimmer und setzten sich zu mir, Mama, Großvater, Großmutter und Annika, und das ging wohl viele Tage so; wie lange, weiß ich nicht.

Dann eines Tages war ich gesund. Das ging so rasch, wie man das Licht anknipst. Großvater saß bei mir.

»Was ist mit dem Floß«, fragte ich. »Habt ihr es an Land geholt oder liegt es noch draußen?«

»Wir haben es an Land geholt«, sagte er.

»Ist es gut vertäut?«

»Nein«, sagte er ganz ruhig. »Wir haben es auseinandergeschlagen und die Stämme losgeschickt. Ich hab's noch am selben Tag gemacht.«

»Hm«, sagte ich. »Hast du alle Nägel rausgezogen?«

»Das hab ich«, sagte er.

»Das ist gut«, sagte ich. »Sonst hätten die Männer im Sägewerk auf Nägel gesägt und sich den Akkord kaputtgemacht.«

»Ich weiß«, sagte er.

»Wer war das in dem Boot, der Håkan holte?«

Aber Großvater antwortete nicht, sondern saß nachdenklich da.

»Er war nicht von hier«, sagte ich. »Er sah aus wie Erikson an der Baumschälmaschine in der Papierfabrik, aber der war es nicht.«

»N-nein«, sagte Großvater leise. »Schlaf jetzt noch ein bißchen.«

Er stand an der Tür und schaute mich an, ich begann zu erzählen, was in jener Nacht passiert war, aber er war gereizt oder sonstwie komisch, und er drehte sich einfach um und ging ärgerlich weg. Aber am nächsten Tag, als ich zum erstenmal aufstehen durfte, kam er und forderte mich auf zu erzählen, und da erzählte ich alles.

Er saß nur da und machte ein nachdenkliches Gesicht wie in der Kirche, wenn es langsam und langweilig und ernst ist und er dasitzt und ans Angeln denkt. Ich sagte: »Gut, daß du alle Nägel rausgezogen hast. Das hätte den Männern sonst den Akkord kaputtgemacht.«

Da sagte er: »Ja, der Håkan. Der ist ja gar nicht wiedergekommen!«

In diesem Sommer las ich viel. Am liebsten mochte ich die Geschichte vom Fliegenden Holländer. Er hatte einmal ein furchtbares Verbrechen begangen: Er hatte ertrinkenden Seeleuten nicht geholfen, nur an sich gedacht und sie ertrinken lassen. Deshalb lastete ein Fluch auf ihm, das bedeutet: Wenn er mit seinem Schiff einen Hafen ansteuert, kommt Gegenwind auf, so daß er nicht in den Hafen einlaufen kann. Also muß er weiter, zum nächsten, und weiter, zum nächsten, und weiter.

So segelt er jahraus, jahrein. Die Schiffer sehen, wie er mit seinem Schiff herankommt, mitten in der Nacht, bei heftigem Sturm, und im Mondlicht sehen sie, wie er auf Deck steht, ans Steuer gebunden, verdammt, immer und immerfort zu segeln. Einer, den niemand kennt.

Das erzählte ich Großvater.

»Verstehst du«, sagte ich. »Mitten in der Nacht. Nur dann sieht man ihn. Er segelt bei Mondschein. Ist das nicht komisch? Niemand kennt ihn, nie spricht er mit jemand, kommt nur bei Nacht, bei Mondschein. Verstehst du, Großvater?«

»Nein«, sagte Großvater fragend. »Was denn?«

»Ja«, sagte ich, »niemand kennt ihn, eine Sturmnacht, man sieht ihn nur bei Mondlicht. Er kommt nur bei Mondschein! Verstehst du? Vielleicht gibt es einen Zusammenhang?«

»Nichts verstehe ich«, sagte Großvater ärgerlich.

»In der Nacht kam er von Osten her angerudert«, sagte ich. »Du weißt ebensogut wie ich, daß im Osten niemand wohnt. Nicht hier am See. Nicht einmal ein Tourist. Aber er kam von Osten.«

Im August fing ich an, systematisch das östliche Ufer abzusuchen. Den anderen erzählte ich nicht, was ich tat. Die Erwachsenen hatten mich schon zu sich gerufen und lange Gespräche mit mir geführt, lange, ernste Gespräche, ich weiß nicht mehr worüber und will es nicht wissen. Sie würden nie verstehen, würden mir nur zureden, etwas anderes zu tun, im Stall zu helfen, an anderes, anderes, anderes zu denken.

Der Sommer war sehr heiß. Den östlichen Teil des Sees hatte Håkan immer »Scheiß-Sumpf« genannt – das war kein schönes Gelände, im Wasser lagen Baumstümpfe und Gerümpel, der Grund war scheußlich schlickig, das Ufer voller Gestrüpp und an manchen Stellen so abgeholzt, daß man durstig wurde, wenn man es nur sah. Ich nahm eine Flasche Wasser mit, und dann begann ich zu suchen. Ich fing ganz unten am Ufer an und ging hundert Meter landeinwärts. Dann im Zickzackkurs wieder runter zum Ufer und wieder landeinwärts. So konnte ich das ganze Gebiet durchkämmen.

Ich wanderte stundenlang. Ich bekam großen Durst. Ich trank das Wasser. Wenn die Flasche leer war, ging ich nach Hause.

Ich durchsuchte den ganzen östlichen Teil des Sees. Aber ich fand nichts. Das einzige, was ich fand, waren die Reste eines halbverwitterten Kahns. Der lag weit landeinwärts, mit dem Boden nach oben. Er muß schon viele Jahre dort gelegen haben. Ich setzte mich auf das Boot. Ich legte die Hände an den Mund. Ich rief laut übers Wasser: »Håkan! Håkan! Håkan!«

Aber keine Antwort kam. Kein Echo. Nichts. Und da begriff ich schließlich, daß es am östlichen Teil des Sees keine Spur von Håkan gab und auch keine von dem Mann im Boot.

Im September suchte ich zum letztenmal. Den Monat September habe ich am liebsten. Dort oben an der Küste von Västerbotten friert es ziemlich früh, um die Monatsmitte färbte sich das Laub, in den letzten Wochen konnte man morgens dünne Eiskrusten auf den Wasserpfützen zertreten. Der ganze See war umgeben von einem dunkelgrünen und rotgoldenen Band, alle Wälder sahen so aus, grün der Nadelwald, goldrot die Birken. Und dann lag der Nebel auf dem See, und es war kalt.

An einem der letzten Tage des Monats nahm ich Großvaters Kahn und fuhr raus. Das durfte ich nicht, aber ich tat es einfach. Das war an dem Tag, an dem ich neun Jahre alt wurde.

Ich ruderte um den ganzen See. Ein dünner Nebel breitete sich über alles, ein Nebel, der fast durchsichtig war und nur wenige Meter hoch, aber er gab mir das Gefühl, als ob ich in einer einsamen und verlassenen Welt ruderte. Als ob ich ganz allein wäre. Und das war sehr schön. Dann fuhr ich zur Mitte des Sees. Dort zog ich die Ruder hoch, setzte mich zurecht und wartete.

Im Nebel ist man auf seltsame Weise einsam: Man fühlt sich sicher. Und ich dachte an alles, was geschehen war, es war eigenartig, aber ich war nicht mehr verzweifelt, als ich daran dachte, wie Håkan verschwunden war. Ich verstand nur nicht, wie es passiert war, wer der Mann im Boot war. Warum hatte er mich nicht mitgenommen? Wo war Håkan jetzt? Warum kam er nicht zurück?

Ich saß wohl eine Stunde lang so da. Dann sah ich, wie ein Boot auf mich zukam, aus dem Nebel.

Es war ein Kahn; ein Mann ruderte. Jemand saß achtern mit dem Gesicht zu mir.

Ich konnte mich nicht irren. Das war Håkan. Und der Kahn glitt langsam zu mir heran, vollkommen lautlos durch den Nebel, und ich hatte kein bißchen Angst. Håkan saß achtern und guckte zu mir hin, und er sah genauso aus wie früher. Und er lächelte mich an.

Er war ganz still. Ich saß regungslos und sah, wie der andere Kahn langsam zu mir heranglitt, auf gleiche Höhe kam, an mir vorbeifuhr. Die ganze Zeit guckte Håkan mich an, und er hatte einen eigentümlichen Ausdruck im Gesicht. Er lächelte ein wenig, und er schaute mich direkt an. Es war, als ob er sagen wollte: Hier bin ich. Du brauchst nicht mehr zu suchen. Du hast mich gefunden. Und weil du mich gefunden hast, mußt du aufhören, nach mir zu suchen. Ich habe es gut. Das mußt du verstehen.

Wir sagten kein Wort, aber wir schauten uns an. Und wir lächelten beide. Dann glitt das Boot weiter, und sie waren verschwunden. Und seitdem habe ich Håkan, meinen einzigen Freund, nicht wiedergesehen. Lange saß ich unbeweglich und dachte nach. Dann griff ich nach den Rudern, um loszufahren. Aber in dem Moment sah ich, daß etwas auf dem Wasser trieb. Es war eine lange Stange. Es war die Stange, die wir auf dem Floß zum Staken benutzt hatten. Ich dachte: Die wollte Håkan mir wiedergeben. Das ist gut. Ich will sie mitnehmen. Ich fischte sie raus. Dann ruderte ich zurück.

Als ich heimkam, stand Großvater am Strand. Ich sah ihn schon von weitem. Er sah wütend aus. Dann ist sein Körper merkwürdig steif, die Schultern hängen herunter, und er stiert geradeaus. Aber ich hatte keine Angst. Ich steuerte das Boot geradewegs zum Ufer, legte die Ruder hoch, packte die Stange, warf sie an Land. Er guckte sie sich an und sagte: »Wo hast du die gefunden?«

Ich sagte nur: »Ich hab sie zurückgekriegt.«

Ich kletterte aus dem Boot. Wir zogen es zusammen hoch. Aber bevor er anfangen konnte, mit mir zu schimpfen, sagte ich: »Ich will nur sagen, daß ich jetzt nicht mehr suche. Nie mehr werde ich nach Håkan suchen. Damit ist jetzt Schluß.«

Er stand schweigend da und sah mich an, als ob er nicht verstanden hätte, was ich meinte.

»Nein«, sagte ich, »damit ist jetzt Schluß. Nun weiß ich Bescheid.«

Ich ging zum Hof hinauf, über die Wiese. Das Gras war voller Reif, es fühlte sich rauh unter den Schuhen an, und es knirschte beim Gehen. Großvater stand immer noch unten beim Boot. Und ich dachte, seltsam, was alles passiert: Man bekommt einen Schlag versetzt, aber nichts ist hoffnungslos. Manchmal will man nur noch sterben, aber wenn alles am ausweglosesten ist, findet sich doch eine Lösung. Man bekommt einen Schlag versetzt, und das ist ein furchtbares Gefühl, aber man lernt etwas. Und würde man nichts lernen, dann würde man nie erwachsen werden und verstehen. Und ich dachte an den Fliegenden Holländer und an die Geschichte von der Eisprinzessin und an alle Geschichten, die ich kannte. Und ich dachte an den Mann im Boot, der mir Håkan weggeholt hatte. Nie wieder würde ich eine solche Krankheit bekommen wie in diesem Sommer.

Ich würde nicht mehr so spielen wie früher, nicht mehr an dieselben Märchen glauben, nicht mehr versuchen auszuweichen; nichts würde wie früher sein. Das war im September. Håkan wäre zehn Jahre und einen Monat gewesen, wenn er noch lebte. Ich ging zum Hof hinauf. Großvater stand noch immer unten beim Boot. Ich weiß, daß ich geweint habe, aber gleichzeitig war ich ganz ruhig. Die Luft war kalt. Ich hatte zum letztenmal gesucht. Ich wußte endlich, wer der Mann im Boot gewesen war. Ich ging nach Hause, es knirschte unter den Füßen, es war kalt. So war das, das ist die ganze Geschichte.

*Aus dem Schwedischen von Doris Erlach*

EINAR ØKLAND

# Die Schuhe des Staatsministers

Alle haben ab und zu einen freien Tag. Die meisten haben sonntags frei, und viele haben auch samstags frei. Dann können sie tun, was sie wollen. Aber der Staatsminister, der hatte in seinem ganzen Leben noch nie einen freien Tag gehabt. Er war so damit beschäftigt, das Land zu regieren und zu bestimmen, wie alles sein sollte, daß er nie Zeit hatte, etwas anderes zu tun.

Aber heute war Samstag morgen, und der Staatsminister wachte viel früher auf als gewöhnlich. Dieser Samstag war nämlich sein erster freier Tag – das hatte er selber gestern angeordnet –, und nun regierte sich das Land selbst. Heute brauchte er es nicht zu regieren.

Es war sehr schwer, das Land zu regieren. Er wurde davon immer so müde, daß er sich jeden Tag verschlief, wenn die Haushälterin vergaß, ihn zu wecken. Glücklicherweise hatte der Staatsminister eine Haushälterin, die nie etwas vergaß, und am allerwenigsten vergaß sie, ihn, der das Land regieren mußte, zu wecken. Diesen Samstag also regierte sich das Land selbst, und als der Staatsminister da lag und daran dachte, konnte er fast nicht schlafen, jedenfalls schlief er schlecht. Er wachte oft auf, schaute auf die Uhr und grübelte, was die Leute anstellen könnten, wenn er sie nicht regierte. Es war nicht wenig, was sie anstellen konnten, dachte er.

Er wußte wohl nicht, daß auch die meisten anderen Leute müde waren, nach allem, was sie in der Woche getan hatten, und daß die, die auch am Samstag frei hatten – und das waren die meisten –, den Tag am liebsten dazu benutzten, ein bißchen länger als sonst zu schlafen.

Nur der Staatsminister konnte heute nicht schlafen. Als er aufstand und sich anzog, lagen alle Leute noch im Bett und schliefen.

Es geht schneller als viele denken, einen Staatsminister anzuziehen, und niemand schafft das rascher als der Staatsminister selbst, denn er hat Übung. Bald stand er drüben vor seinem großen Spiegel und betrachtete sich.

»Guten Morgen!« sagte er und gähnte so in den Spiegel, daß ein großer matter Fleck von seinem Atem entstand. Der Staatsminister gähnte immer, wenn er sich im Spiegel sah.

Aber diesmal sollte es kein guter Morgen für den Staatsminister werden. Denn auf einmal blickte er sein Bild im Spiegel genauer an. Nicht etwa, daß etwas nicht stimmte. Er sah einen großen Mann in einem großen Anzug, akkurat wie immer. Alles schien da zu sein wo es hingehörte: die Krawatte, das Haar, die Nase, der Mund - sogar das Gähnen. Nicht übel, dachte er. Aber dann ging den Staatsminister ein seltsamer Gedanke durch den Kopf. Nämlich dieser: Wenn nun der Spiegel nicht in Ordnung wäre, so daß ich ga nicht so bin, wie ich im Spiegel aussehe?

Was soll ein Staatsminister machen, wenn er sich nicht auf einen Spiegel verlassen kann?

Er wußte es wirklich nicht. Aber bevor er Zeit hatte, sich am Kop zu kratzen, ging ihm wieder ein Gedanke durch den Kopf. Nämlich dieser: Wenn ich nun nur so aussehe, wenn ich in den Spiegel gucke vielleicht sehe ich dann ganz anders aus, wenn ich nicht vor den Spiegel stehe?

Was soll ein Staatsminister machen, wenn er sich nicht vollkommen auf sich verlassen kann?

Noch ein Gedanke ging dem Staatsminister durch den Kopf, und der schien der allerschlimmste zu sein: Wenn nun nur die Leute, die mich sehen, wissen, wie ich wirklich aussehe, wie soll ich dann erfahren, wie ich bin, wenn sie es mir nicht sagen?

Ja, was soll ein Staatsminister machen, wenn er sich nicht vollkommen auf die Leute verlassen kann?

Er war sich selbst so leid, daß er sich am liebsten wieder ins Bet gelegt hätte. Schlafen und alles vergessen, das wollte er. Aber e konnte sich ja nicht mit Kleidern hinlegen. Und ausziehen wollte e sich auch nicht, denn dann hätte er sich ja noch einmal anziehen müssen.

Während er überlegte, was er machen sollte, ging er im Zimme auf und ab. Das half immer. Wie kann ich erfahren, wie ich aussehe dachte er. Wie kann ich das ganz sicher erfahren?

Und während er so ging, bemerkte er etwas: Er war nicht allein in Zimmer. Es war noch jemand da. Er konnte niemanden sehen, abe er hörte deutlich, was der andere tat: Der andere knabberte an eine Mohrrübe. Er guckte überall nach, um herauszufinden, wer das sein könnte, der in seinem Schlafzimmer Mohrrüben aß. Er ging rübe und guckte unters Bett: niemand da. Er guckte hinter die Gardine auch da niemand. Er guckte unter den Tisch und ins Nachttischchen Er guckte unter die Bettdecke und in den Kleiderschrank. Niemand war zu sehen. Wer konnte das sein, der da Mohrrüben knabberte?

»Erst weiß ich nicht sicher, was ich sehe, und nun weiß ich auch nicht, was ich höre«, sagte er vor sich hin.

Der Staatsminister stand lange still, um zu hören, woher das Geräusch kam. Aber wenn er still stand, dann war auch der andere still. Nur wenn der Staatsminister sich bewegte, war das Geräusch da. Das Geräusch von einem, der Mohrrüben knabbert und kaut. Ein knackendes und knirschendes Geräusch.

»Ich sehe schon, ich bin es selbst, der Mohrrüben kaut«, sagte der Staatsminister vor sich hin. Er ging rüber zu seinem Spiegel, um zu sehen, ob er es vielleicht selber war. Er öffnete den Mund, ja, er riß ihn auf, so weit er konnte, und ging ganz an den Spiegel heran, um zu sehen, was drin war.

Aber nicht die geringste Spur von einer Mohrrübe war zu sehen.

Ja, dann kann ich es also nicht sein, der kaut, dachte er. Außerdem hätte ich ja den Geschmack bemerkt. Mohrrüben haben einen ganz besonderen Geschmack, soviel ich weiß.

Er setzte sich auf einen Stuhl, und nun dachte er an nichts anderes, nur daran, wie Mohrrüben schmecken.

Und da erblickte er etwas, was er vorher noch nicht gesehen hatte.

Und was sah der Staatsminister? Ja, das waren seine Füße. Heute war da unten etwas anders als sonst. Er hatte neue Schuhe an! Die neuen Schuhe hatten so geknirscht. Das war's, was er gehört hatte!

Der Staatsminister vergaß völlig, wie Mohrrüben schmecken. Er saß nur da und schaute die neuen Schuhe an. Er mußte aufstehen und ein wenig laufen und damit knirschen. Ja, er ging auch rüber zum Spiegel und hob einen Fuß hoch und hielt den Schuh vor den Spiegel. Es war ein bißchen schwierig, beide Füße gleichzeitig zu heben, deshalb hob er sie nacheinander. Die Schuhe sahen im Spiegel genauso aus, wie sie auf dem Fußboden aussahen. Sie waren lang, spitz und schwarz und voller kleiner runder Löcher, die ein Punktmuster bildeten, und sie hatten eine schöne gelbe Ledersohle unten drunter und schwarze Schnürsenkel oben drauf, die hatte der Staatsminister zu ganz besonderen Staatsministerschleifen gebunden, damit die Schleifen den ganzen Tag halten und nicht aufgehen sollten. Das alles sah der Staatsminister im Spiegel. Und ein Stück von seinen Strümpfen sah er auch. Sie waren rot heute. Der Staatsminister glaubte auf einmal wieder, daß alles, was er im Spiegel sah, so aussah, wie es war. Wenn die Schuhe so waren, wie sie aussahen, dann mußte er auch wohl so aussehen, wie er im Spiegel aussah, dachte er.

Er war so froh, daß er die Hacken mit einem Knall zusammenschlug und vor dem Spiegel salutierte. Ja, er grüßte, als ob er eine Uniformmütze zum Grüßen hätte. Aber das hatte er nicht, denn Staatsminister brauchen keine Uniform.

Der Knall, mit dem er die Hacken zusammenschlug, machte, daß die Haushälterin wach wurde und angelaufen kam. Sie glaubte wohl, da sei jemand, der versuchte, den Staatsminister zu erschießen. Denn sobald einer Staatsminister ist, gibt es immer jemand, der ihn erschießen will. Das wußte der Staatsminister wohl nicht, aber die Haushälterin wußte es. »Was ist hier los?« rief sie, während sie angelaufen kam.

»Ich habe neue Schuhe«, sagte der Staatsminister.

»Ach, wenn's weiter nichts ist«, sagte die Haushälterin enttäuscht. Dann erzählte sie, daß sie ihm die neuen Schuhe gekauft hatte. Warum sie das getan hatte? Ja, der Staatsminister hatte nie Zeit, selbst einkaufen zu gehen. Den ganzen Tag stand er da und regierte das Land, und wenn er abends fertig war, dann hatten alle Geschäfte geschlossen. Nun meinte sie aber, daß er neue Schuhe brauchte. Deshalb hatte sie die alten mit in den Laden genommen und gesagt, sie wollte neue haben, die genauso groß waren. Die alten Schuhe hatte sie weggeworfen, und die neuen hatte sie dem Staatsminister unters Bett gestellt.

»Und dann ist das ja Ihr erster freier Tag heute, und da dachte ich, Sie sollten ein bißchen feiner als gewöhnlich sein«, sagte sie. »Sie können ja nicht Ihren freien Tag dazu benutzen, einkaufen zu gehen. Denn einkaufen gehen ist genauso schwer, wie das Land regieren, das sage ich Ihnen!«

»Sie sind wirklich eine gute Haushälterin«, sagte der Staatsminister. »Nun legen Sie sich noch mal hin. Ich will einen Spaziergang machen und die neuen Schuhe ausprobieren.«

So ging er in die Stadt.

Es war immer noch früh am Morgen. Die Leute schliefen. Aber in den Häusern, an denen der Staatsminister vorbeikam, wachten die Leute auf von einem seltsamen Geräusch, als ob jemand unten die Straße entlangging und Mohrrüben knabberte. Denn der Staatsminister war ein großer Mann, und er hatte große Schuhe, und es war kein leises Knirschen, das von den Schuhen kam.

Wo er vorbeikam, wachten die Leute auf und schauten aus dem Fenster.

»Herzlichen Glückwunsch zum heutigen Tage«, riefen sie. Denn sie meinten, es müsse ein Tag zum Gratulieren sein, wenn selbst der Staatsminister lächelnd durch die Straßen ging.

»Herzlichen Glückwunsch zu den neuen Schuhen!« riefen andere.

»Guten Morgen!« riefen die, die nicht ganz mitbekommen hatten, was los war, und glaubten, der Staatsminister hätte eine Mohrrübe im Mund.

Und nun begann es wirklich ein guter Morgen zu werden.

»Herzlichen Glückwunsch! Herzlichen Glückwunsch!« riefen

immer mehr, nachdem sie aufgewacht und auf die Straße gekommen waren. Und schließlich ging auch die Sonne über den Hausdächern auf.

»Herzlichen Glückwunsch zum heutigen Tage!« sagte die Sonne zur Stadt.

Der Staatsminister fühlte, wie schön warm die Sonne war, und er wurde immer fröhlicher und fürchtete sich immer weniger davor, was die Leute an einem Tag wie heute tun würden, wo er frei hatte und das Volk nicht regierte. Er hatte nie geglaubt, daß die Leute so freundlich seien, wie sie es an diesem Tag waren. Er ging weiter, ja, er wanderte den ganzen übrigen Tag in der Stadt umher, und wohin er auch kam, hörten die Leute das Knirschen und wurden auf ihn aufmerksam. Erst als es Abend wurde, ging er wieder nach Hause zu seiner Haushälterin. Da war er den ganzen Tag umhergelaufen, hatte die Leute gegrüßt und den ganzen Tag mit ihnen geredet.

Die Haushälterin hörte das Knirschen unten auf der Treppe, als er heimkam. Aber jetzt waren es nicht seine Schuhe, die knirschten, die waren weich und still geworden, weil er den ganzen Tag in ihnen gelaufen war. Was war es denn? Es war eine richtige Mohrrübe. Die Leute in der Stadt hatten sie ihm gegeben. Es war die beste Mohrrübe, die er je gegessen hatte.

*Aus dem Norwegischen von Doris Erlach*

Sowjetunion

VIKTOR DRAGUNSKIJ

# Es ist lebendig und leuchtet

Einmal saß ich abends auf dem Hof am Sandhaufen und wartete auf Mama. Wahrscheinlich war sie im Dienst oder in einem Geschäft aufgehalten worden, oder sie mußte lange an der Bushaltestelle warten. Ich weiß nicht. Jedenfalls waren schon alle Eltern aus unserem Block gekommen, und alle Kinder waren mit ihnen heimgegangen. Sie tranken jetzt bestimmt schon Tee und aßen Kringel mit Schafskäse; bloß meine Mama war immer noch nicht da.

Und in den Fenstern war überall schon Licht, Radio spielte, am Himmel zogen dunkle Wolken. Manche sahen aus wie böse, bärtige alte Männer.

Ich hatte Hunger, aber Mama kam nicht. Wenn zum Beispiel *ich* wüßte, daß meine Mama Hunger hat und auf mich wartet irgendwo am Ende der Welt, sofort würde ich hinrennen und mich bestimmt nicht verspäten, *ich* würde sie nicht zwingen, auf dem Sandhaufen zu sitzen und traurig zu sein.

Da kam Mischka Slonow zu mir in den Hof, sagte: »Servus.«

Ich sagte auch: »Servus!«

Mischka setzte sich neben mich und nahm meinen Kipper in die Hand: »Hei!« sagte Mischka, »woher hast du den? Lädt der auch selbsttätig Sand auf? Nein? Aber er entlädt selbsttätig? Ja? A-a-ah! Gib ihn mir mal mit nach Hause!«

»Nein, mit nach Hause gebe ich ihn dir nicht. Er ist ein Geschenk. Von Papa vor seiner Abreise.«

Mischka pfiff und ging fort. Auf dem Hof wurde es immer dunkler. Ich sah zum Tor hinüber, damit ich ja merkte, wenn Mama kam. Aber sie kam und kam nicht. Sicher hat sie Tante Rosa getroffen, nun stehen sie und reden, und an mich denkt überhaupt niemand mehr. Ich legte mich auf den Sandhaufen.

Auf einmal kam Mischka wieder: »Gibst du mir den Kipper wirklich nicht?«

»Laß mich in Ruhe, Mischka.«

Da sagte er: »Ich kann dir dafür eine Guatemala und zwei Barbados geben.«

»Vergleich bloß mal Barbados mit einem Kipper ...«

Und Mischka: »Nu, wenn du willst, gebe ich dir meinen Schwimmring.« – »Der hat ja ein Loch.« – »Das kannst du ja zukleben.«

Ich wurde böse: »Und wo soll ich damit schwimmen? In der Badewanne? Dienstags?«

Mischka pfiff wieder. Nach einer Weile sagte er: »Gut, was nicht ist, ist nicht. Aber sieh wenigstens, wie freigebig ich bin! Na!«

Er streckte mir ein Streichholzkästchen hin. Ich nahm es in die Hand. »Mach's ruhig auf«, sagte Mischka. »Du wirst dich wundern!«

Ich zog das Kästchen auf und sah erst gar nichts, aber dann erkannte ich ein kleines, hellgrünes Lichtchen, als ob weit entfernt von mir ein ganz kleines Sternchen leuchtete, und dabei hielt ich es doch selbst in der Hand.

»Was ist das, Mischka?« fragte ich flüsternd. »Was ist das?«

»Ein Glühwürmchen«, sagte Mischka. »Gut, was? Es lebt sogar.«

»Mischka«, sagte ich, »nimm meinen Kipper, willst du? Nimm ihn auf ewig, ganz und gar! Aber gib mir dieses Sternchen, ich nehme es mit nach Hause ...«

Mischka packte meinen Kipper und rannte heim. Ich blieb mit meinem Glühwürmchen, betrachtete es, sah es an, konnte mich nicht satt sehen. Es war so grün wie im Märchen, es leuchtete so nah auf meiner Handfläche und doch wie aus weiter Ferne ... Ich konnte nicht ruhig atmen, hörte, wie mein Herz ganz rasch klopfte, und in meiner Nase kribbelte es so, als ob gleich Tränen kämen.

Lange saß ich. Sehr lange. Kein Mensch war in der Nähe. Und ich hatte alles andere auf der ganzen Welt vergessen.

Auf einmal kam Mama, ich freute mich, und wir gingen ins Haus.

Als wir Tee tranken, Kringel mit Schafskäse aßen, fragte Mama: »Wie steht's mit deinem Kipper?«

»Mama, den habe ich getauscht.«

»Das ist ja interessant! Wofür denn?«

»Für ein Glühwürmchen! Da im Streichholzkästchen lebt es. Mach doch bitte mal das Licht aus.«

Und Mama knipste das Licht aus, im Zimmer war es dunkel, und wir sahen beide lange auf das blaßgrüne Sternchen. Dann machte Mama das Licht wieder an.

»Ja wirklich«, sagte sie, »es ist wie Zauberei! Aber trotzdem, sag, wie bist du bloß darauf gekommen, etwas so Wertvolles wie den Kipper gegen ein Glühwürmchen zu tauschen?«

»Ich wartete doch so lange auf dich und war traurig, aber dieses Glühwürmchen ist besser als jeder Kipper auf der ganzen Welt.«

Mama sah mich neugierig an: »Wieso ist es besser?«

»Kannst du das denn nicht verstehen? Es ist doch lebendig! Und es leuchtet ...!«

*Aus dem Russischen von Heddy Pross-Weerth*

## Viktor Dragunskij
## Wenn ...

Ich saß am Tisch, saß nur so da, und plötzlich fiel mir etwas ein.

Mir fiel ein, wie schön es sein müßte, wenn auf der Welt alles umgekehrt eingerichtet wäre. Also zum Beispiel sollten Kinder die Hauptsache sein, und die Erwachsenen müßten ihnen in allem und allem gehorchen. Überhaupt sollten Kinder wie Erwachsene und Erwachsene wie Kinder sein. Das wäre fabelhaft und sehr, sehr interessant.

Zuerst stellte ich mir vor, wie es Mama wohl gefallen würde, wenn ich herumgehe und sie tun muß, was ich will, ja und Papa auch, dem würde das gefallen! Von Großmama zu reden, lohnt nicht, sie würde sicher tagelang heulen. Ich befehle auf Teufel komm heraus, alle sollen sich im Bösen an mich erinnern! Zum Beispiel wenn Mama am Tisch sitzt, sage ich zu ihr: »Was ist denn das für eine Mode: Essen ohne ein Stück Brot dazu? Das ist ja ganz was Neues! Guck in den Spiegel – schau, wie du aussiehst! Wandelndes Gerippe! Iß jetzt, hab ich gesagt!«

Und mit gesenktem Kopf fängt sie an zu essen. Aber ich lasse nicht locker: »Schneller! Stopf dir nicht die Backentaschen voll! Träumst du wieder? Mußt du immerzu die Welträtsel lösen? Kau ordentlich! Rutsch nicht auf dem Stuhl herum!«

Und dann käme Papa von der Arbeit. Noch ehe er den Mantel ausgezogen hat, schreie ich ihn an: »Aha, da bist du ja! Immer muß man auf dich warten! Wasch dir die Hände. Aber gründlich! Verschmier nicht bloß den Dreck. Wenn *du* das Handtuch benutzt hast, ist es nicht mehr zu brauchen. Bürste dreimal und spar die Seife nicht. Los, zeig die Fingernägel. Das ist ja ein Skandal – keine Nägel, Krallen sind das! Wo ist die Schere? Zuck nicht zurück! Ich schneide dir schon nicht ins Fleisch. Ich schneide ganz vorsichtig. Schnief nicht, du bist kein Mädchen. So, fertig. Jetzt komm zum Essen.«

Papa würde sich artig an den Tisch setzen und leise zu Mama sagen: »Nun, wie geht's dir?«

Und sie würde genauso leise antworten: »Danke, gut!«

Aber ich sofort: »Geschwätz bei Tisch? Solange ich esse, sind gefälligst alle stumm und taub! Merkt euch das für euer ganzes Leben. Es ist eine goldene Regel! Papa! Leg sofort die Zeitung weg, du elende Landplage!« Und folgsam würden sie bei mir am Tisch sitzen.

Wenn dann Großmutter kommt, kneife ich die Augen zusammen, schlage die Hände über dem Kopf zusammen und keife: »Papa, Mama! Guckt euch bloß unsere Alte an! Wie sieht sie wieder aus! Die Bluse aufgerissen, der Hut im Nacken! Die Backen feuerrot, der Hals ganz naßgeschwitzt! Großartig, das muß man sagen. Gib's nur zu, du hast wieder Hockey gespielt? Und was ist das für ein scheußlich verdreckter Stock? Wozu bringst du so was nach Hause? Was? Ein Hockeyschläger? Mir aus den Augen – zur Hintertür!«

Nun gehe ich im Zimmer hin und her und sage zu den dreien: »Nach dem Essen setzt ihr euch an die Schulaufgaben, ich gehe ins Kino.«

Natürlich bitten und betteln sie sofort: »Nimm uns mit! Wir möchten auch ins Kino!«

Aber ich: »Nichts da! Papperlapapp! Gestern wart ihr auf einer Geburtstagsgesellschaft, Sonntag habe ich euch in den Zirkus mitgenommen. Ihr bleibt zu Hause. Da habt ihr 30 Kopeken für Eis, damit Schluß!«

Dann bettelt Großmutter: »Nimm wenigstens mich mit. Jedes Kind kann doch einen Erwachsenen umsonst mit reinnehmen.«

Aber ich rede mich heraus: »Dieser Film ist für Leute über siebzig Jahre verboten. Sitz zu Hause, Rumtreiberin!«

Ich gehe an ihnen vorbei, knalle absichtlich laut mit den Absätzen, als merkte ich gar nicht, daß alle nasse Augen haben. Ich ziehe mich an, drehe und wende mich vor dem Spiegel, summe vor mich hin und quäle sie dadurch noch mehr, ich mache die Wohnungstür auf und sage ...

Ich konnte mir nicht mehr ausdenken, was ich sagen wollte, denn meine Mutter, die richtige, lebendige, kam herein und sagte: »Da sitzt du ja immer noch! Iß jetzt. Schau, wie du aussiehst – wandelndes Gerippe.«

*Aus dem Russischen von Heddy Pross-Weerth*

## Alexander Raskin
## Wie Papa den Professor gebissen hat

Als Papa klein war, war er sehr oft krank. Immerzu erkältet. Er nieste und hustete, bald hatte er Halsweh, bald taten ihm die Ohren weh. Schließlich brachte man ihn zu einem Arzt. An der Tür war ein Schild, darauf stand: Hals, Nase, Ohren.

»Ist das sein Hausname?« fragte der kleine Papa seinen Vater.

»Nein«, sagte der, »er macht all das bloß gesund. Und nun sei still.«

Der Doktor guckte sich Papas Ohren, Papas Hals und Papas Nase an. Dann sagte er: »Das muß operiert werden.«

Die Eltern fuhren mit Papa nach Moskau. Dort sollten ihm die Mandeln herausgenommen werden.

Der sehr alte, sehr strenge und ganz graue Professor sagte zu ihm: »Junge, mach den Mund auf!«

Und als Papa den Mund aufgemacht hatte, sagte der Professor nicht einmal danke, steckte seine Hand hinein, ließ sie irgendwo tief im Hals verschwinden und fing an dort herumzufingern.

Das tat sehr weh und war sehr unangenehm. Und als der Professor gesagt hatte: »Na also, da sind sie ja, die Täubchen« und noch mehr drückte, schrie er plötzlich laut auf und riß seine Hand viel schneller aus Papas Mund heraus, als er sie hineingezwängt hatte.

Alle konnten sehen: Am Daumen des Professors war Blut.

Im Zimmer war es ganz still. Dann sagte der Professor: »Jod!«

Man reichte ihm Jod. Er beschmierte sich den Daumen damit. Dann sagte er: »Binde und Watte!«

Man reichte ihm Binde und Watte, und er verband sich selbst den Daumen.

Dann sagte der Professor: »Seit vierzig Jahren bin ich Arzt. Es ist das erste Mal, daß mich jemand gebissen hat. Diesen Jungen kann operieren, wer mag. Ich gehe! Ich wasche meine Hände.«

Danach wusch er sich die Hände mit Seife und ging fort.

Der Vater war damals sehr, sehr böse auf den kleinen Papa. Er sagte: »Nach Moskau sind wir mit dir gefahren! Gesund machen wollten wir dich! Und was tust du? Merk dir, nebenan ist eine Zahnarzt-Praxis. Da werden Kindern, die Ärzte beißen, die Zähne ausgezogen. Willst du zuerst zu ihm gehen? – Und ich hatte dir auch noch Eis nach der Operation versprochen!«

Als Papa das vom Eis hörte, dachte er nach. Die Sache war

ämlich so: Die Eltern gaben ihm nie Eis, weil sie fürchteten, da-urch könnte er sich Hals, Nase, Ohren erkälten. Aber der kleine apa aß so gern Eis. Und die Eltern hatten ihm gesagt, daß nach der )peration alle Kinder Eis bekämen – das sei sehr nützlich, stille das lut.

Und im Gedanken an das Eis sagte Papa: »Ich beiße nicht mehr.«

Trotzdem warnte ihn der junge Arzt, der nun die Operation ornahm: »Denk dran, was du versprochen hast.«

Und Papa sagte noch einmal: »Ich beiße nicht mehr.«

Papa wurde auf einen merkwürdigen Sessel gesetzt, und man hielt ım Arme und Beine fest. Das war aber nicht wegen des Beißens. Ian macht das bei allen Kindern so, damit sie den Arzt nicht stören. ,s tat sehr weh. Aber Papa dachte an das Eis und hielt alles aus. chließlich sagte der Doktor: »So, das war schon alles! Bist ein ıpferer Kerl! Hast nicht mal geweint.«

Papa freute sich sehr. Aber da rief der Doktor: »Ach, entschuldi-e, da ist noch ein Restchen zurückgeblieben. Hältst du noch ein anz klein bißchen aus?«

»Mach ich«, sagte Papa und dachte wieder an das Eis.

»Na also, jetzt ist tatsächlich alles weg«, sagte der Doktor. »Du ist wirklich großartig. Überhaupt nicht geweint. Jetzt gibt's auch ;is. Was magst du am liebsten?«

»Pflaumeneis«, sagte Papa und guckte auf seinen Vater. Aber der var noch immer böse.

»Es geht auch ohne Eis!« sagte er. »Hättest du nur nicht ge-issen!«

Und nun, als Papa begriff, daß es kein Eis geben würde, begann er och zu weinen. Alle hatten Mitleid mit ihm. Aber der Vater ließ ich nicht erweichen. Papa war so unglücklich, daß er sich noch eute daran erinnert. Und so oft er seitdem auch Eis gegessen hat, 'flaumen-, Schokoladen-, Erdbeereis, niemals kann er das Eis ver-essen, das man ihm damals vor der Operation versprochen und ann nicht gegeben hatte.

Papa war nun nicht mehr so oft krank. Er nieste weniger, hustete veniger. Ohren und Hals taten ihm nicht mehr so oft weh. Die )peration hatte dem kleinen Papa sehr geholfen. Er begriff, daß es ich lohnt, etwas auszuhalten, damit es einem danach besser geht. Jnd obwohl später noch verschiedene Ärzte an ihm herumgeschnit-en und geklopft haben, gebissen hat er keinen mehr. Nur kauft er ich selber hinterher jedesmal eine Portion Eis. Und so ist es gekom-nen, daß Papa bis zum heutigen Tag so gern Eis ißt.

*Aus dem Russischen von Heddy Pross-Weerth*

Spanien

Jesús Fernández Santos
Der Schneefisch

In jenem Jahr lag viel Schnee im Park, und noch immer schneite es. Die Wege schneiten zu, wurden unsichtbar zwischen den verschneiten Rasenflächen, der Teich erstarrte, und die Boote, gefangen im dunklen, gefrorenen Wasser, lagen unbeweglich am Bootssteg, so als gingen sie jeden Augenblick auf große Fahrt ins ferne Land der Eiskristalle.

Eine tiefe Stille, naß und weich wie die Schritte der Parkwächter, wenn sie über die Schneedecke stapften, breitete sich über den Bäumen aus, über ihren weiß schimmernden Schneehauben, ihren dunklen Zweigen, von denen Scharen hungriger Spatzen in den Wirtschaftshof des Tiergartens geflattert kamen, auf der Suche nach Futter.

Nur leise drang von draußen der Lärm der Straße herein, und wenn der Verkehrsstrom für einen Augenblick verebbte, hörte man in der Ferne das sachte Geräusch abbröckelnden Schnees, das müde Atmen des Polarbären in seinem Käfig und das schrille, gellende Kreischen aus dem Affenkäfig daneben.

Es war in jenem Jahr, in jenem Winter, daß einer von den kleinsten Affen, halberfroren, ein Loch in das Dach aus Holz und Stroh kratzte und zu den Zweigen des riesigen Kastanienbaums hinaufsprang, der wie ein Baldachin das ganze Affengehege überspannte. Dabei rutschte er so unglücklich ab, daß er in den Käfig mit den dicken Eisenstäben fiel, wo der große weiße Bär lautlosen Schrittes hin und her ging. Der weiße Bär schien plötzlich munter zu werden, und er war drauf und dran, den kleinen Affen zu verschlingen, als ihn der Wärter in seine Kunststeingrotte trieb, in der es noch kälter war als draußen im Schnee. Es war ein alter Eisbär, gewohnt zu gehorchen nach so vielen Jahren des Hin-und-her-Gehens in seinem engen steinernen Bereich.

Das Schulbuch, das drinnen im kalten Wohnzimmer des kleinen Wärterhauses auf dem Tisch mit dem karierten Wachstuch lag, sagte, daß Bären sich nur von Beeren, Früchten und den Wurzeln wildwachsender Pflanzen nährten. Aber dieses Buch, erst vor kurzem zu Beginn des neuen Schuljahrs gekauft, mochte sich irren, soviel es wollte: Da wegen der Kälte die Schulen geschlossen hatten, blieben seine Seiten an jenem Tag ungelesen, unaufgeschlagen, aneinandergepreßt wie die Ahornblätter unter der Schneedecke.

Und der Junge selbst konnte den ganzen Tag draußen bleiben und
urch den Park streifen.

Am Vormittag hatte er schon an der breiten Autostraße zugese-
en, wie die Wagen schlitterten und wie diejenigen, die später an den
allyes teilnahmen, ihre Spikes ausprobierten. Die Fahrer gaben
as, erreichten eine gewisse Geschwindigkeit, und wenn sie an die
erkehrsinsel kamen, traten sie auf die Bremse und versuchten
abei, den Wagen genau um eine halbe Drehung herumzureißen und
n so in die entgegengesetzte Richtung zu bringen. Ein Spiel, das
uerst ganz spannend, aber auf die Dauer langweilig war. Ein Spiel
ür Erwachsene.

Vor dem Mittagessen hatte er noch bei zwei oder drei Balgereien
abeigestanden. Keine große Sache, kein richtiger Kampf, viel Ge-
chrei, Stimmen, die der Schnee dämpfte, viel protziges Getue, und
in paarmal ein Sturz auf der breiten, jetzt weichgepolsterten Frei-
reppe, an deren oberem Ende die Statue des Königs und seines
ewaltigen Pferdes prangte, beide, Roß und Reiter, in glitzerndem
rnat und mit Eiszapfen behängt.

Es war am Nachmittag, als es im Park schon grau wurde und die
chwarzen Stämme der Weiden zwischen den verschneiten Blumen-
eeten sich noch schwärzer färbten, da beschloß der Junge, zum
eich zu gehen, der jetzt eine dunkle Fläche war, glatt, fest wie eine
iesige Marmorplatte. Das Buch behauptete, daß es unter dem Eis
aum Leben gäbe, aber das Buch lag zugeklappt im Haus. Er zählte
ie Stundenschläge, die von der Uhr außerhalb des Parks über den
chnee auf den Bäumen herüberklangen, und obwohl es schon spät
var, machte er sich auf den Weg zum Bootsplatz.

Unter der großen Terrasse, von der aus im Sommer die auf dem
eich fahrenden Boote überwacht wurden, war ein Raum, wo der
Värter die Angelgeräte verwahrte, die er bei seinen Sonntagsausflü-
en mitnahm. Auf dem Boden lagen noch die Aschenreste von dem
eisigfeuer, das er sich am Morgen angezündet hatte, als er darange-
angen war, den Motor des großen, festgefrorenen Kinderbootes
achzusehen. Aber jetzt lag der kalte Raum verlassen da und ebenso
ie zementierte Terasse mit der großen Uhr. An der einen Ecke,
nter den weichen Strähnen der Weiden, seufzte, knurrte und
runzte der Abfluß des Teiches jedesmal, wenn ein Eisstück in seiner
ffnung hängenblieb, die mit Eisenstäben vergittert war wie der
ärenkäfig. Der Junge wartete, bis die Öffnung sauber war, und
ann, als im Park schon das stumpfe Blau der Lichter aufleuchtete,
efestigte er sorgfältig das Netz im Wasser, ohne weiter auf das
umpfe Murmeln des strömenden Wassers zu achten.

Am nächsten Tag kam er zeitig, noch vor dem Bootswärter wieder und zog unter großer Mühe das Netz aus dem Wasser, das bis an den Rand gefüllt war mit Blättern und Stöckchen, winzigen Eisklümpchen und Überresten von Insekten, die zwischen Schlamm und nassem Sand steckten. Und ganz unten, zwischen Moder und Lehm, tauchte ein kleiner, leuchtender Fleck auf, ein weißer Fisch, nicht größer als eine Münze, mit silbrig glänzenden Schuppen. Er tat ihn in einen Plastikbeutel, den er mit sauberem Wasser füllte, und später, bei sich zu Hause, in ein großes Glas, das er auf das Brett am Kopfende seines Bettes stellte.

Es war ein Fisch, der bei Tag kaum zu sehen war, ein regungsloser Schatten nur, winzig, auf dem Boden des Glases. Aber wenn es Nacht wurde und in den Fenstern der Abend verlosch, begann er zu leuchten wie die letzten Strahlen im Park. Wie das Licht jener hohen Sterne, die der kalte Nordwind am Himmel erzittern ließ, so schimmerte sein Licht, heller und immer heller, auf dem Boden des Glases. Es war ein strahlendes Licht, ungetrübt, schattenlos wie das Licht der Sterne in den klarsten Winternächten oder wie das Licht des Schnees an bedeckten Tagen.

Wenn draußen, hinter den Fensterscheiben, vom Park nur noch die großen dunklen Flecke der Blumenbeete und die Kiefern zu sehen waren, dann wurden die Wände der kleinen Schlafkammer unsichtbar, durchsichtig und verwandelten sich. Auf dem Putz erschienen unbekannte Landschaften, Städte mit vielen grauen Dächern und steilen Glockentürmen, Herden von Tieren mit dunklem Fell und seidigen Mähnen. Länder, die der Junge nie gesehen hatte, graue Eisberge, Bäume, die ihre Zweige durch den Nebel in den Himmel reckten, Moosflechten und Gletscher. Und wenn der Morgen graute und sich über dem Park der erste Schimmer des neuen Tages zeigte, verlosch der Fisch im Wasser des Glases und war dann am Morgen so klein und schwarz wie immer.

Als der Frühling bevorstand und die Sonne durch die Wolken brach, wurde der Schneefisch krank. Wunden bedeckten seine Seiten, und ein zarter Flaum, weich wie das Fell der unbekannten Tiere, wuchs auf seinem Leib und verschlang seine Schuppen, die schließlich aufhörten zu leuchten. Und je mehr die Kraft der Sonne zunahm, um so deutlicher sah man, daß der Fisch sterben würde. Jetzt blieb es nachts dunkel in der kleinen Schlafkammer. Man hörte, wie der Fisch an die Wasseroberfläche kam, vielleicht um nach Luft zu schnappen, die ihm unten fehlte. Der Junge badete ihn in Salzwasser, wie der ältere Wärter ihm empfohlen hatte, aber das Schneelicht kehrte nicht wieder. Und an dem Tag, an dem, pünktlich nach dem

Kalender, der Frühling kam, sah der Junge, daß sein Fisch nicht mehr in dem Glas war. Da er ihn in anderen Nächten im Wasser hatte springen hören, meinte er, der Fisch sei wohl wieder zum Teich zurückgekehrt. Nie wieder sah er jene Eisflüsse, nie wieder die Dörfer mit den Schuppendächern, nie wieder Herden unbekannter Tiere mit kunstvoll gewundenen Hörnern.

Nach einigen Jahren wurde sein Vater Wärter in einem anderen Park, und die Möbel mußten aus dem Haus getragen werden. Und als der kleine Tisch aus der Schlafkammer geholt wurde, sah der Junge, daß da der Fisch war. Trotz der langen Zeit war er immer noch da, immer noch schwarz, und er klebte an der Wand wie die Eukalyptusblätter, die der Junge im Herbst gesammelt hatte, wie die Fossilien, die in seinem Buch abgebildet waren.

Der Fisch war nun nicht mehr ein Schneefisch, nicht mehr ein Leuchtfisch, sondern ein aschgrauer Schatten. Und der Junge hatte sich auch verändert. Er ging jetzt nie mehr zu dem Teich, und nie mehr horchte er auf das Rauschen in den trüben steinernen Wassergräben oder auf das Winseln der Füchse, die den Augenblick der Fütterung nicht abwarten konnten. Wie die Stimme des großen weißen Bären, so hatte auch seine Stimme sich mit den Jahren verändert. Sie war tiefer und rauher geworden. So wie der goldgelbe Pelikan vor der Tür seiner Hütte, so stand er jetzt oft lange Augenblicke regungslos vor seinen Büchern. Wie die trägen rundlichen Zebras hob er kaum die Augen, um aus seinem Fenster hinauszublicken, und nur selten sah er etwas anderes als die Kastanienbäume und die weißen, bauschigen Wolken.

Er war kein Junge mehr. Er war ein ganzes Stück gewachsen, und als der Vater beschloß, die Arbeit in dem anderen Garten anzunehmen, tat es ihm kaum leid; im Gegenteil, anders als sein Vater oder seine Mutter war er schnell bereit, den Park, wo er als Kind gelebt hatte, zu verlassen, ohne viel darüber zu reden, ohne sich auch nur ein einziges Mal umzudrehen, als das Auto losfuhr und er das große Tor für immer hinter sich ließ.

*Aus dem Spanischen von Helmut Frielinghaus*

Ana María Matute

# Der Lehrling

## 1

Es gab einmal ein Dorf, da wohnten redliche Menschen, und jede konnte von seiner Arbeit leben. Aber das Land, zu dem das Dor gehörte, wurde von einem Krieg und von einer großen Dürre ge schlagen, und so brach für die Menschen eine Zeit der Not und de Elends an.

In jener Zeit kam eines Tages ein alter Mann mit zwei Eseln in da Dorf, die beide bepackt waren mit Gütern und Lebensmitteln. Die ser Mann lieh den Leuten Geld und verkaufte ihnen für das geliehen Geld Werkzeug, Geräte und auch etwas zu essen.

Auf diese Weise waren nach kurzer Zeit die Handwerker, di Bauern und alle anderen Bewohner des Dorfes durch ihre Schulde von ihm abhängig.

Nach ein paar Jahren eröffnete der Alte einen Kramladen, w alle, ob sie wollten oder nicht, kaufen mußten. Denn da sie ihr Schulden bei ihm abbezahlen mußten, blieb ihnen kein Geld für da was sie zum Leben brauchten, und so mußten sie immer neu Schulden bei ihm machen. Es war wie eine Kette ohne Ende, von de sie nicht mehr loskamen.

Auf diese Weise stürzte der Alte mehrere Familien ins Verderben während er selber jeden Tag reicher wurde und mit der Zeit da ganze Dorf in seine Hand brachte.

Der Laden war groß und düster, und der Alte war ein selbstsüch tiger und hartherziger Mann. Jeden Abend zählte er sein Geld un versteckte es dann in einer Mauerhöhlung hinter einem lockere Ziegelstein. Er hieß Ezequiel und lebte für sich allein in der Dachstu be über seinem Kramladen.

Eines Nachts im Winter klopfte es an seiner Tür. Er öffnete un erblickte vor sich einen barfüßigen, zerlumpten Jungen, der ihn au seinen leuchtenden schwarzen Augen fest ansah.

»Können Sie mir sagen, wo ich den Krämer Ezequiel finde? fragte er. »Ich komme von weither und habe ihm einen Brief z überbringen.«

»Ich bin der Krämer Ezequiel«, antwortete der Alte. »Aber glau nicht, daß du mich täuschen kannst. Ich habe weder Freunde noc Verwandte, und kein Mensch würde auf die Idee kommen, eine Jungen wie dich mit einem Brief zu mir zu schicken.«

Damit wollte er ihm die Tür vor der Nase zuschlagen, aber der unge war dünn und geschmeidig wie ein Fisch und schlüpfte durch len Türspalt, indem er den Alten lachend beiseite drängte.

»Frecher Bengel!« rief der Krämer empört und griff nach seinem itock. »Ich werde es dir zeigen!«

Doch in diesem Augenblick zog der Junge eine fleckigen und erknitterten Umschlag unter seinem Hemd hervor und streckte ihn nit einer Verbeugung dem Alten hin.

Der Krämer riß den Umschlag auf und las den Brief: »Lieber 'reund, ich weiß nicht, ob Du Dich an mich erinnerst nach all den ahren, die wir uns nicht gesehen haben. Ich bin derjenige, dem Du inst so großmütig und uneigennützig geholfen hast. Und darum vende ich mich mit der Bitte an Dich, daß Du den Jungen, der Dir liesen Brief überbringt, bei Dir aufnimmst. Laß ihn einen Beruf ernen, und halte ihn wie einen eigenen Sohn. Bestimmt wirst Du mir ines Tages dankbar sein, denn mit ihm überlasse ich Dir das höchste Gut, das ich auf dieser Welt besitze.«

Die Unterschrift war unleserlich. Die Tinte war ausgelaufen, so ls seien Regentropfen darauf gefallen.

»Was soll dieser Unsinn!« sagte der Krämer ärgerlich. »Hinaus nit dir, du Strolch, du Nichtsnutz! In meinem Haus ist kein Platz ür Spitzbuben und Tagediebe! Und was deinen Herrn betrifft, sei er un dein Vater oder wer auch immer, so kann ich mich nicht rinnern, jemals mit irgendeinem Menschen ein Stück Brot geteilt zu aben. Also mach, daß du fortkommst, ehe ich böse werde und dir nit meinem Stock eins über den Kopf gebe.«

Aber der Junge versteckte sich hinter einem Regal und sagte: »Sie verden es bestimmt bereuen, wenn Sie mich fortschicken. Sie sind alt ınd schwach und brauchen Hilfe. Und ich verlange nichts dafür, ußer daß Sie mich unter der Treppe schlafen lassen und mir abends, venn Sie den Laden geschlossen haben, ein paar Stunden freigeben, lamit ich in den Nachbarhäusern fegen und mir so einen kleinen ohn verdienen kann. Wenn Sie mir das gewähren, bin ich glücklich ınd zufrieden. Und Sie werden mit meiner Hilfe noch mehr Geld 'erdienen.«

Der Alte musterte den Jungen von oben bis unten. Seine Kleider varen zwar schmutzig und zerlumpt, aber er sah lebhaft und flink us, und seine Augen glänzten wie zwei Glasperlen.

»Ich werde alt, da hast du recht«, sagte der Krämer. Und als er bei ich bedachte, wie wenig der Junge verlangte für all die Arbeit, die er hm aufladen wollte, regte sich seine Habgier, und er sah ihn mit inem scheelen Lächeln an.

»Ich werde alt, da hast du recht, und ich brauche eine Hilfe. Abe wie soll ich wissen, ob ich dir trauen kann?«

»Warum sollte ich Sie betrügen?« sagte der Junge. »Ich hab nichts und brauche nichts, denn mir liegt nicht an Geld und Gu Versuchen Sie es mit mir.«

Der Alte nahm einen großen Besen und warf ihn dem Jungen zu Der Junge fing ihn auf und wirbelte zweimal damit im Kreis herum.

»Du bist ein komischer Vogel«, sagte der Alte. »Aber gut, lasse wir es auf einen Versuch ankommen. Als erstes fegst du den Lade aus, er hat es dringend nötig. Aber wenn du in einer halben Stund nicht damit fertig bist, dann prügele ich dich mit meinem Stock au die Straße hinaus.«

Der Junge verschwand mit dem Besen zwischen den Regalen de Ladens und machte sich an die Arbeit.

Am nächsten Morgen stand der Alte in aller Frühe auf. Er wollt den Jungen heimlich beobachten. Was er sah, nahm ihm fast de Atem: Da saß der Lehrling mitten im Laden, zwischen Stoffer Geschirr und allerlei Handwerkszeug, und spielte mit einer Häufchen Goldmünzen.

»Ha! Jetzt hab ich dich erwischt, du Lump, du Teufelsbraten! schrie der Alte von der Treppe herab. »Du hast mein Geld aufgestö bert!«

Wie der Blitz kam er die Treppe herunter und stürzte sich mi erhobenen Fäusten auf den Lehrling. Aber der Junge verkroch sic wieder hinter einem Regal und sagte: »Ich will dein Gold nich Herr. Nimm es, ich habe es beim Ausfegen unter den Regale gefunden. Es ist deins.«

»Wieso unter den Regalen? Du kannst mich nicht täuschen! Ic werde dir das Lügen austreiben! Bestehlen wolltest du mich, du ...«

»Nein, Herr, ich schwöre es«, sagte der Lehrling. »Geh und zähl dein Geld. Du wirst sehen, daß ich die Wahrheit sage.«

Der Alte tat es. Er holte sein Geld hinter dem Ziegelstein hervo und sah, daß keine Münze fehlte. Sprachlos vor Staunen sammelte e die Münzen auf, die der Lehrling, wie er behauptete, beim Fege unter den Regalen gefunden hatte. Er konnte sich den Vorfall nich erklären.

Den ganzen Tag über behielt er den Jungen scharf im Auge, abe es war nichts Verdächtiges an ihm, außer daß er beim Gehen son derbar hüpfte und so laut und hell lachte, daß es klang, wie wenn de Wind durch die Türritzen pfiff.

Viele der Kunden kamen mit traurigen Gesichtern in den Laden Sie baten den alten Ezequiel um Gnade, weil sie ihre Schulden nich ezahlen konnten. Aber der Alte kannte kein Mitleid. Wenn sie das ·eld nicht aufbringen konnten, nahm er ihre Läden, ihre Felder, ıre Tiere oder ihre Möbel in Zahlung. Und jedesmal rieb er sich die Iände und schnalzte mit der Zunge vor Vergnügen. Die Leute ingen verzweifelt davon, aber der alte Ezequiel hatte kein Erbar- ıen mit ihnen. Das alles beobachtete der Junge verstohlen.

Als es Mittag wurde, öffnete der Alte mit einem seiner Schlüssel as große Vorhängeschloß an dem Schrank, in dem er seine Lebens- ıittel aufbewahrte, und bereitete sich ein üppiges Mahl zu. Er war ämlich ein Schlemmer und auf sein eigenes Wohl ebensosehr be- acht, wie er anderen gegenüber kleinlich und hartherzig war.

Er dachte bei sich, gleich würde der Lehrling kommen und ihn um twas zu essen bitten, und sei es auch nur ein Stückchen Brot, und er ollte ihm antworten: »Nicht ein Krümelchen! Nach unserer Ab- ıachung steht dir nur ein Schlafplatz unter der Treppe zu, nichts eiter. Wenn es dir nicht gefällt, geh nur. Ich habe dich nicht erufen.«

Aber der Lehrling kam nicht herauf und bat um nichts. Erstaunt eckte der Alte den Tisch ab und stellte das Geschirr zusammen. Da örte er Schritte auf der Treppe, und gleich darauf kam der Lehrling ıs Zimmer und nahm ihm die Arbeit ab. Er trug das Geschirr inaus, spülte es und stellte es sorgfältig in den Schrank. Dann ıachte er eine Verbeugung und fragte: »Was soll ich nun tun?«

»Du kannst jetzt die Kunden bedienen«, sagte Ezequiel. »Aber ehe dir, wenn du irgendwelche krummen Sachen machst!«

Der erste Tag ging zu Ende, und als es Zeit war, den Laden zu chließen, sagte der Lehrling: »Kann ich jetzt den Nachbarn meine rbeit anbieten?«

»Geh nur«, sagte der Alte. Er war sehr zufrieden mit dem Jungen nd erstaunt über seine Klugheit und sein ordentliches Betragen. Da atte er einen guten Fang gemacht, zu dem er sich beglückwünschen onnte. Aber um nicht aus der Übung zu kommen, sagte er barsch: Punkt zwölf bist du zurück, wenn du nicht willst, daß ich dich auf ie Straße werfe!«

Er war froh, daß der Lehrling fortging, denn um diese Stunde flegte er seine Goldmünzen zu zählen und seine Abrechnungen zu ıachen, und dabei war er lieber allein.

Der Lehrling nahm den Besen über die Schulter und machte sich uf den Weg. Die Dorfstraße lag still und verlassen da. Ganz am Ende schimmerte ein schwaches Licht. Eine fröhliche Melodie feifend, ging er die Straße entlang, und die Melodie klang so selt- am, daß die Leute die Fenster öffneten und hinaussahen. Es kam fast nie mehr vor, daß jemand auf der Straße pfiff, denn alle quälte sich mit ihren Sorgen.

Als der Lehrling an der Fleischerei vorbeikam, tat sich über ih ein Fenster auf. Ein Junge mit blondem Haar, der älteste Sohn de Fleischers, sah zu ihm hinunter und fragte: »Wer bist du?«

»Ich bin der Lehrling vom alten Ezequiel. Frag deinen Vater, o ich ihm den Laden ausfegen soll. Ich verlange nicht viel dafür.«

»Was verlangst du?«

»Oh, nur ein kleines Stückchen Fleisch.«

Der Junge verschwand. Gleich darauf erschien er in der Ladentü Er strahlte, weil ihm die Melodie, die der Lehrling pfiff, so gut gefie

»Komm herein«, sagte er. »Mein Vater ist einverstanden. Er sag daß wir keinen Bissen zuviel haben, aber du tust ihm leid, weil de alte Ezequiel dein Lehrherr ist.«

Der Lehrling betrat den Laden, der dunkel und leer war, un machte sich an die Arbeit. Und während er fegte, hüpfte und tanz er so lustig herum, daß der Sohn des Fleischers seine kleinere Geschwister rief; sie kamen alle im Nachthemd die Treppe herunte und setzten sich auf die untersten Stufen und sahen dem Lehrling zu

Auf einmal gewahrten sie, daß das, was der Lehrling aus de Ecken und Winkeln fegte, sonderbar glänzte zwischen dem Beser stroh. Er kehrte es zu einem kleinen Häufchen zusammen und sagte »Ruft euren Vater. Sagt ihm, daß ich etwas gefunden habe.«

Die Kinder taten es. Der Fleischer saß am Eßzimmertisch übe seinem Rechnungsbuch und kam unwillig in den Laden: »Was zur Teufel willst du?« fuhr er den Lehrling an. »Man stört andere Leut nicht nach Feierabend! Ich habe schon genug getan, daß ich dir dies Arbeit aufgetragen habe. Ich hatte Mitleid mit dir, weil ich mi denken kann, daß du bei dem Alten vom Kramladen mehr Hunge leidest als eine Kirchenmaus.«

»Oh, Meister, entschuldigen Sie vielmals«, sagte der Lehrling un machte eine tiefe Verbeugung. »Ich wollte Ihnen nur sagen, daß ic das hier in Ihrem Laden gefunden habe.«

Er zeigte auf das glänzende Häufchen. Der Fleischer bückte sic und sah es sich an. Dann rief er mit lauter Stimme: »Gold! Das ist j Gold! Kommt alle her, wir haben Gold gefunden!«

Die Frau kam mit gelöstem Haar angelaufen, und die Kinde faßten sich an den Händen und hüpften im Kreis herum. Den Elter liefen Freudentränen über die Wangen, und sie sagten: »Nimm d die Hälfte, denn du hast es gefunden.«

»Nein«, antwortete der Lehrling. »Ich möchte nur ein Stückche Fleisch.«

Die Frau band sich die Schürze um und kochte ihm ein so köstli-ıes Mahl, daß die Kinder schnupperten und sagten: »Ist denn heute ʼeihnachten, Mutter?«

Der Lehrling mußte sich an den Tisch setzen, und sie brachten ım sein Essen und sahen zufrieden zu, wie er sich's schmecken ließ. achdem er aufgegessen hatte, stand er auf, verabschiedete sich öflich, schwang sich den Besen wieder über die Schulter und ging avon.

Pfeifend wandte er sich dem Haus des Bäckers zu. Als die Bäk-ersfrau ihn hörte, öffnete sie das Fenster und sagte: »Wohin willst u, Junge, mit deinem großen Besen? Hör auf zu pfeifen, mein Iann ist vor lauter Sorgen ganz verzweifelt, und dein Pfeifen tut ım weh.«

»Lassen Sie mich den Bäckerladen ausfegen«, sagte der Lehrling. Sie brauchen mir nur ein Stückchen Brot dafür zu geben. Ich bin er Lehrling vom alten Ezequiel.«

»Ach du liebe Güte!« sagte die Frau und hob die Arme. Und ihre ugen füllten sich mit Tränen. »Komm nur, komm herein, mein ınge, wenn du mit so wenig zufrieden bist. Armer Junge, ich ıöchte nicht in deiner Haut stecken! Komm herein, aber ganz leise, amit du meinen Mann nicht störst.«

Der Bäcker saß traurig in einer Ecke, den Kopf auf beide Hände estützt, denn wenn er am nächsten Tag seine Schulden nicht bezah-en konnte, gehörte seine Bäckerei dem Krämer.

Der Lehrling fegte den Laden aus und kehrte am Ende wieder ein Iäufchen Gold zusammen.

»Sehen Sie nur, was ich gefunden habe, Herr Bäckermeister!«

Der Bäcker und seine Frau brachten vor Überraschung kein Wort ervor. Schließlich hob die Frau die Arme und rief: »Gold! Das ist ja Gold! Wie hast du es gefunden, mein Junge? Wo hat es gelegen?«

»Da, irgendwo«, antwortete der Lehrling.

»Dir gehört die Hälfte«, sagte der Bäcker. Seine Stimme zitterte or Freude, und er umarmte den Jungen. »Du hast mein Geschäft erettet.« »Nein, nein. Ich möchte nur ein Stück Brot haben. So war s abgemacht«, antwortete der Junge und zwinkerte verschmitzt mit en Augen.

Sie gaben ihm einen Brotlaib, der so groß und schwer war, daß er ın kaum tragen konnte. Sie mußten eine Schnur darum binden, so aß er sich das Brot über die Schulter hängen konnte. Als er fortging, ielten die Bäckersleute einander glücklich in den Armen. Sie dank-en ihm und sagten, sie würden ihn immer lieben wie ihren eigenen ohn, wenn sie einen bekommen hätten.

Von der Bäckerei ging der Lehrling zum Obsthändler, dann zu Schreiner, dann zum Schmied, dann zum Töpfer, dann zum Schne der, dann zum Schuster. Alle hatten Schulden bei dem alten Ez quiel, und alle waren verzweifelt, weil sie ihre Schulden nicht bezah len konnten. Ihnen allen fegte der Lehrling den Laden aus, ohn mehr dafür zu verlangen als eine Apfelsine, eine Handvoll Sägemeh drei Nägel, einen irdenen Suppennapf, ein Hemd, ein Paar Schnü bänder für seine Stiefel ... Aber wenn er ihnen dann das Gol übergab, das er in ihren Läden zusammengekehrt hatte, überhäufte sie ihn mit Geschenken und gaben ihm mindestens doppelt sovie wie er verlangt hatte. Punkt Mitternacht kam er zum Kramlade zurück, schwer bepackt, neu gekleidet und mit neuem Schuhwerk so hübsch und sauber, so ordentlich gekämmt, daß er wie eine frisc geschnittene Nelke aussah. Er schleppte einen Schemel aus Oliver holz, einen großen Korb Apfelsinen, einen Krug voll Öl, Kerze und vieles mehr. Der Alte sah in verdutzt an.

»Was bringst du da?« fragte er.

»Das ist der Lohn für meine Arbeit«, sagte der Junge.

Der Alte wunderte sich, daß der Lehrling kein Geld verlang hatte, aber er hütete sich wohl, es zu sagen.

Beide legten sich schlafen. Der Alte in seinem weichen Bett un der Lehrling auf dem Fußboden unter der Treppe, den Kopf auf de Sack mit dem Sägemehl und neben sich seine neuen Habseligkeiter

2

Am nächsten Tag widerfuhr dem alten Ezequiel eine der größte und freudigsten Überraschungen seines Lebens. Ein Kunde nac dem andern kam in seinen Laden. Als erster erschien in aller Früh der Fleischer.

»Guten Morgen, Meister Ezequiel«, sagte er. »Ich komme, u Euch alle meine Schulden zu bezahlen.«

Und damit warf er alles Geld, was er dem Wucherer schuldete, a den Ladentisch. Der Alte war wie vom Donner gerührt, als er di Goldmünzen klirren hörte. Nachdem der Fleischer ihm die Münze hingezählt hatte, starrte der Alte ihn mit weit aufgerissenen Auge an.

»Ja, aber ... wie ist das möglich? Habt Ihr eine Erbschaft ge macht, lieber Freund?«

Der Fleischer kehrte ihm den Rücken und ging mit hocherhobe nem Kopf aus dem Laden. Der Alte lief ihm nach bis an die Tür un sagte unter vielen Verbeugungen: »Nun, Ihr wißt ja, Meister, ich bi immer bereit, Euch zu helfen ...«

»Gott schütze uns vor Eurer Hilfe!« sagte der Fleischer. »Ihr werdet mich nie wiedersehen, niederträchtiger Alter.«

Der Lehrling lachte hell auf, und der Alte drohte ihm mit der Faust.

»Kehr den Laden aus, du Nichtsnutz!« schrie er ihn an.

Der Junge tat es, und bald darauf rief er ihn: »Sieh, Herr, was ich gefunden habe!«

Dem Alten schlug das Herz höher. Wie ein junger Hirsch sprang er über den Ladentisch, ohne an sein Rheuma zu denken. Er sah, wie er erwartet hatte, ein Häufchen Gold vor einem der Regale.

»Wo hast du es gefunden?« fragte er und stöhnte vor Behagen.

»Da!«

Er machte sich über das Gold her, stopfte es sich in die Taschen und stürzte die Treppe hinauf. Er war so verblüfft, daß ihm die Luft wegblieb.

Ein Weilchen später kam der Bäcker.

»Ich komme, um Euch alle meine Schulden zu bezahlen«, sagte er. Wie der Fleischer warf er die Goldmünzen auf den Ladentisch, und noch ehe der erstaunte Ezequiel sich von seinem Schrecken erholt hatte, sagte der Bäcker: »Da habt Ihr alles, was ich Euch schulde! Und nun werdet Ihr mich nie wiedersehen, habgieriger alter Bösewicht!«

Kaum war der Alte die Treppe hinaufgestiegen, um die Goldmünzen zu verstecken, hörte er abermals die Tür klingeln, und der Schreiner kam herein. Dann der Schneider, dann der Maurer, dann der Obsthändler, dann der Schmied, dann der Töpfer ... Kurzum, alle seine Schuldner. Und er mußte so oft treppauf und treppab steigen, daß er zwölfmal seine Pantoffeln verlor und vor Aufregung zitterte wie ein Blatt im Wind.

Als der Tag zu Ende ging, war der Alte so unruhig und gereizt, daß es aussah, als würde er krank.

»Mach mir eine Tasse Lindenblütentee«, sagte er zu dem Lehrling. »Ich lege mich zu Bett.«

Der Lehrling brühte dem Alten eine Tasse Tee und deckte ihn gut zu.

»Gehst du heute abend wieder bei den Nachbarn fegen?« fragte der Alte.

»Nein. Ich hab gestern genug verdient«, sagte der Lehrling. Und er legte sich unter der Treppe schlafen.

Der alte Ezequiel tat fast die ganze Nacht kein Auge zu. Während er schlaflos dalag, sah er immer nur Goldmünzen vor sich, immer mehr, und sein Herz klopfte so heftig in seiner Brust, daß er sich mehrmals im Bett aufsetzen und nach dem Lehrling rufen mußte damit er ihm ein Glas Wasser brachte.

Am nächsten Tag war die Überraschung noch größer. Nachdem der Lehrling gefegt und dem Krämer das übliche Häufchen Gold übergeben hatte, kam den ganzen Tag lang kein einziger Kunde in den Laden. Und am nächsten Tag auch nicht und am übernächsten auch nicht. Der habgierige Alte war verblüfft.

Am überübernächsten Tag gingen seine Lebensmittelvorräte zu Ende. Er steckte sich ein wenig Geld in die Tasche, nahm einen Korb und ging ins Dorf, um einzukaufen. Denn da ihm niemand mehr etwas schuldete, gab ihm auch niemand mehr Waren oder Lebensmittel in Zahlung.

Zuerst ging er zum Fleischer. Als die Kinder ihn kommen sahen riefen sie immer wieder: »Da kommt der böse Mann! Da kommt der böse Mann!«

Die Frau des Fleischers kam aus dem Haus und hob drohend den Besen. Sie verfolgte den Alten durch die ganze Straße und schrie »Nicht um alles Gold der Welt bekommst du auch nur ein Stückchen Fleisch in meinem Laden. Fort, fort mit dir! Sieh zu, wo du deine Sachen kaufst, niederträchtiger Wucherer.«

Erzürnt und erstaunt, daß man ihn trotz seines vielen Goldes nicht mit Respekt behandelte, machte er sich auf den Weg zum Bäcker. Als der Bäcker ihn nur von weitem erblickte, verriegelte er auch schon die Tür der Bäckerei. Und die Bäckersfrau beugte sich aus dem Fenster und rief: »Fort, fort mit dir, Bösewicht! Geh fort von hier! Nicht um alles Gold der Welt bekommst du auch nur ein Gramm von unserem Brot!«

So begab er sich zum Obsthändler, und dort geschah das gleiche Beim Kohlenhändler, beim Milchmann, beim Eierhändler ... Alle schlugen ihm die Tür vor der Nase zu und sagten: »Nicht um alles Gold der Welt verkaufen wir dir etwas, alter Wucherer!«

Er kehrte nach Hause zurück, und er war so verwirrt, daß er nicht wußte, ob er wach war oder träumte.

Er hatte bitteren Hunger. Da sah er den Lehrling: Er saß unter der Treppe und schnitt sich dicke Scheiben von seinem Brot ab, die er mit Genuß verzehrte.

»Gib mir von deinem Brot ab!« befahl der Krämer und drohte ihm mit dem Stock.

Der Junge gab ihm ein Stück, und der Alte verschlang es in Furcht und Zorn.

Von da an wurde alles anders für den Alten vom Kramladen. Die Bewohner des Dorfes versammelten sich auf dem Marktplatz und esprachen untereinander, was mit ihm geschehen sollte. Sie schwo-en, daß keiner mehr den Laden des alten Ezequiel betreten würde. Jnd dank dem Gold, das der Lehrling in ihren Läden gefunden atte, blühten ihre eigenen Geschäfte wieder auf.

Wie einst verkauften sie sich gegenseitig ihre Lebensmittel und Varen, ohne Habgier, und wie früher herrschte wieder Freude im Dorf.

Es wurde Frühling, und die Kinder gingen mit fröhlichem Ge-chrei zum Spielen an den Fluß hinunter. Sie kamen unter dem 'enster des Alten vorbei, der sich in Haß verzehrte. Und sicher wäre r Hungers gestorben, wäre nicht der Lehrling gewesen, der ihm von llem, was die Leute im Dorf ihm aus vollem Herzen schenkten, die Hälfte abgab. Jeden Morgen kamen die Kinder, riefen nach dem ,ehrling und sagten: »Komm, spiel mit uns am Fluß!«

Und unten, am grünen und goldenen Wasser, gaben sie ihm Brot, Vein, Käse und Kuchen. Der Lehrling steckte heimlich die Hälfte on allem in seine Taschen, denn die Kinder sagten immer: »Iß es ier, bei uns, sonst nimmt der böse Alte es dir weg.«

Der Krämer wurde krank, nicht so sehr vor Hunger, als vor Wut nd Schmerz. Tag für Tag brachte der Lehrling ihm ein Häufchen Gold, aber der Alte besaß inzwischen solche Berge von Goldmün-en, daß er keinen Spaß mehr daran hatte, mit den Händen darüber u streichen oder sie zu zählen.

Eines Morgens war er so schwach, daß er nicht mehr aufstehen onnte. Er rief dem Lehrling zu: »Mach mir eine Tasse Lindenblü-entee!«

Da es Lindenblüten draußen in Hülle und Fülle gab und das Vasser von selbst aus der Erde hervorsprudelte, konnte der Lehrling hm den Wunsch schnell erfüllen. Es war ein sonniger Frühlings-morgen, und als er in das Zimmer kam, fand er den Alten so bgemagert und traurig vor, daß er es nicht mehr mit ansehen konnte, und er sagte: »Hast du die Lektion immer noch nicht gelernt, Meister?«

In diesem Augenblick kamen zwei Schwalben angeflogen und egten dem Alten Saatkörner aufs Fensterbrett. Mit zitternden Hän-den nahm er die Körner und schob sie sich in den Mund. Tränen raten ihm in die Augen, und er sagte: »Doch, ich habe begriffen, guter Junge. Man braucht das Geld, so wie die Welt nun einmal eingerichtet ist, aber das Geld ist nur das wert, was man dafür bekommt, und man darf es nicht um seiner selbst willen lieben.«

Und er weinte so sehr, daß sich von seinen Augen die Spinnennet-ze der Selbstsucht lösten, die ihn blind gemacht hatten. Er umarmte

den Lehrling und sagte: »Du bist der einzige, der sich meiner er
barmt hat. Ich bin so schlecht und böse gewesen, daß mir ganz rech
geschehen ist. Ich habe es nicht besser verdient. Aber wer bist du
Wer hat dich zu mir geschickt?«

Der Lehrling antwortete: »Daß ich bei dir bin, verdankst du de
einzigen guten Tat in deinem Leben. Vor langen Jahren bist d
einmal an einer Müllgrube vorbeigekommen, wo ein paar Kinde
einen alten Hampelmann verbrennen wollten, erinnerst du dich? E
war eine Holzpuppe. Die Haare waren von Motten zerfressen, si
hatte keine Augen mehr und nur noch ein Bein. Da hast du gesag
›Warum wollt ihr das Püppchen verbrennen? Gebt es mir, ich kauf
es euch ab.‹ Du gabst ihnen ein paar Münzen und hast den Hampe
mann mitgenommen. Du hast ihm ein neues Bein angeflickt, ihr
neue Augen gegeben und ihn an die Wand gehängt.«

Jetzt erkannte ihn der Alte wieder. Das rote Haar, die übermüt
gen schwarzen Augen, die nichts anderes waren als zwei schwarz
Bernsteinknöpfe.

»Du bist das Püppchen!« sagte er.

In diesem Augenblick flogen die Schwalben zwitschernd davor
Eine Wolke verdeckte die Sonne, und der alte Mann schloß di
Augen. Als er sie wieder aufschlug, hielt er in seinen Händen das alt
Holzpüppchen, und es sah ihn mit seinen schwarzen runden Knopf
augen an. Er war so überrascht, daß er es kaum glauben konnte.

Da hörte er Schritte auf der Treppe, und gleich darauf kamen di
Kinder der Nachbarn zu ihm herein. Das eine brachte ihm Brot, da
andere Öl, ein drittes Milch ... Und alle sagten: »Mein Vater ha
erfahren, daß Sie krank sind, und er verzeiht Ihnen.«

Sie setzten sich zu ihm, gaben ihm zu essen und pflegten ih
Jeden Tag brachten sie ihm Blumen und erzählten ihm Geschichten
Der alte Mann hielt immer die Holzpuppe in seinen Händen, und e
war glücklich und beschloß, ein neues Leben anzufangen.

So geschah es. Als es Sommer wurde, konnte der alte Mann wiede
aufstehen. Die Kinder hatten seinen Laden aufgeräumt, und sie war
teten schon auf ihn, weil sie mit ihm auf die Wiese gehen wollten
Alle Menschen im Dorf hatten ihm verziehen.

Auf der Wiese riß ihm plötzlich das kleinste der Kinder de
Hampelmann aus der Hand und lief mit ihm davon. Der alte Man
fühlte einen großen Schmerz in der Brust und streckte die Händ
nach seinem Püppchen aus. Aber als er sah, wie fröhlich der Klein
damit spielte, mochte er nichts sagen. Der Kleine lief zum Flu
hinunter, und als es Abend wurde, fragte ihn der alte Mann: »Nun
und die Puppe?«

»Verloren«, antwortete der Kleine.

Da überkam den alten Mann eine große Müdigkeit, aber es war eine angenehme, süße Müdigkeit. Er schloß die Augen und sagte: »Ich möchte den Laden nicht mehr haben, ich schenke ihn euch.«

Von da an wetteiferten alle Nachbarn miteinander: Jeder wollte ihn bei sich im Hause haben. Und der alte Mann verteilte nach und nach all sein Geld und wollte für sich selbst nichts übrig behalten. Alle nannten ihn Großvater, und er verbrachte in jedem Haus des Dorfes einen Tag, und überall wurde er gut versorgt und reich beschenkt.

Die Kinder liebten ihn und gingen mit ihm auf die Wiese. Und im Herbst saßen sie mit ihm zusammen am Herdfeuer. Er war glücklich und zufrieden, aber er konnte die Holzpuppe nicht vergessen, und manchmal seufzte er leise, wenn er an sie dachte.

Der Herbst verging, es wurde Winter, dann Frühling, dann Sommer ... Und als es wieder Herbst war, ging der alte Mann eines Tages zum Fluß hinunter und setzte sich ans Ufer. Er betrachtete das Wasser, das in der Sonne glitzerte. Die Blätter der Bäume hatten sich rot und golden gefärbt und glänzten so sehr, daß sie ihn blendeten. Da sah er plötzlich den Lehrling vor sich, und der Junge streckte ihm die Hand entgegen.

»Oh, da bist du ja!« sagte der alte Mann glücklich. Und er ließ sich von ihm einen leuchtenden Pfad entlangführen, auf dem er nie wieder umkehren wollte.

*Aus dem Spanischen von Helmut Frielinghaus*

Tschechoslowakei

LUDVIK AŠKENAZY

# Blaubart und die Elefanten

Ihr habt vielleicht noch nie Zwergelefanten oder Elefantenzwerg gesehen. Wer sie gesehen hat, der kann von Glück reden. Es gibt au der Welt nur ein paar tausend Leute, die sie gesehen haben, und daz gehören ich und Herr Stepan, der die Elefanten gezeichnet hat ferner einige tausend Zirkusbesucher in Paris, in London und i Venedig, und dazu gehört jetzt auch ihr – und noch der Tierbändige Jajinek.

Diesem Jajinek träumte einmal von zwei kleinen blauen Elefan ten. Die waren furchtbar nett, lustig und possierlich, und sie fragte ihn: »Jajinek, möchtest du uns nicht im Zirkus vorführen?«

Der Jajinek erschrak ein bißchen in seinem Traum und sagte »Wie kann ich euch im Zirkus vorführen, wenn ich nur von euc träume?«

»Das macht nichts«, erwiderten die Elefanten, »weil wir ja auc von dir nur träumen. Überleg nicht lange, Jajinek, sag ja oder nein Aber doch lieber ja. Ja, Jajinek?«

Der Jajinek sagte also ja und wachte sofort auf. Da sah er, daß au seinem Nachttisch zwei kleine, winzigkleine Elefanten herumturn ten. Der eine war so blau wie eine Kornblume, der andere so blau wi Tinte. Sie stellten sich auf die Vorderbeine, auf die Hinterbeine sogar auf den Rüssel. Abwechselnd trompeteten sie: »Jajinek!«, seh hübsch und respektvoll. Sie trompeteten ziemlich laut, so daß e auch Jajineks Frau hörte, ins Zimmer kam und die Hände zusam menschlug. Gleich brachte sie jedem ein Stück Würfelzucker, abe denkt bloß nicht, daß sich die Elefanten darauf stürzten. I wo! Jede machte zuerst auf seinem Stück Zucker einen Kopfstand.

»Schade, daß ihr so klein seid«, sagte Jajinek Koliha. »Man wir euch in der Manege gar nicht sehen. Das ist genau wie bei Rehpin schern, die sind im Zirkus auch arm dran. Ach herrje, was soll mar bloß tun!«

»Aber Jajinek«, sprachen die Elefanten, »wozu hast du denn einer so schönen langen Schnurrbart! Auf dem können wir doch eine Nummer aufbauen, und was für eine! Eine ganz phantastische!«

Und der Tintenblaue rief: »Ella-hopp!« und sprang dem Koliha auf die rechte Schnurrbarthälfte. Und der Kornblumenblaue trom petete etwas, was sich wie »Hoppla-hopp« anhörte, und sprang au die linke Schnurrbarthälfte. Da wurde der Bart blau, und von nun an urde Jajinek allgemein Blaubart genannt – vorher war er einfach er Koliha gewesen.

Jetzt gingen die beiden Elefanten auf dem Schnurrbart wie Seilinzerelefanten hin und her – wer sie darauf dressiert hatte, weiß ich icht. Frau Blaubart, die aus einer Artistenfamilie stammte, gab nen noch ein Stück Zucker, das warfen sie sich über Jajineks Nase inweg wie einen Ball zu. Es waren sehr kluge Elefanten, daher onnten sie bis zum Abend einige tolle Kunststücke. Dann gingen lle schlafen, und einer träumte vom anderen.

Am nächsten Morgen wichste Frau Blaubart ihrem Mann den chnurrbart ein, um ihn recht elastisch und widerstandsfähig zu achen, und verbot ihm das Niesen. »Jajinek«, warnte sie, »daß du loß nicht zu niesen anfängst; dann wird dein Schnurrbart schlaff! iesen darfst du nicht.«

Das war nicht schön für Jajinek, der so gern Schnupftabak chnupfte. Doch wer Tierbändiger sein will, muß auf so manches erzichten.

In den Zirkussen der großen Welt hatten die drei riesigen Erfolg. berall raufte man sich um sie. Und was alles geschrieben wurde ber den Blaubart und seine blauen Elefanten, die auf dem chnurrbart turnten! Man nannte sie »Trio Blue Elephant«. Nach eder Vorstellung bekamen die Elefanten ein Lutschbonbon, und laubart wichste seinen Schnurrbart.

Doch es ging nicht lange gut. Die Elefanten waren zwar sehr eschickt, aber alle Geschicklichkeit hat einmal ein Ende – genau wie in Schnurrbart. Die beiden Elefanten langweilten sich auf dem chnurrbart, so wie man sich in der Schule langweilt, wenn immer asselbe wiederholt wird. Und aus Langeweile fingen sie an, zuerst ich und dann auch Blaubart zu ärgern und zu foppen. Aber wie! Sie chnitten Fratzen und Grimassen, sie fingen an, Spottverse zu trometen, die sie auf Blaubart gedichtet hatten. »Blaubart – Schlaubart.«

Da fing der Tintenblaue an zu lachen, daß er fast vom Schnurrbart efallen wäre.

»Blaubart – Flaubart!«

Da konnten sich beide vor Lachen nicht mehr halten. Aber wenn lefanten auf einem Schnurrbart lachen, kitzelt das fürchterlich. Der rme Blaubart war besonders kitzlig, am meisten unter der Nase. Er ußte niesen, und das dröhnte vor dem Zirkus wie Böllerschüsse. em Blaubart wurde der Schnurrbart feucht, die Schnurrbarthaare träubten und spreizten sich wie bei einem Kater. Die Elefanten onnten sich nicht mehr darauf halten, sie fielen vom Schnurrbart in ie Manege.

Es gab einen Skandal. Aber was noch schlimmer war: Der Blau
bart stand in der Mitte und hatte keine Ahnung, daß auf seinen
Schnurrbart keine Elefanten mehr waren. Er lächelte und verbeugt
sich unaufhörlich. Die Elefanten beeilten sich, nach diesem gewalti
gen Mißerfolg in den Sägespänen der Manege zu verschwinden -
weg waren sie! Ein goldbetreßter Zirkusmann kam zu Blaubart un
zischte ihn an: »Blaubart, Sie treten ohne Elefanten auf!? Der Direk
tor läßt Ihnen ausrichten, Sie sollten dorthin gehen, wo der Pfeffe
wächst.«

Blaubart fragte noch: »Wo ist denn das? Wie kommt ma
dorthin?«

Aber dann ging ihm auf, was gemeint war. Er wollte stolz drein
blicken, doch auf einmal war ihm, als könnte er ohne die Elefante
nicht weiterleben. Er brach in Tränen aus, und dadurch verdarb e
sich seinen Schnurrbart vollends. Für immer.

*Aus dem Tschechischen von Alexandra Baumrucke*

## Ivan Klíma
# Wie sich die Leute beneiden

Mein Freund, der Arzt, wohnt am Ende der Stadt, in einer Villa mit Garten und Laube, und in dem Haus wohnt noch ein Kellner. Der Arzt hat eine Frau und zwei Buben, der Kellner hat nur eine Frau, schön und stolz, und die will alles haben, was ihr gefällt, alles, was andere Leute haben. Der Kellner ist ein netter Mensch, von früh bis spät trägt er im Gasthaus das Essen auf, Ende der Woche hat er ganz geschwollene Füße. Zum Glück hat der Kellner ein Auto, einen alten Tatra. Samstags holt er den Tatra aus der Garage, setzt sich hinein, auch seine Frau steigt ein, der Kellner läßt den Motor an, der Motor brüllt auf, und aus dem Auspuff kommt eine Wolke. Der Kellner weiß, die Leute in der Straße stecken den Kopf zum Fenster hinaus und sehen nicht seine geschwollenen Beine, sondern seinen Wagen, wie er durch die Straße jagt, und sie sehen die schöne Frau, die neben ihm sitzt, und der Kellner ist beinahe stolz.

Der Arzt hat kein Auto. Er steht jeden Tag früh auf und fährt mit dem Bus ins Krankenhaus, und abends kommt er mit dem Bus wieder zurück. Und samstags, wenn der Kellner sein Auto startet, kommt die Frau des Arztes ans Fenster und beneidet den Kellner fast ein bißchen um das Auto.

Aber der Doktor will kein Auto. Das Auto macht Krach, es stinkt, und die Kinder werden faul, sie wollen nur noch fahren. Der Doktor kommt von einem Dorf, er liebt Pferde. Und als seine Frau keine Ruhe gibt und auch gefahren werden will, fährt der Doktor eines Tages in sein Dorf und kommt erst am anderen Tag zurück. Da laufen alle Leute ans Fenster, so etwas haben sie hier in der Straße noch nie gesehen. Über die Straße tänzelt ein Pferd, der Doktor sitzt darauf und grüßt freundlich nach allen Seiten.

Das Pferd ist ganz braun, nur die Mähne ist lohfarben, und auf dem rechten Vorderbein hat es einen blassen Fleck. Die Kinder des Arztes freuen sich, aber die Frau schließt sich in ihrem Zimmer ein und weint, weil ihr Mann verrückt geworden ist. Wer hat es je gehört, heute, in der Stadt – ein Pferd! Inzwischen bringt der Doktor das Pferd in die Laube im Garten, bindet es fest und schickt die Kinder los, Gras und Wasser für das Pferd holen.

Am Tag darauf bringt der Doktor einen alten, schäbigen und fast schon auseinandergefallenen Wagen an und fängt an, mit den Buben zusammen aus der Ruine eine Kutsche zu bauen. Das Gerüst und die

Räder sind noch gut, die können sie noch gebrauchen, aber die Seitenwände machen sie ganz neu, aus Latten und aus Kunststoff, und von innen bekleben sie die Wände auch noch mit einer Tapete. Die Sitze sind geschnitzt, die Fenster kann man herunterziehen. Die Kutsche hat eine Laterne und eine große Glocke, und der Doktor malt auf einer Seite einen Mann im Zylinder auf die Wand und auf der anderen Seite eine Postkutsche mit Viergespann. Es dauert fast einen Monat, bis die Kutsche fertig ist. Das Pferd steht inzwischen in der Laube, frißt Heu, Hafer und Zucker, und wenn das Wetter schön ist, führen die Kinder das Pferd in den nahen Park, wo es grasen kann.

Und nach einem Monat, der Doktor hat sich für diese Gelegenheit von seinem Großvater einen altmodischen Hut ausgeborgt, so, wie ihn die Kutscher der Postkutschen trugen, nach einem Monat also ist alles fertig, und sie können anspannen. Die Jungen setzen sich auf die geschnitzten Sitze, die Frau des Doktors sagt aber, sie sei kein Clown oder so, und bleibt zu Hause. Und die Leute stehen an den Fenstern und winken dem Doktor, und der Doktor lächelt. Dann gibt er seinen Jungen die Zügel und die Peitsche, und so fahren sie durch die Stadt und weiter hinaus in die Felder, und das Pferd geht langsam und schön über die Landstraße, während die Autos vorbeizischen, so schnell, daß die Leute gar nicht mehr wissen, wo sie gerade sind. Sie sehen die Landschaft nicht und riechen die Wiesen nicht, an denen sie vorbeikommen, sie hören nur noch das Brummen des Motors.

Abends kommt der Arzt mit den Buben zurück, sie spannen das Pferd aus und sind glücklich. Seither machen sie jeden Samstag einen Ausflug mit der Kutsche und dem Pferd. Einige Leute sagen: Unser Doktor ist verrückt. Den anderen gefällt das Pferd, sie denken daran, wie es war, als sie selbst noch klein waren und noch viele Pferde auf den Straßen waren, mit den Hufen klapperten und es nach Pferdeäpfeln roch.

Am meisten gefällt die Kutsche mit dem Pferd der Frau des Kellners. Sie beobachtet, wie der Arzt anspannt, wie er dann aus dem Tor herausfährt. Es ist etwas Erhabenes dabei, etwas Vornehmes, genauso sind früher einmal die Könige und Fürstinnen gefahren. Und obendrein hat heute niemand ein Pferd, während Hinz und Kunz mit einem Auto herumfährt. »Kaufen wir uns doch auch ein Pferd«, bat sie einmal abends ihren Mann.

»Bist du verrückt geworden?« Der Kellner ärgert sich. »Wo soll ich ein Pferd hernehmen, und wohin damit? Außerdem, was sollen wir mit einem Pferd? Damit kommst du doch nirgends hin!«

»Und wofür brauchen *die* ein Pferd?« fragt die Frau des Kellners. Aber der Kellner schweigt. Er ist müde, freut sich schon jetzt darauf, am Samstag wieder hinauszufahren, sich ins Gras zu legen und auszuruhen.

Die Frau des Kellners geht also schlafen, denkt aber unablässig an das Pferd des Arztes. Sie möchte ein Pferd haben, aber wenn sie keines hat, warum soll *er* dann eins haben? Und sie fängt an, das Pferd zu hassen. Sie stellt sich vor, daß das Pferd sich ein Bein bricht, daß jemand es stiehlt, daß der Doktor die bemalte Kutsche verkaufen muß, dann wird er sich nicht mehr auf dem Kutschbock aufplustern, der mit seinem altmodischen Hut und mit der Peitsche.

Die Frau schläft fast die ganze Nacht nicht. Sie haßt das Pferd, sie sagt sich: Es stinkt ganz widerlich und verdirbt uns mit seinen Hufen das Pflaster und wiehert die ganze Nacht, daß wir nicht schlafen können. Gegen Morgen beschließt sie, das Pferd könne nicht hierbleiben. Sie zieht ein besseres Kleid an, besteigt den Bus und fährt etwa eine Stunde. Als sie ausgestiegen ist, geht sie noch etwa eine halbe Stunde, bis sie zu einem kleinen, alleinstehenden Häuschen kommt, und darin wohnt eine alte Frau. Man sagt von ihr, daß sie Krankheiten heilen kann, die nicht einmal ein Arzt zu heilen vermag, daß sie die Zukunft voraussagen kann, daß sie aus der Hand, aus den Karten und aus einer Glaskugel jedem das sagen kann, was auf ihn wartet, und daß sie in allen Schwierigkeiten Rat weiß.

Das Haus ist alt und niedrig, es stinkt nach Gewürzen und Wachs, überall hängen Bilder von Heiligen und Engeln und Bündel von trockenen Pflanzen und Blüten; auf dem großen Ofen ruhen sich Katzen aus.

»Was möchten Sie für einen Rat?« fragt die alte Frau, und die Frau des Kellners erzählt ihr von dem Pferd, das sie loswerden will.

Die alte Frau staunt: »Früher«, sagt sie, »haben sich die Leute um ein Pferd beneidet, aber heute? Schon lange hat keiner mehr ein Pferd verhext haben wollen, heute gibt es doch kaum noch Pferde!«

»Eben«, sagt die Frau des Kellners, »warum also haben ausgerechnet *die* eins?«

Die alte Frau holt ein altes, abgegriffenes Buch aus dem Bett und blättert und sucht, endlich findet sie es. »Wenn Sie bei Vollmond dem Pferd die langen Hufhaare abschneiden und sie dann verbrennen, wird das Pferd schwach und geht bis zum nächsten Vollmond ein.« Dann erklärt sie der Kellnersfrau genau, wo die langen Hufhaare beim Pferd wachsen, nimmt von ihr das Geld für den Rat, und die

Frau des Kellners fährt wieder nach Hause. Und wartet auf de Vollmond.

In der Nacht, in der es endlich soweit ist, ist es schon ziemlic kühl, beinahe schon Frost. Inzwischen ist es Herbst geworden, di Frau des Kellners zieht sich einen warmen Mantel an und schleich zu der Laube. Da steht das Pferd und rührt sich nicht und schaut si nur an. Die Frau des Kellners fürchtet sich, ein bißchen schämt si sich auch. Aber dann bückt sie sich und schneidet schnell die Haar ab, dort, wo sie den weißen Fleck auf dem Pferdebein sieht. Dabe spürt sie den heißen Atem im Nacken. Dann läuft sie schnell nac Hause, verbrennt die Haare im Ofen und wartet jetzt nur noc darauf, daß das Pferd krank wird.

Doch das Pferd ist gesund, jeden Samstag fährt es mit der Kutsche jeden Samstag sieht die Frau des Kellners den Arzt und seine Fra und seine Söhne, wie sie langsam hinausfahren. Weiß Gott, wohi sie jetzt fahren, bei dieser Kälte, denkt die Frau des Kellners nei disch. Als ein Monat vorbei ist und dem Pferd nichts geschieht, geh sie in eine Drogerie und verlangt Gift. Aber der Verkäufer sieht ihr bösen Augen, die wie im Fieber glänzen, er sieht, wie die Hände de Frau zittern, und fängt an, sie auszufragen, wofür sie denn das Gif brauche. Die Frau erschrickt und läuft aus dem Laden. Jetzt hat si Angst, in einen anderen Laden zu gehen, sie meint, der Verkäufe könnte erraten haben, was sie tun wollte, und sie beschließt, da Pferd nicht zu töten. Sie will es nur losbinden und in der Nach irgendwo hinführen, weit weg in den Wald, wo sich das Pfer verläuft, entweder umkommt oder von jemand anders gefunde wird, der das Pferd dann behält. Hauptsache, sie muß das Pferd nich ständig sehen.

Und in der nächsten Nacht schleicht die Frau des Kellners wiede in den Garten und bindet leise das Pferd los. In der Tasche hat si eine lange Schnur und auch Zucker. Den gibt sie dem Pferd, damit e ihr leise und willig folgt. Und tatsächlich, das Pferd läßt sich di Schnur um den Hals binden und geht, geht ihr nach, denn es is gewöhnt, den Menschen nachzugehen, und erwartet nichts Böse von ihnen.

Und so kommen sie beide durch das Tor und gehen langsan durch die Straße. Es ist so kalt, daß die Äste der Bäume bereift sind Der Himmel ist klar und kalt. Die Frau des Kellners nimmt den We aus der Stadt hinaus, geht eine Stunde lang und noch eine Stunde, si ist schon müde, und die Kälte durchdringt sie. Aber sie weiß, daß si das Pferd weit wegbringen muß, damit es nicht wieder zurückkommen kann. Nach drei Stunden kommt sie zu einem großen, tiefe

Wald, wo sie manchmal mit dem Auto hinkamen. Sie hat vor, das Pferd irgendwo an einen Baum zu binden und dann nach Hause zurückzugehen. Allein. Und sie freut sich schon bei der Vorstellung, was der Doktor tun wird, wenn er morgen in die Laube kommt und sie leer findet. Bei diesem Gedanken merkt sie gar nicht, daß die Sterne vom Himmel verschwunden sind, daß sich langsam Nebel senkt, kalter, undurchdringlicher Nebel. Sie geht durch den bereiften Wald, die weißen Bäume sind auch bei Nacht schön und still. Aber die Frau des Kellners hat jetzt keine Zeit, die Bäume zu beobachten. Ein bißchen hat sie Angst, aber sie denkt vor allem daran, eine möglichst verlassene Stelle zu finden, um das Pferd dort zurückzulassen.

Und endlich kommt sie auf eine kleine Wiese, sie liegt irgendwo in der Mitte des Waldes, das weiß die Frau. Und jetzt merkt sie erst, daß auf der ganzen Wiese der Nebel so dicht ist, daß man nicht erkennen kann, ob auf der anderen Seite auch noch Wald ist oder schon Felder. Da erschrickt die Frau, denn die Stelle kommt ihr auf einmal fremd und unbekannt vor, und sie glaubt, vielleicht an einer ganz anderen Stelle zu stehen, als sie dachte. Und auf einmal fällt ihr ein, daß nicht nur das Pferd, sondern auch sie den Weg von hier nicht zurückfinden wird. Und in diesem Augenblick packt sie das Grauen, sie spürt den Frost und die Kälte des Waldes, sie vergißt das Pferd und läuft zurück. Das Pferd steht eine Weile still, am Rande der Wiese, aber das Pferd weiß nicht, was es allein in der Nacht im Wald anfangen soll, also folgt es langsam der Frau des Kellners, immer ein paar Schritte hinter ihr. Und die Frau läuft, verirrt sich, biegt links und rechts ab, ist schon halb wahnsinnig vor Angst, erschrickt bei jedem Laut, bei jedem Knacken der Äste, beim Schrei der aufwachenden Vögel. Sie setzt sich in das gefrorene Moos unter einen Baum und zittert vor Kälte und Angst. Und denkt daran, daß sie nie wieder aus dem Wald herausfinden, nie wieder ihren Mann sehen wird. Da bemerkt sie, daß sie nicht allein ist, daß jemand über ihr steht. Sie schaut hoch und sieht, das Pferd steht neben ihr, hält den Kopf gesenkt, atmet laut, ist warm und ruhig. Die Frau begreift, daß das Pferd sich nicht fürchtet. Das Pferd weiß, daß es im Wald nicht umkommen wird, vielleicht findet das Pferd auch den Weg aus dem Wald wieder hinaus.

Und die Frau des Kellners steht auf, nimmt wieder die Schnur, die das Pferd um den Hals hat, aber sie führt jetzt nicht mehr das Pferd. Das Pferd geht langsam über die festgefrorenen Wege, und sie geht hinter ihm her, bis das Pferd wieder seine eigene Spur findet, auf ihr zurückgeht, wie alle seine Vorfahren, denn alle Reisen, die die

Menschen jahrhundertelang gemacht hatten, waren immer z Pferde, und während der ganzen Zeit waren sie immer beisamme das Pferd und der Mensch. Erst jetzt haben die Menschen die Pferd vergessen, wie sie alles vergessen, was sie nicht brauchen. Aber da kann das Pferd nicht wissen, es kann auch nicht wissen, daß die Fra des Kellners es haßt. Es geht einfach weiter auf dem Waldweg, un die Frau weiß überhaupt nichts mehr. Sie hat alles vergessen, de Weg, die Zeit, sie weiß nicht, wie lange sie gehen und wohin si gehen. Die Bäume verschwinden vor ihren Augen, sie sieht nicht mehr als einen dunklen Umriß vor sich. Und jetzt sind sie schon au dem Wald und gehen über die neblige Wiese und weiter, bis sie zu Straße kommen, die um diese Zeit vollkommen verlassen ist.

Aber dann geht es auf den Morgen zu, sie treffen den Milchwage und als sie in ihrer Straße ankommen, geht das Pferd ganz von selb in den Garten und in die Laube, während die Frau des Kellners leis die Tür ihrer Wohnung aufschließt und sich in ihr Bett stiehlt, in Bett fällt, vollkommen erschöpft von dem Ausflug und von de Angst, die sie im Wald hatte, und sofort einschläft.

Eine Weile später steht schon der Arzt auf. Bevor er zur Arbe geht, schaut er in den Garten, in die Laube, und sieht, daß das Pfer noch schläft, im Stehen, wie das Pferde so tun, obwohl es sonst u diese Zeit schon längst wach ist.

Was ist denn das, du Schlafmütze, denkt der Arzt. Aber er läßt da Pferd schlafen und geht zur Arbeit.

*Aus dem Tschechischen von Vera Cerny und Peter Urba*

## Alexander Kliment
# Die Nadel im Heuhaufen

Die ganzen Ferien über stehe ich am Bahndamm. Die Züge fahren hier nach Prag und kommen wieder zurück nach Grätz. Oder nach Grätz und wieder zurück nach Prag. Es kommt darauf an, in welche Richtung ich schaue. Ich winke. Ab und zu winkt mir jemand aus dem Zug zurück. Dem Lokomotivführer salutiere ich. Sonderbar. Manchmal salutiert der Lokomotivführer auch mir, aber andere beachten mich gar nicht. Dafür kommt es manchmal vor, daß mir ein Lokomotivführer zuhupt.

Und die Ferien gehen schon wieder zu Ende. Die Schule fängt wieder an. Vater ist gekommen. In ein paar Tagen bringt er mich mit dem Auto nach Prag.

Heute ist es sehr heiß, ein richtig heißer Tag. Ich habe mein Rad genommen und will schwimmen fahren. Am Bahndamm warte ich noch den Nachmittagsschnellzug nach Prag ab. Tatsache, in den letzten Tagen schaue ich nur noch in Richtung Prag. Die letzten Tage Ferien. Wie oft werde ich noch winken und wie oft noch salutieren?

Das Rad hatte ich gegen einen Pflaumenbaum gelehnt und mich daneben gesetzt. Dann hatte ich mich unter dem Pflaumenbaum ausgestreckt und war eingeschlafen, denn an dem Baum bewegte sich kein Blatt. Als ich aufwachte, stand auf dem Gleis vor mir der Schnellzug. Warum, weiß ich nicht. Hier, auf der freien Strecke, hat der Schnellzug noch nie gehalten. Manchmal bleibt er vor dem Signal am Bahnhof stehen, aber das ist von hier noch ein ganzes Stück.

Ich war noch ziemlich verschlafen, sprang auf und salutierte. Ich merke es genau, wenn ich rot werde. In dem Augenblick wurde ich schrecklich rot. Vor mir der Zug, und ich schlafe und springe auf wie ein Hampelmann und fange an zu salutieren! An den Fenstern standen die Leute und schauten mich an. Und so tat ich schnell, als ob ich mich mit der Hand, mit der ich salutiert hatte, am Kopf kratzen würde. Es war mir so ähnlich zumute, wie wenn ich mich verlaufe und vergesse, rechtzeitig nach Hause zu gehen, und es ist schon sehr spät, und ich stehe vor der Haustür und schelle, und es wird mir übel im Magen, weil ich den vorwurfsvollen Blick von Mama nicht ertragen kann.

Dann hupte der Schnellzug, aber nicht für mich. Langsam fuhr er an. Im Fenster eines Waggons erschien ein Mädchen mit einer Brille.

Das Mädchen mit der Brille hielt einen Bär in den Armen. Der Bä hatte eine Brille aus weißem Draht auf der Nase. Das Mädchen hatt eine Brille mit schwarzem Gestell auf der Nase. Und der Bär fiel zun Fenster hinaus. Das Mädchen beugte sich hinaus und fiel beinah auch, aber gleich darauf bekam es eine Ohrfeige und verschwan vom Fenster. Den Bär konnte das Mädchen nicht festhalten, nu noch die weiße Brille bekam sie zu fassen.

»Er wird überfahren! Hilfe!« rief das Mädchen und drehte di weiße Brille in den Händen.

Die Leute beugten sich aus den Fenstern. Der Bär lag auf de Schwelle, dicht neben den Rädern. Und die Räder fingen schon a sich zu drehen. »Schau mal, da ist ein Bär zum Fenster hinausge sprungen!« sagte jemand vom Zugfenster aus.

Ich lief den Bahndamm hinunter, packte den Bär und versuchte den Waggon einzuholen, aber der Zug fuhr schon sehr schnell. Als ging ich wieder zurück, hinauf auf den Weg, und steckte den Bär i die Tasche zu der Badehose. Dann fuhr ich mit dem Rad hinter den Schnellzug her.

Ein Rad kann keinen Schnellzug überholen, das ist klar, auc wenn es noch so saust. Aber vielleicht mußte der Zug vor dem Signa am Bahnhof halten, und auf dem Bahnhof hält er bestimmt, und de Bahnhof war gar nicht so weit. Kann sein, daß ich den Zug noc erwische, und wenn nicht, das Mädchen und der große Herr mit de Brille, der der Kleinen eine Ohrfeige gab, werden sicher aussteigen wenn sie in Chlumec angekommen sind. Sie sahen mich und winkte mir zu. Die werden doch nicht einfach ihren Bär im Stich lassen. Ich wenn mir so etwas passiert wäre, wäre bestimmt in Chlumec ausge stiegen, aber natürlich wäre mir der Bär nicht zum Fenster hinausge fallen. Aber auch wenn es mir passiert wäre und ich wäre da Mädchen gewesen, ich hätte jedenfalls schon auf dem Bahnstei gestanden und hätte Ausschau gehalten. Ich hätte Ausschau gehalte nach mir, wie ich da angesaust komme. Leute und Bären, ist das ei heißer Tag! So eine Hitze!

Ich fuhr am Gleis entlang, vorbei an der Werkstatt, direkt zun Bahnsteig. Die Lenkstange hielt ich nur mit einer Hand.

»Wo fährst du hin, du dummer Bengel!« rief mir der Weichenstel ler nach.

Soll er schreien. Ich kann auch freihändig, aber jetzt hielt ich mi der einen Hand das Rad, mit der anderen den Bär.

Aber niemand hielt nach mir Ausschau. Niemand wartete au mich. Niemand war ausgestiegen, nur ein paar Männer mit flacher Mützen. Und die Gleise liefen in der Ferne zusammen, und über de leisen bebte die Luft in der Hitze, und ganz weit verschwand der hnellzug wie ein dunkler Punkt.

Also ging ich baden, und als ich heimkam, sagte ich: »Ich werde s Mädchen mit der Brille in Prag finden und werde ihm den Bär ierlich zurückgeben.«

Da lachte mein Vater: »Das ist, als ob du eine Nadel in einem euhaufen finden wolltest. Prag hat mehr als eine Million Einohner.«

»Und warum sollte ich nicht eine Nadel in einem Heuhaufen nden?« sagte ich.

»Weil das unmöglich ist«, sagte Vater.

Ich zog eine Nadel aus Großmutters Nähkorb und sagte: »Diese adel finde ich in einem Heuhaufen!« und lief in den Garten. Bis zur hulter steckte ich den Arm in einen Heuhaufen und ließ, irgendwo rt drinnen, die Nadel los. Wie warm es dort drinnen war! raußen war es schon abendlich kühl. Ich schichtete den Heuhaufen ieder ordentlich zusammen und sagte: »Bitte! Soll sich die Nadel in m Heuhaufen bis morgen häuslich einrichten. Morgen werde ich e finden.«

»Bist du noch zu retten?« lachte mein Vater, und Großmutter, die ch aus dem Fenster sah, sagte: »Das ist wohl noch nie vorgekomen, daß jemand eine Nadel in einem Heuhaufen gefunden hat.«

»Hat sie schon jemand gesucht?« fragte ich.

»Weiß Gott«, sagte Großmutter. »Viel eher wird die Nadel der uh im Herbst in der Zunge stecken bleiben. Und daran bis du dann huld!«

Am nächsten Morgen machten wir den letzten Ferienausflug. Es b Krach, oder auch Skandal, wie Mutter sagt. Ich wollte nicht mit d blieb mit Großmutter zu Hause. Als die Eltern weg waren, fing h an zu suchen. Der Heuhaufen war doch nicht so groß. Nur ein ßchen größer als ich, und ich hatte mich erst kürzlich gemessen. ber die Ferien war ich etwas gewachsen. Einen Meter und zweidfünfzig Zentimeter. Der berühmteste böhmische König und mische Kaiser, Karl IV., soll nur einen Meter und fünfzig Zentieter groß gewesen sein und hatte nacheinander vier Frauen. Eine lanka, eine Anna und noch eine Anna und dann noch eine Elisaeth.

Ich hatte es mir so gedacht: Ich nehme eine Handvoll Heu. Und as trockene Gras in der Hand suche ich dann Halm für Halm urch. Das durchgesehene Heu lege ich dann ein Stück weiter ieder hin. Und so habe ich es auch gemacht. Auf der einen Seite lag n Haufen Heu, ein bißchen größer als ich, auf der anderen Seite ein

zweiter Haufen Heu, den ich gerade hingelegt hatte. Nur eine Han
voll. Ein bißchen Gras, aber gut durchsucht.

»Wie der dumme Hans«, sagte Großmutter. »Der hat auch d
Meer mit einem Löffel umgefüllt.«

Ich merkte, wie ich rot wurde. Ich fühlte mich ganz hoffnungslo
Eine kleine Handvoll Heu lag genauso hoffnungslos neben de
ganzen Heuhaufen. Es war kein Häuflein. Es war ein riesiger Ha
fen. Ein Hügel. Ein Berg. Und was sollte ich nun tun, wo do
Großmutter immer recht hat und wo sie noch obendrein so schrec
lich groß und dick ist.

»Eher könntest du mich heben, als die Nadel finden«, sagte Gro
mutter. »Laß das und mach etwas Ordentliches. Feg den Hof!«

»Mach ich gern, sobald ich die Nadel gefunden habe«, sagte ic

»Dann werde ich den Hof doch lieber selbst fegen«, sagte Gro
mutter. Ich stand vor dem Heuhaufen. Irgendwo darin lag d
Nadel. Oder stand sie darin? Ich hörte den Besen über die Eingang
treppe rascheln. Ach. Nicht einmal Großmutter glaubt, daß ich
schaffen werde. Soll ich überhaupt anfangen? Was sagst du, Bär? I
brachte mir einen Gehilfen mit in den Garten. Und der Bär saß un
schaute zu, wie ich den Heuhaufen Halm für Halm auf die ande
Seite trug. Was sollte ich auch sonst tun, wo ich es schon einm
gesagt hatte und die Nadel nun im Heuhaufen war?

Zuerst zählte ich die Halme, Stengel und Blätter, die trockene
verkrümmten Fädchen, nach Zehnern und Hundertern, damit d
Arbeit interessanter wurde. Aber bis zu Tausend kam ich nich
irgendwo bei siebenhundertsechzig, siebenhunderteinundsechzi
siebenhundertzweiundsechzig, da habe ich mich verzählt. Ich fin
also lieber an, die Händevoll zu zählen. Dann hörte ich auch dam
auf und ging nur noch hin und her. Gegen Mittag war der durch
suchte Haufen schon größer als der nicht durchsuchte Haufen. Ic
hatte es falsch gemacht! Ich hätte in die Nadel einen roten Fade
einfädeln sollen. Aber sie hatten gesagt: Eine Nadel im Heuhaufe
Nicht: Im Heuhaufen eine Nadel mit rotem Faden. Und warum tu
ich das eigentlich? Und für wen? Zwingt mich jemand dazu? Ic
legte mich auf den durchsuchten Heuhaufen und sah in den Himme
Die Wolken zogen dahin. Und die Schwalben. Ein Flugzeug. Ei
anderes Flugzeug. Und was zog dort sonst noch dahin, was nicht z
sehen war? Der Große Bär und der Kleine Bär und die Milchstraß
Was macht ihr, und wie geht es euch denn, ihr Leute in Australien, i
Japan und im Pazifik?

Das Heu knisterte leise. Finden wirst du nichts! Laß das! Laß da
Und das Schlimmste war, daß mir die Sucherei keinen Spaß meh

achte. Es war wieder so heiß, eine schreckliche Hitze, und ich wäre n liebsten schwimmen gegangen. Aber ich wußte jetzt schon, das chwimmen würde mir auch keinen Spaß machen. Warum? Wegen er Nadel im Heuhaufen. Wie herrlich hätte man im Heuhaufen eine okomotive suchen können, oder wenigstens einen Hammer.

Und wieder trug ich das Heu von einem Haufen auf den anderen, nd der eine Haufen wurde immer kleiner und der andere immer rößer, ich merkte es kaum noch. Und beinahe hätte ich auch die Nadel nicht bemerkt. Auf einmal lag sie auf meiner Hand zwischen en trockenen Blättern. Ich steckte sie dem Bären in den Pelz. Da, da ehst du, Kamerad, was wir geschafft haben! Ich litt schrecklich an Größenwahn. Wir schaffen einfach alles.

Aber als wir dann am Tag darauf nach Prag zurückkehrten und die chon hellerleuchtete Stadt vor uns auftauchte, Tausende von Lichern, vielleicht eine Million Lichter, da wurde mir bang. Wie soll ich ine ganze Stadt durchsuchen?

Der Teddybär wurde gut Freund mit meinen Bären, aber ganz estimmt hatte er Heimweh. So viele Menschen in Prag, so viele Häuser, so viele Straßen, so viele Schulen, so viele Autos, so viele oller, so viel, so viel von allem. Wo gehörst du hin, Bär?

Dann fiel mir ein, eine Anzeige in die Zeitung zu setzen: *»Ein Bär nit Brille sucht seine Inhaberin mit Brille«.*

Man sagte mir, nur erwachsene Personen könnten Anzeigen aufeben. Alle Erwachsenen sagten mir, das sei Blödsinn und schade ms Geld. Zum Glück kam bald darauf Großmutter und gab die Anzeige für mich auf, und sie hat sie auch bezahlt. Dann machte nich stutzig, daß wir drei Antworten bekamen. Ich hatte doch nur inen Bär.

*Auf Ihre Anzeige teile ich mit: Bringen Sie den Bär angekettet in len Zoologischen Garten. Direktion Zoo – Prag.*

Klar, jemand machte sich mit mir einen Spaß.

*Ich treffe Sie vor dem Café Moldau. Brille trage ich zwar keine, vie das beiliegende Foto zeigt, aber ich denke doch, das ist keine Bedingung. Den Bär halten Sie bitte auf dem rechten Arm, damit ich ie erkennen kann. Ich bin Beamtin, ledig, 25 Jahre, 175 cm, aber hre Größe ist nicht entscheidend. Gemeinsames Ziel: Liebe zur Natur und zu Tieren.*

Unklar. Jemand sucht jemanden, aber keinen Bär.

*Sehr geehrte Herren! Ich habe keinen Bär verloren, bin aber ereit, mich um ihn zu kümmern, damit er nicht verlassen ist. Ich bin ereit, mit meiner Mutter zu kommen und den Bär abzuholen.*

Lieb! Aber es paßt nicht. Um den Bär kümmerte ich mich selbst.

Und ein anderer Brief oder eine andere Anfrage kamen nicht meh
Und schon fing es an zu schneien. Ich hatte Sorgen. Wie, wenn da
Mädchen mit der Brille überhaupt nicht in Prag wohnte? Vielleich
war sie in Prag nur umgestiegen, zum Beispiel auf einen internatio
nalen Schnellzug oder in ein Flugzeug. Aber ich hoffte noch imme
In einem Spielwarengeschäft hatte ich festgestellt, daß der Bär ei
einheimisches Erzeugnis war. Und dann verlor ich die Hoffnun
wieder. Wie, wenn sie eine Fremde war und den Bär nur zur
Andenken gekauft hatte? Wenn ich wenigstens gewußt hätte, ob si
aus Prag war.

Ich fuhr kreuz und quer durch die Stadt. Ich habe eine Netzkart
und das ist ein großer Vorteil. Ich stellte fest, daß in Prag eine Meng
Erwachsener, aber nur wenige Mädchen eine Brille tragen. Es kar
vor, daß ich an einem ganzen Tag kein einziges Mädchen mit Brill
traf.

Und doch! Heute haben wir sie gesehen. Ich habe sie sofor
erkannt. Ich fuhr mit dem Bus über die Brücke. Sie erkannte mic
sofort, obwohl ich damals nur Shorts trug und heute einen Pelzman
tel anhatte, denn jetzt war Winter. Auch sie fuhr mit dem Bus übe
die Brücke, aber in der anderen Richtung. Kaum hatten wir un
gesehen, kaum hatten wir uns zugewinkt, waren wir auch scho
wieder weg. Es war in der sogenannten Verkehrsstoßzeit. Alle
sauste nur so, und die Leute wimmelten wie Ameisen. Ich stieg au
und wimmelte auch wie eine Ameise. Mir war fröhlich ums Her
Ich lief schnell nach Hause.

Da, da siehst du, lieber Bär. Das ist schon mal sicher. Wir wohne
beide zusammen in einer Stadt, du, das Mädchen mit der Brille un
ich. Unsere Stadt ist zwar groß, das schon, aber die ganze Welt wär
*noch* viel größer. Prag ist wie der Heuhaufen bei uns im Garten, da
werde ich schon durchsuchen. Und die ganze Welt, das ist wie de
große Schober hinter dem Hof. An den Heuschober, da würde ic
mich nicht heranmachen, auch wenn ich darin statt einer Nadel ein
Luftpistole suchen sollte. Aber Prag, da wage ich mich immer daran
nur mit der Ruhe, Bär!

*Aus dem Tschechischen von Vera Cerny und Peter Urba*

## Miloš Macourek
## Der Ameisenbär im Rechenbuch

n einem Schulranzen ist es dunkel, und es sind viele Sachen drin: )ie Turnschuhe sind drin und ein Lineal, Schulhefte und Hefte mit Iausaufgaben, Buntstifte und Bleistifte und ein Haufen Schulbü-her. In dem einen sind lauter Zahlen, in dem anderen wimmelt es ur so von Kaisern und Königen, in dem dritten sind Giraffen und lefanten und Frösche und Kühe und auch eine Lachmöwe und eine 'ünktchenschildkröte. Ihr habt doch schon mal ein Naturkunde-uch gesehen? Da gibt es eine Menge Tiere, aber sie alle stehen und ühren sich nicht vom Fleck, machen keinen Muckser, weil sie alle ngst haben vor der alten Schildkröte mit den Pünktchen. Sie will re Ruhe haben und verträgt es nicht, wenn jemand sich unterhalten vill, Verstecken spielen möchte oder spazierengehen oder so was. Aanchen macht es nichts aus. So ein Faultier ist ganz froh, wenn es icht herumlaufen muß. Aber anderen geht es auf die Nerven. Da ibt es zum Beispiel eine Ameisenbärenfamilie mit einem ganz klei-en Ameisenbären, und der Kleine, der sagt auf einmal: »Ich habe es etzt satt, was macht das schon für einen Spaß, ewig herumzustehen nd zu gucken, mir tun die Füße weh, und Hunger habe ich auch, ibt es eigentlich mal ein Mittagessen, oder was ist?«

Aber der Papa sagt: »Hör auf zu stänkern, dazu bist du noch viel u klein. Sei froh, hier mußt du wenigstens nicht frieren. Andere meisenbären haben es viel schlechter. Hier im Schulranzen regnet s wenigstens nicht.«

Doch die Mama hat Mitleid mit dem Kleinen und sagt: »Warum rzählst du ihm denn das? Er ist doch noch ein Kind, er hat doch vohl ein Recht auf ein bißchen Bewegung. Und was das Essen etrifft, ein paar Ameisen könnten nun wirklich nicht schaden!«

Nun mag der Papa nicht, wenn man ihm widerspricht. Als er ein leiner Ameisenbär war, da mußte er aufs Wort gehorchen. Also ängt er an zu schreien: »Was soll das heißen? Natürlich muß ich die 'amilie ernähren, das schon. Aber wo soll ich die Ameisen denn ernehmen!

Wir leben in der Naturkunde, und hier sind die Bedingungen nders. Hier kommt bekanntlich überhaupt nur eine einzige Ameise or, und wer weiß, auf welcher Seite die ist. Bis ich dort hinkomme, rißt mich irgendwas auf!«

Und er schreit und schreit, und wie er so schreit, klopft nebenan jemand an die Wand. Die Wände sind hier aus Papier, man hört alle aber wirklich alles. Und so hört man, wie nebenan die alte Schild kröte mit den Pünktchen, die zu allem Unglück auch noch nebena wohnt, an die Wand klopft und ruft: »Ruhe dort drüben, bitte! Ic bin dreihundert Jahre alt. Da wird man doch wohl noch ein bißche Ruhe verlangen dürfen!«

Aber der kleine Ameisenbär hört nicht darauf. Er fängt wieder a und sagt: »Gut, wenn du nicht auf Ameisenjagd gehen willst, dan gehe eben ich. Ich sehe mal im Inhaltsverzeichnis nach, auf welche Seite die Ameise lebt, und fertig. Vielleicht ist es gar nicht so wei was wissen wir denn schon!«

Und so macht er sich auf den Weg, und die Mama ruft ihm nach »Paß auf, du bist klein und unvernünftig.«

Aber der Kleine sagt nur: »Gut, gut, ich werde schon aufpasser Sag mir lieber, wie so eine Ameise aussieht. Ich habe noch nie ir Leben eine Ameise gesehen.«

Und die Mama denkt nach und sagt dann: »Eine Ameise ist gan klein, oben hat sie einen Kopf und unten einen Hintern, wie wenn d eine Acht malst oder so.«

Und der kleine Ameisenbär sagt: »Aha!« und klettert auf die Sei nebenan.

Doch kaum ist er auf der anderen Seite, da sieht er die Schildkröt mit den Pünktchen. Sie liegt bis zum Hals im Wasser, die Sonr brennt, aber die Schildkröte schimpft und schreit: »Was willst d hier, du Lümmel? Zuerst brüllst du nebenan wie ein Pavian, un dann kommst du auch noch hierhergekrochen. Mach, daß du weg kommst, mach schon, sag ich.«

Und sie macht ein ganz böses Gesicht, kriecht aus dem Wasse und schubst den kleinen Ameisenbär mit dem Hintern an, daß de kleine Ameisenbär aus der Naturkunde herausfällt, bevor er über haupt noch ein Wort sagen kann.

Und wie er herausfällt, stolpert er über das Lineal, verliert di Orientierung, sieht nichts, weil es im Schulranzen dunkel ist wie i einem Sack. Und der kleine Ameisenbär denkt: »Na, gute Nach Hier ist es ja dunkel wie in einem Sack. Da bin ich aber gespannt, o ich wieder zurückfinde.« Und wie er so herumtastet, stößt er auf ei Buch und sagt sich, ja, das wird es wohl sein, und kriecht hinei Und als er sich umschaut, da sieht er lauter Achten um sich herun Sie stehen in langen Reihen wie die Soldaten, aufgereiht zu dritt un zu viert, und der kleine Ameisenbär starrt sie verdattert an un denkt: Nein, so viele Ameisen! Da hab ich aber Glück gehabt.

Wen wundert es schon, daß der kleine Ameisenbär die Naturkur mit dem Rechenbuch verwechselt hat? Eine Ameise hat er im ben noch nicht gesehen und Zahlen auch nicht. Es ist ein kleiner meisenbär, viel weiß er noch nicht, aber er hat nicht darauf warten ollen, daß ihm etwas in den Schoß fällt. Und jetzt steht er da und aunt und denkt: So ein Zufall. Und weil er Hunger hat wie ein olf, fällt er gleich über die Ameisen her. Na ja, schmecken tun sie m nicht besonders, alles was wahr ist, schmecken tun sie ihm gar cht. Aber er ißt und ißt und ißt fast die ganze Rechenaufgabe auf, ist eine schwere Aufgabe, 8888 × 888 =, und weil es so eine hwere Rechenaufgabe ist, meint der kleine Ameisenbär, kaum daß drei Achten gegessen hat, jetzt wäre er satt. Er überlegt, ob er auch e vierte Acht noch essen soll. Aber schließlich sagt er sich, was eiß ich, wann es wieder was zu essen gibt, und ißt auch noch die erte Acht auf und kommt bis zu dem Zeichen »mal«, und wie er hinkommt, erscheinen am anderen Ende der Aufgabe achthun-rtachtundachtzig Ameisenbären.

Was hätte sonst auch schon passieren können? Ein Ameisenbär al achthundertachtundachtzig sind tatsächlich achthundertacht-ndachtzig Ameisenbären, nur hat der kleine Ameisenbär noch gar eine Erfahrung mit dem Rechnen. Das Einmaleins ist ihm noch ein hloß mit sieben Siegeln. Er steht und guckt und wundert sich, wo f einmal so viele Ameisenbären hergekommen sind. Und die hthundertachtundachtzig Ameisenbären gucken ihn an. Ihnen mmt es ganz natürlich vor, hier zu sein, und so sagen sie seelenru-g: »Sag mal, was guckst du uns so an?« Und fragen ihn: »Wo gibt hier etwas zu essen?«

Und unser kleiner Ameisenbär sagt: »Was für eine dumme Frage, er gibt es doch überall herum lauter Ameisen.«

Und die kleinen Ameisenbären stürzen sich darüber her, sie essen d essen und essen jede Aufgabe auf, die ein Malzeichen hat, essen le Zahlen bis zum Malzeichen auf, und es werden immer mehr und ehr, bis das ganze Rechenbuch von Ameisenbären nur so wim-elt, bis sie acht Millionen sind und kaum noch in dem Buch Platz ben. Und alle kleinen Ameisenbären sind wunderbar satt, und alle agen: »Wohin gehen wir nun? Hier wollen wir doch nicht bleiben, er kann man sich ja kaum noch rühren! Was wollen wir tun?«

Alle fragen durcheinander. Da sagt der kleine Ameisenbär: Ruhe, meine Herren, ich will Ihnen sagen, was wir tun könnten. So ele Möglichkeiten gibt es gar nicht. Wir sind nämlich in einem hulranzen. Wir könnten, sagen wir mal, ins Lesebuch gehen und ns die Frühlingsgedichte ansehen. Oder wir könnten mit den Bunt-iften Herbstblätter malen.«

Aber die kleinen Ameisenbären rümpfen die Nase, man siel
ihnen an, daß sie gar keine Lust dazu haben. Und da sagt der klei
Ameisenbär: »Wißt ihr was: Wir gehen alle zu uns und spiel
Verstecken.«

Und die kleinen Ameisenbären fangen an zu klatschen und rufe
»Ja, das ist eine Idee!«, und sie stellen sich in einer langen Reihe a
und machen sich auf den Weg.

Es ist keine angenehme Reise, wenn im Dunkeln acht Million
Ameisenbären marschieren. Es gibt einen erstklassigen Radau: Ein
stolpert über die Turnschuhe, der andere über das Frühstücksbr
Selbstverständlich verirren sie sich und landen schließlich statt in d
Naturkunde im Geschichtsbuch. Napoleon bereitet sich gerade a
die Schlacht bei Waterloo vor. Er ist ganz nervös, beißt sich auf d
Unterlippe, und wie er so auf seiner Unterlippe kaut, sieht er ei
lange Reihe von Ameisenbären kommen, sieht acht Millionen Ame
senbären, bekommt eine schreckliche Wut und schreit: »Ihr ha
mir gerade noch gefehlt! Der Feind kann jeden Augenblick angre
fen, und mir wimmeln hier acht Millionen Ameisenbären zwisch
den Füßen herum, habe ich bloß ein Pech!«

Aber die kleinen Ameisenbären sind ganz begeistert, sie sehen d
Soldaten, die Kanonen und Pferde. Sie hören etwas von Attacke u
sagen sich, das könnte eigentlich ganz interessant werden. An
einer Schlacht teilnehmen, das müßte doch was sein. Und der klei
Ameisenbär sagt zu Napoleon: »Sire, es wäre vielleicht gar nicht
übel, wenn Sie uns irgendwo im Klee plazierten, irgendwo an d
Flanke. Unsere Teilnahme an der Schlacht könnte entscheidend sei
bedenken Sie, wir sind acht Millionen!«

Und Napoleon steckt die Hand unter die Jacke, überlegt und sa
dann: »Acht Millionen Ameisenbären, die könnten bei ein
Schlacht wirklich die entscheidende Rolle spielen.«

Und so plaziert er die Ameisenbären im Klee. Und als die Schlac
beginnt, laufen die Ameisenbären los und sind überall, ehrlich! Ac
Millionen Ameisenbären, das ist keine Kleinigkeit! Der Feind sie
sie und wird verrückt. Mit so etwas hat er selbstverständlich nic
gerechnet. Die Soldaten werden von Panik ergriffen. Sie werfen d
Waffen weg, laufen davon, so schnell sie können, und Napole
steht auf seinem Hügel, schaut ihnen durch sein Fernrohr nach u
denkt: So, das hätten wir.

Und dann spricht er zu den Ameisenbären und sagt: »Sehr geehr
Ameisenbären! Ihr habt mir wirklich eine große Freude bereite
Ohne euch hätte ich die Schlacht bei Waterloo höchstwahrscheinli
verloren. Ich würde euch gern jedem die Hand reichen, aber d

irde uns schrecklich aufhalten, ihr seid ja acht Millionen. Aber ich nn euch persönlich ins Naturkundebuch begleiten. In einem hulranzen ist es nämlich dunkel wie in einem Sack, ich werde euch n Weg leuchten. Ich muß nur schnell zu Edison, die Taschenlampe len, ich bin gleich zurück.«

Und so warten die kleinen Ameisenbären eine Weile, und dann ichen sie sich alle gemeinsam auf den Weg, voran schreitet Napo- on und leuchtet. Und eh man sich's versieht, sind sie alle in der aturkunde, ohne den geringsten Zwischenfall, und jeder heißt sie geistert willkommen. Der Elefant bläst feierlich die Fanfare, der alfisch läßt ihnen zu Ehren eine riesige Wasserfontäne steigen, der pagei plappert immer wieder eine Willkommensrede. Die kleinen neisenbären gehen und gehen, von einer Seite auf die andere, und erall der gleiche Jubel, und alle Tiere schließen sich der Prozession . Bis sie auf die Seite kommen, auf der die alte, böse Schildkröte it den Pünktchen wohnt. Als die alte Schildkröte den kleinen meisenbär erblickt, der vorne geht, kriecht sie aus dem Wasser und ngt an zu schreien: »Komm bloß nicht her, du Lümmel, sonst iegst du eine Ohrfeige, daß dir Hören und Sehen vergeht!«

Und alle Tiere und alle kleinen Ameisenbären fangen an zu rufen: fui, was ist das für ein Benehmen! So geht man mit den Siegern n Waterloo um?«

Und der Elefant geht bis zu der Schildkröte mit den Pünktchen n und sagt zu ihr: »Liebe Frau, Ihre Schikanen reichen uns jetzt. ir haben jetzt die Nase voll. Was ist das denn für ein Leben, ewig ır herumstehen und keinen Muckser machen. Aber jetzt ist es aus ıd vorbei damit, hier gibt es jetzt acht Millionen kleine Ameisenbä- n, die in der Schlacht von Waterloo gesiegt haben, die haben keine ngst, auch vor Ihnen nicht.«

Und der Walfisch sagt: »Schluß jetzt mit dem langen Gerede. nerhalb von zwei Minuten wollen Sie bitte die Naturkunde ver- ssen.«

Und die alte, böse Schildkröte mit den Pünktchen sieht die unend- :hen Reihen der kleinen Ameisenbären, sieht, daß sie gar nichts achen kann, und so verläßt sie lieber innerhalb von zwei Minuten e Naturkunde. Alle Tiere brechen in unbeschreiblichen Jubel aus, r kleine Ameisenbär kriecht auf die nächste Seite und ist wieder zu ause, bei Mama und bei Papa. Hinter ihm kriechen alle übrigen, ıd die Mama staunt und ruft: »Schau mal, Papa, unser Junge hat eunde mitgebracht. Jetzt wird es hier lustig, jetzt wird es in der aturkunde ganz anders zugehen!«

Und wirklich, seither ist es in der Naturkunde ganz anders. Der

Elefant bläst, und die Fliege summt, und der Frosch hüpft, und d
Kuh muht, und die Möwe lacht dazwischen, und die acht Million
Ameisenbären spielen Verstecken. Sie spielen sogar Schule, und
macht ihnen Spaß, weil sie im Schulranzen alles haben, was
brauchen, Lineal und Buntstifte und Hefte und Schulbücher,
haben ein Rechenbuch und ein Geschichtsbuch und die Naturku
de, und darin fehlt die Schildkröte mit Pünktchen. Wirklich, scha
mal nach, ihr werdet sie bestimmt nicht finden.

*Aus dem Tschechischen von Vera Cerny und Peter Urb*

ngarn

# József Lengyel
## Die Schiffe des Argonides

Argonides, Schiffskönig und Herr der Felseninsel Beltristrup, li
seine neunundsiebzig Schiffe rüsten und trat die Reise an, um He
balsam zu holen für seine kranke Tochter Silenta.

Vornan flog das Flaggschiff Spumataglo. Es hatte sieben Mas
aus reinstem Stahl, mit unzähligen Segeln, die sich im Winde ballfö
mig blähten – ihr Leinen hätte für siebentausend Bettlaken gereich
Auch alle anderen Schiffe hatten neues Tauwerk, die Segel war
geflickt und ausgebessert, alle waren neu gestrichen, auch das ältes
Schiff, die braune Nawekkio: Ihr Name war mit leuchtender Far
auf den Bug gepinselt, die Fugen ihres Rumpfes untersucht u
ausgebessert – nur die mehr als hundert Jahre alten kalkigen M
scheln hatte der Steuermann Maramico um keinen Preis vom Schiff
rumpf entfernen lassen.

Das Meer war durchsichtig wie reines Glas. Auf seinem braun
Boden sah man in schwindelerregenden Tiefen Muscheln, Schne
ken, Hummer und großäugige Fische, die mit aufgerissenen Mä
lern umherschwammen. Die schneeweiße Gischt des durchsichtig
Meeres prallte gegen den spitzen Bug der Spumataglo und bäumte sic
in die Höhe: Aus der Luft rieselte glitzernder Silberstaub herniede

Achtundsiebzig Schiffe waren leer – nur die Spumataglo war zu
Bersten vollgeladen mit Goldstaub, der aus dem kahlen Gefels d
Insel gewonnen wurde.

Mit sorgenvollem Gesicht saß Argonides in seinem rote
Samtzelt, das vor dem ersten Mast der Spumataglo aufgeschlage
war. Er hörte die Berichte seines Arztes Doktor Stip und sein
obersten Chemikers Tarlaschan.

»Neunundsiebzig Schiffsladungen grüner Balsam werden hun
dert Jahre reichen«, sagte der Doktor.

»Tausend Jahre«, sagte Tarlaschan. »Denn ich werde den Bäume
und Gräsern das Grün mit Hilfe meiner Erfindung, dem Äthertrink
alkoholpuris, entziehen, werde destillieren und kondensieren un
in einem Fingerhut das Grün eines ganzen Waldes zusammenpres
sen. Und deine kranke Tochter Silenta wird wieder gesund, o Argo
nides. Die Luft der Stadt Belsafort und der ganzen kahlen Inse
Beltristrup wird so gut sein, daß auch die Halbtoten noch von ihren
Lager aufstehen, wenn sie nur einen Atemzug tun. Der Balsam wir
die ganze Luft durchtränken.«

»Fasse dich kurz«, sagte Argonides düster. »Wird meine Tochter ieder gesund?«

»Sicher! Es kann kein Zweifel bestehen!« rief Doktor Stip. »Auf r bleiches Gesicht wird die Farbe des Lebens zurückkehren, ihr lund und ihre Augen werden lächeln. Doch beeile dich! Sobald wir ıkommen, kaufe Wälder und Wiesen, Gold hast du genug. Wir ingen die Seele der Wälder deinem kranken Kind.«

Er wandte sich an den obersten Chemiker: »Was meinen Sie, schätzter Kollege, wie sollen wir den Balsam in der Luft ver- rühen?«

»Hierüber werden wir noch nachdenken«, sagte der oberste Che- iker mit gerunzelter Stirn. »Das ist dann nur noch Nebensache.«

Argonides hörte dem Gespräch der zwei Gelehrten nicht weiter ı, er befahl, seine achtundsiebzig Schiffe vor der Spumataglo zu ımmeln. Als die Schiffe in drei Reihen aufgefahren waren, trat er or den großen Nickel-Lautsprecher und begann mit donnernder timme: »Kapitäne, Steuermänner, Matrosen! Wir fahren zu den ändern der grünen Wälder. Von unserer vorzüglichen, aber kahlen ısel Beltristrup dauert die Fahrt bis dorthin hunderteinundzwanzig age. Wir müssen die Strecke in einundzwanzig Tagen zurücklegen; ıer Sold soll hundertfach sein! Und als Draufgabe bekommt ihr les Gold und Silber, das während einundzwanzig Tagen meine ebentausend Sklaven aus den Felsen von Beltristrup gewinnen.«

»Hurra!« riefen die Mannschaften der neunundsiebzig Schiffe wie ıs einer Kehle.

Argonides fuhr fort: »Das Beladen würde drei Wochen dauern; ır müßt es in drei Tagen schaffen. Als Preis dafür sollt ihr das reihundertfache eures Lohnes bekommen!«

»Hurra!« riefen die Mannschaften.

»Aber«, fügte Argonides mit donnernder Stimme hinzu, »wenn ır euch nicht beeilt, drehe ich den spitzen Bug der Spumataglo egen eure Längsseiten und ramme eure nichtsnutzigen Schiffe ent- wei. Dann werdet ihr aus den Mägen der Frösche nach der Oberflä- he des Meeres schnappen, wo sich nur noch die triumphierende pumataglo befinden wird! Und du«, wandte er sich an den Steuer- ıann der Nawekkio, dem kleinsten und ältesten Fischerboot, »du reiser Maramico, verzögere unsere Reise nicht mit deinem alten asten, sonst ramme ich ihn als ersten entzwei.«

»Oh, Herr«, antwortete der alte Fischer, »tu das nicht in deinem orn. Die gute Nawekkio wird ihr Bestes geben. Ich habe noch nie ine solche Fahrt unternommen. Nur aus Erzählungen weiß ich, daß s Länder mit grünen Bäumen gibt. Doch vertraue mir, ich tue alles, damit deine schwerkranke Tochter wieder gesund wird. Ich denk an herrliche kleine Bäume, die ich zu ihrer Freude mitnehmen will!

»Ach, bist du dumm!« rief Argonides, und der Lautsprech dröhnte. »Wir bringen die Wälder von ganzen Ländern auf unse Insel – was willst du da mit deinen Bäumchen!«

Die Matrosen erhielten ein Zeichen und liefen wie Katzen zu de Tauen. Aus jedem Stück Leinen, selbst aus ihrem letzten Hem machten sie Segel, die sie an die strammen, klingenden-singende Masttaue zu den anderen Segeln hängten. Die Maste krümmten sic unter dem Druck des Windes, und die Schiffe flogen über de gischtigen Glasmeer dahin.

Die einundzwanzigste Nacht war noch nicht eingebrochen, c ließen die Schiffe des Argonides die Anker krachend ins Wass einer stillen Bucht fallen, die von wälderbedeckten Hügeln umgebe war.

Der Goldschatz der Spumataglo wurde noch am selben Aben und in der Nacht aufs Ufer entladen, und Argonides kaufte unve züglich die Wälder dieser ganzen Länder auf.

Schon in der Morgendämmerung schnitt und fällte die Mann schaft Gräser und Bäume. Die beiden Gelehrten und ihre Assisten ten destillierten, kochten und kondensierten in riesigen Kesseln. De grüne Balsam kam in Körbe und Fässer und dann in die ausladende Bäuche der Schiffe.

»Herr«, meldete Tarlaschan am Abend des ersten Tages, »wi haben schon so viel Balsam gekocht, daß es für zehntausend Men schen zur Genesung reicht.«

»Weiter, macht weiter! Ich habe das Grün aller Bäume gekauf und ich will es auch heimbringen.«

»Genaugenommen«, sagte Doktor Stip, »reicht der Balsam scho für unser ganzes Land. Hier dagegen wird die Luft verderben. Viel werden krank, denn die ausgerodeten Wälder werden sich nicht s bald erholen.«

»Tu, wie dir geheißen. Dafür wirst du bezahlt. Versuch nich klüger zu sein als ich!« sagte Argonides, und seine Worte knallte wie Peitschenhiebe. »Wir sammeln soviel Balsam, wie unsere Schiff tragen können!«

Alle arbeiteten – auch der alte Maramico schob und rollte di Fässer. Doch er hatte schon vorher, kaum daß sie das Ufer erreich hatten, ein kleines Fichtenbäumchen mitsamt den Wurzeln aus de Erde gezogen. Das ganze Bäumchen war kaum eine Elle lang. »Ic will es der schönen und guten Silenta bringen, vielleicht wird sie sic über das Geschenk des alten Maramico freuen.« Er befeuchtete sei

eites blaues Hemd mit Quellwasser und rollte das kleine Bäum-
en vorne hinein.

Indessen fällten die Männer des Argonides die Bäume auf den
ünen Bergen und in den Tälern, schnitten das Gras auf den Wie-
n. Landauf landab, in der ganzen weiten Umgebung blieb kein
nziger grüner Fleck. Die Luft dörrte aus, Staub und Dampf be-
ckten das Land, die Kinder wurden blaß, die Mütter weinten, weil
e Wälder des Landes über ihre Köpfe hinweg verkauft worden
aren. Als die Schiffe des Argonides die klirrenden Anker aus der
efe hievten, dampften die kahlgewordenen Berge garstig und gelb,
nd die Bewohner des Landes standen weinend an den Ufern.

Sechs Tage flogen die Schiffe auf dem Glasmeer zurück zum
afen Belsafort, als in der Nacht ein rußschwarzer Orkan die
hiffe des Argonides erreichte. In einem Augenblick zerriß der
urm die Segel der stolzen Spumataglo wie die Federn eines ange-
hossenen Vogels. Im Licht der Blitze sah man, wie die Fetzen
iseinanderstoben. Die Stahlmaste knickten wie trockene Äste ein
der verbogen sich wie Bäckerhörnchen. Die Taue rissen. Die Schiffe
egannen eins nach dem anderen zu sinken. Nur die alte Nawekkio
nd ihr greiser Steuermann Maramico hielten sich noch. Er ließ Taue
on Bord und zog die Mannschaften der anderen Schiffe hinauf.
rgonides und die beiden Wissenschaftler standen schon da, pudel-
aß und zitternd. Maramico arbeitete aus allen Leibeskräften. Die
hiffe des Argonides kenterten, die riesigen Wellen rissen ihre
ümpfe auf. Sie knirschten in der schrecklichen Umarmung des
leeres wie Hirschknochen im Maule des Löwen. Der grüne Balsam
er Bäume färbte die stürmische See allmählich giftgrün.

Eine Woche lang trieb der Orkan die Nawekkio und ihre armen
assagiere auf der grüngewordenen See. Das alte Schiff konnte die
ast kaum noch tragen. Maramico ging immer häufiger unter Deck,
n die Fugen zu untersuchen; er sah, daß die Bretter nur noch von
en verkalkten Muscheln zusammengehalten wurden.

Nach sieben Tagen tauchten in der Ferne die Felsen von Beltri-
rup auf. Sie kamen noch fast bis an den Hafen Belsafort heran, als
as letzte Schiff des Argonides, die alte Nawekkio, hoheitsvoll und
ajestätisch in den Wogen versank. Argonides und seine Gefährten
reichten schwimmend das Ufer.

Der König trauerte um seine neunundsiebzig Schiffe und ihre
ure Ladung, den lebenspendenden grünen Balsam.

Da sagte Maramico: »Herr, ich habe doch ein kleines Bäumchen
itgebracht. Hier in mein Hemd habe ich es eingerollt. Wenn schon
er ganze heilende, feine Balsam verlorenging, so schenken wir

wenigstens dieses kleine Bäumchen der schönen Silenta. Ich weiß, ist weniger als nichts, aber was können wir schon tun, armer Arg nides!«

Maramico wickelte das Bäumchen aus seinem Hemd, setzte es einen Blumentopf, ordnete die zusammengepreßten Zweiglein u brachte den Blumentopf der schönen, bleichen Silenta.

Argonides folgte ihm traurig, er schimpfte nicht mit ihm, spornte ihn nicht an, er sagte kein Wort.

Doch als Maramico das Zimmer betrat und Silenta in sein Händen das schöne kleine Bäumchen erblickte, wurde ihr Gesic rot vor Freude. Und die Röte und das Lächeln verließen ihr Gesic nicht mehr, sie wurde augenblicklich gesund.

»Es ist verwunderlich«, murmelte Doktor Stip. »Ein einzig Bäumchen genügte, um sie zu heilen. Sie sehen, Herr Kollege, i hatte recht! Die Kranke brauchte das Grün der Bäume.«

»So ist es«, nickte Tarlaschan, »wir hatten recht.« Sie waren bei glücklich und faßten sofort den Entschluß, ein großes Buch über d Erfolg ihres Experiments zu schreiben. Glücklich war auch Arg nides: Er war zwar arm geworden, seine Tochter aber war gesun Auch die Matrosen freuten sich. Den Preis und ihren Lohn bekam sie zwar nicht, aber sie waren wenigstens alle am Leben gebliebe

Wie hätte sich, bei so viel Freude, Maramico nicht freuen solle Es wurde ihm nur traurig ums Herz, wenn er an die alte, vom Me verschlungene Nawekkio dachte.

Ja, es war schade um die gute Nawekkio, schade um die sieb Maste aus reinem Stahl, schade um die schönen Segel, schade um d vielen prächtigen Schiffe und schade um das Land, das seiner Wäld beraubt worden war.

*Aus dem Ungarischen von Mario Szenes*

## ;YÖRGY ROMÁN
# )ie Bewohner der Schwarzen Berge

:s gibt Orte, weit oben in den Schwarzen Bergen, wo die Hänge, die een, ja selbst die Bäume schwarz sind, nicht vom Ruß und Rauch er Großstädte, sondern schwärzlichgrün von sich aus. Die Blätter er Bäume glänzen wie Schuppen aus Stahl und sind hart und edernd und glitschig zugleich. Der Wechsel der Jahreszeiten hinteräßt kaum Spuren in dieser Gegend.

Die eigentümliche Farbe entsteht nicht unter der Einwirkung der onnenstrahlen, sie sickert aus der Tiefe hervor: In den Eingeweiden er Berge verbirgt sich Steinkohle; sie ernährt die Landschaft durch ie Adern, die sich in den Bergen entlangziehen. Dieser Ort ist nicht azu bestimmt, von Menschen bewohnt zu werden; wer sich von einen Gewächsen ernährt, kann sich nie zu einem fleischfarbenen Vesen des Lebens entwickeln. Er wird schwarz und grün wie die teinblumen.

In einer Talsohle, außerhalb der schwarzen Zone, lagen früher nsere Dörfer, bewohnt von fleißigen Bergleuten, die den Anblick er dunkel emporragenden Berge seit je gewohnt waren. Es fiel einem von ihnen ein, die steilen Bergpfade hinaufzusteigen – geauso wie es den Bewohnern einer Mietwohnung in der Stadt nicht infällt, auf das Dach des Hauses zu klettern.

Eines Tages merkten die Bewohner eines entfernten Dorfes, daß nsere Bergleute unvorstellbar reiche Kohleadern im Berg gefunden atten. In einer nebligen Nacht überfielen sie unser Dorf, rissen uns us den Betten und zwangen uns, scharfgeschliffenes Werkzeug in len Händen, die Häuser zu verlassen.

Wir konnten nur eine Richtung einschlagen: bergauf. Ich war lamals nicht älter als fünf, mein Vater nahm mich auf den Rücken ınd schleppte mich während unserer ganzen Wanderschaft. Ein venig Kleidung, Lebensmittel und Werkzeug durften wir mitnehnen. Mitsamt unserem Vieh wurden wir vorangetrieben, unsere /erfolger riefen uns Drohungen nach für den Fall, daß wir zurückämen.

Unsere Lebensmittel reichten kaum für einige Tage. Meine Eltern ıofften jedoch, daß wir jenseits des Berges wieder auf ein Tal stoßen vürden, das dem unseren ähnlich war. Doch als wir die Höhe rreicht hatten, sahen wir neue Schwarze Berge vor uns, die Bergetten schienen unendlich.

Trotzdem setzten wir unseren Weg fort in der ungewissen Hoff
nung, irgendwo ein sanfteres Tal zu finden. Wir wollten lieber ir
Herumwandern sterben als uns ergeben und nur noch auf den To
warten. Viele Tage kletterten wir in der Bergwelt herum, bis wi
endlich Kornfelder erblickten, zwar planlos verstreut, doch unge
fähr so, wie wir sie gewohnt waren. Nur die Farbe war anders: Di
Felder waren schwärzlichgrün und glänzten wie ein stählerne
Panzer.

Wie gierige Tiere warfen wir uns darauf und kümmerten uns nich
um den bitteren Geschmack der Körner. Auch Wasser fanden wir i
einem nahen Bergsee, mit dem gleichen bitteren Geschmack; doc
den Durst stillte es.

Meine Eltern beschlossen, zusammen mit den anderen Flüchtlin
gen, an dieser Stelle zu bleiben. Sie bauten Häuser aus den schwarze
Steinen, und wir gewöhnten uns an den bitteren Geschmack de
Nahrung und des Wassers. Doch die Schwarzen Berge rächten sic
an uns. Allmählich, im Laufe der Jahre, verwandelten sich Mensche
und Tiere in Metallmenschen und Metalltiere. Die Kinder kannte
außer der metallischen Farbe, die sie um sich sahen, keine Farbe
mehr, und wir vergaßen allmählich, daß es auf der Erde noch andere
von uns äußerlich vollkommen verschiedene Wesen gab. Es küm
merte uns auch nicht, daß wir auf einem Boden voller Kohle lebten
Wir brauchten keine Kohle. Wir bestellten unsere Felder und ware
glücklich.

Nach mehreren Jahren jedoch gelangte eine Bergsteiger-Expedi
tion ins Dorf: Die Leute suchten nach Kohle und ritten auf ihre
Zwergpferden über Berge und Täler.

Wir kamen aus dem Staunen nicht heraus, als wir die unter un
geratenen Sonderlinge, ihre Lebensmittel und Tiere betrachteten.

Auch die Fremden waren erstaunt, doch weitgereist und erfahren
sie hatten Menschen von vielen Rassen und Farben und verschiede
ner Gestalt gesehen. Sie beherrschten unsere Sprache und erzählte
wunderbare Dinge von weit entfernten Orten, wo Tausende vor
Häusern standen und nur Menschen ihresgleichen wohnten.

Sollten wir ihnen Glauben schenken? Einige von uns meinten, daß
Leute mit irrem Äußeren nur irres Zeug reden. Als sie gingen
erklärten sie uns, wie wir in ihr Land gelangen könnten, wir würder
es nicht bereuen, meinten sie.

Das gefiel den meisten von uns. Wir berieten lange, bis schließlich
eine größere Gruppe von Bergbewohnern mit Kind und Kegel der
beschriebenen Weg nach Süden antrat.

Die kleine Stadt, die wir erreichten, war nicht die gleiche, aus de e Expedition gekommen war; man wußte nichts von uns. Die eute zeigten mit dem Finger auf uns und liefen uns auf den Straßen ach. Ein gerissener Kerl kam auf die Idee, mit uns Wunderwesen eld zu verdienen. Er ließ die ganze Gruppe in die Eisenbahn erladen und in die Großstadt fahren: Dort wollte er uns in einem ergnügungspark für Geld vorführen.

Dazu sollte es aber nicht kommen. Die Behörden riefen Ärzte erbei und ordneten die Untersuchung der »sonderbaren Geschöp-« an. Die Ärzte vertraten übereinstimmend die Ansicht, daß wir icht als gesund betrachtet werden könnten.

Man lieferte uns in ein Krankenhaus ein, wo wir mit größter orgfalt behandelt wurden. Noch nie war es uns so gut gegangen. och wir wollten zurück in unsere Berge. Die unbekannten Speisen nd Getränke kümmerten uns nicht, die grüne Farbe der Bäume, die ielfarbigkeit der Menschen störten uns nicht, doch wir konnten die itleidigen und spöttischen Blicke der Leute nicht ertragen. Ich ihlte, daß ich zugrunde gehen würde, wenn ich noch lange in dieser adt bleiben müßte.

Man bat uns, dennoch zu bleiben; es sollte alles versucht werden, m uns der Mehrheit der Menschen anzugleichen. Wir verstanden as, doch konnten wir weder dem Heimweh widerstehen noch nseren Abscheu vor den Städtern überwinden; wir baten und ba-n, bis man uns schließlich gehen ließ.

Aber als wir wieder in unseren Hütten waren, konnten wir unser tes Leben nicht mehr fortführen; dazu war es schon zu spät. Jeder issen, jeder Schluck Wasser, jeder Blick auf unsere Umgebung innerte uns daran, daß wir anders waren als die andern, ausgesto-en, Wunderlinge für den Zirkus, Versuchskaninchen, die hinter lasscheiben beobachtet wurden. Unsere Ruhe, unser Glück waren ahin. Ohne Unterlaß beratschlagten wir, was zu tun sei, bis wir in er eisengrauen Abenddämmerung den Entschluß faßten, in die roßstadt zu den anderen zurückzukehren und den Ärzten zu eweisen, daß auch wir Menschen sind.

Wir wurden im Krankenhaus mit Freude empfangen; doch wurde ns mitgeteilt, daß unser Plan nicht durchführbar sei: Niemand ürde mit uns zusammenleben wollen.

»Seid nicht traurig«, trösteten uns die Ärzte. »Wir werden im nteresse eurer Heilung alles tun!«

Die Älteren, so auch meine Eltern, leben seither im Krankenhaus. Ian behandelt sie mit allerlei Medikamenten, verabreicht ihnen pritzen, führt an ihnen Operationen durch. Wir Jungen, die man icht mit schönen Versprechen im Krankenhaus halten konnte,

leben für uns allein. Die anderen Menschen nehmen uns nicht au
wir haben alle Versuche längst aufgegeben. Das größte Glück für ur
wäre die Rückkehr in die Berge. Doch als Verbannte und Ausgestc
ßene würden wir dort mehr leiden als hier, wo wir wenigstens unte
Menschen leben, wenn auch nicht zusammen mit ihnen.

In den Schwarzen Bergen sind nur wenige geblieben. Sie baden i
schwarzen See, essen die glänzenden Metallpflanzen. Ich kenne si
ich weiß, daß sie manchmal, in der eisengrauen Abenddämmerun
einander fragen, weshalb sie anders sind als die anderen.

Und ich, ich, der ich hiergeblieben bin, verbringe die Zeit de
eisengrauen Abenddämmerungen, die es auch hier gibt, in Gedar
ken an die Schwarzen Berge, und manchmal träume ich auch vo
ihnen.

*Aus dem Ungarischen von Mario Szenes*

ÁROLY SZAKONYI
wei Füchse

er Fuchs hatte sein Abendessen beendet – trotz der Ermahnungen iner Ärzte aß er mit Vorliebe in den späten Abendstunden – und tzte sich neben die Trinkrinne in die Ecke des Käfigs. Der Rasen es Tierparks war vor kurzem mit Wasser besprüht worden; er enoß die frische Luft des Sommers. Tagsüber waren viele Besucher orbeigekommen, und auch das Wetter hatte sich zum Guten gewendet. Und da er im Moment darüber nachsann, daß es in der anzen Welt nichts gab, worüber er nachzusinnen brauchte, fühlte sich ganz vortrefflich. Er verschmolz vollkommen mit der Dunelheit der Nacht, nur seine Augen glühten. Nach einer Weile nahm das auch selber wahr, es verwirrte ihn ein wenig: Wie konnte er es hen, wenn sich kein Spiegel vor ihm befand? Da redete ihn eine timme an, genau aus der Richtung, in der der Spiegel hätte sein üssen. Es war die Stimme eines Fuchses.

»Ich bin es nur ...«

»Wer ist ›Ich‹?« fragte aufgebracht der Fuchs, der in seinem endlichen Nichtstun gestört wurde.

»Ich. Erkennst du mich nicht?«

»Wie sollte ich dich erkennen, wenn ich nicht weiß, wer du bist?«

»Das ist aber gar nicht schön, daß du deinen Gevatter nach den ielen Jahren so empfängst!« sagte die Fuchs-Stimme vor dem Käfig.

»Ach, lassen wir die Vorwürfe«, sagte der Fuchs gelangweilt, »sag ir, was dich zu mir führt, aber bitte schnell, es ist spät ...«

»Was ich will? Ich will dich sehen!«

»Mich sehen? Bitte ... hier bin ich. Und nun?«

»O du mein lieber Gott«, seufzte der Fuchsgevatter in der Dunelheit, »so muß ich dich wiedersehen, an solch einem schrecklichen Ort!«

»Wie meinst du das?« Der Fuchs hinterm Gitter runzelte die tirn. »Ich versteh dich nicht. Von was für einem schrecklichen Ort aselst du?«

Der Fuchsgevatter schniefte, verschluckte dann aber seine Tränen: »Nun, dieses Steinloch, das Gitter, rundum überall nichts als Gitter! Es gelang mir kaum hereinzukommen.«

»Das glaube ich dir!« sagte stolz der Fuchs. »Hier wird nicht nur o rein- und rausgegangen! Hier wird alles bewacht und gehütet. Ich uch!«

»Wenn du nur wüßtest, wie man sich zu Hause geängstigt hat, a
man erfuhr, wo du hingeraten bist!«

»Sag mal«, fragte der Fuchs mit spitzer, beleidigter Stimm
»weißt du überhaupt, was das hier ist?«

Der Fuchsgevatter schlich sich näher an den Käfig heran und sag
flüsternd: »Ganz genau weiß ich es nicht, aber ich sehe, daß es f
einen Fuchs das reine Grauen ist.«

Aus dem Käfig hörte man spöttisches Gelächter: »Ihr seht nic
weiter als bis zur Spitze eurer Nase! Mein Freund, das ist d
vornehmste Ort der Welt für einen Fuchs. Das ist der Tierpark!«

»Was du nicht sagst«, flüsterte staunend der Fuchsgevatter. »Ur
was soll das sein?«

»Ich würde es dir ausführlich erläutern«, sagte der Fuchs m
Wohlwollen, »wenn es nicht so spät wäre. So kann ich dir nur sage
daß es gewissermaßen einem Museum ähnelt. Von einem Museu
hast du doch schon gehört?«

»Leider nein, du weißt es ja, die vielen Laufereien jeden Tag ...«
worauf der Fuchs hinter dem Gitter ungeduldig eine wegwerfend
Geste machte.

»Ach was, ich will mich nicht in Einzelheiten einlassen. Kurzum
Aus jeder Gegend der Welt leben hier alle jene Tiere, die würdi
befunden worden sind, ihre Gattung zu repräsentieren. Wie zu
Beispiel«, er hüstelte, »ich. Was Wunder, wenn man uns wie de
Augapfel hütet! Letzten Endes dienen wir, die hier im Tierpar
leben, einem höheren Ziel. Kannst du mir folgen?«

»Jawohl. Leidest du sehr darunter?«

»Von wem sprichst du?« fragte der Fuchs verblüfft.

»Du kannst mir ruhig dein Herz ausschütten«, sagte der Fuchsge-
vatter gerührt. »Ich weiß, du hast niemanden, der versteht, wie vie
du zu leiden hast, seit du Wald und Flur verlassen mußtest, di
Jagdausflüge in die Dörfer, die nächtliche Hetze in den Hinter-
höfen ...«

»Halt!« sagte der Fuchs im Käfig kühl. »Willst du mich zum
Narren halten? Es ist eine Auszeichnung, daß man mich hierher
brachte, daß man mich unter den vielen tausend Füchsen ausgewähl
hat ...« Seine Stimme drohte ihm zu versagen, er wurde imme
nervöser. »Das ... das ist schon beinahe eine Beleidigung. Ich verbit-
te mir das!«

Der Fuchsgevatter bekam es mit der Angst. Er blickte erschrok-
ken umher, ob sie durch ihre laute Auseinandersetzung jemanden
aufgescheucht hatten. »Ich bitte dich«, flüsterte er, »beruhige dich
ich wollte dich nicht ärgern, ich wollte nur ...«

»Nur, nur«, schnaubte der Fuchs im Käfig. »Da kommst du mir
it Wald und Flur, da erwähnst du die Hinterhöfe!«

»Ja«, sagte der Fuchsgevatter verwirrt, »die Hinterhöfe! Erinnerst
u dich, wie wir bei den Hühnerställen lauerten? Wieviel Spannung!
Vieviel Mut mußte man haben! Oder erinnerst du dich etwa nicht
ehr?«

»Doch, sogar sehr gut! Ich schäme mich immer noch!«

»Du schämst dich?« Der Fuchsgevatter wurde blaß. »Hast du
ollkommen vergessen, wie du früher gelebt hast? Und was Mut
t?«

»Lassen wir die Sentimentalitäten. Sag es nur geradeheraus: Wir
ingen stehlen, stehlen und Unruhe stiften. Wir drehten den Hüh-
ern den Hals um und machten uns aus dem Staub!«

»Stehlen?« Der Fuchsgevatter kam aus dem Staunen nicht heraus.
So sprichst du jetzt also! Hast du vergessen, weshalb wir die
Hühner erwürgt haben? Weil uns der Hunger plagte. Und unsere
ungen auch. Ihnen haben wir die Beute gebracht und die Hasen von
en Feldern ... Das ist die Aufgabe jedes anständigen Fuchses!«

»Schon gut, schon gut ...«, sagte der Fuchs im Käfig und räusper-
e sich. »Du glaubst, daß es nur das Leben gibt, das ihr in Wald und
wie heißt es doch – Flur lebt. Aber ich bin, sozusagen, ebenfalls ein
uchs. Fuchs bleibt Fuchs, mag es ihn wohin auch immer verschla-
en, nicht wahr? Also, guck nicht so ärgerlich drein! Darf ich dir
twas anbieten? Eine kleine Hasenkeule, eine Vogelbrust?«

Der Fuchsgevatter blinzelte. »Also doch? Du auch? Hasenkeule,
Vogelbrust ...«

Der Fuchs im Käfig lächelte herablassend: »Wenn du meine Le-
ensmittel meinst ... selbstverständlich esse ich auch heute das
leiche wie früher.«

Der Fuchsgevatter seufzte tief. »Weißt du, da fällt mir ein Stein
om Herzen. Ich dachte schon, daß du ganz anders geworden bist als
vir zu Hause.«

»Ei, ei«, schüttelte der Fuchs den Kopf, »welche Mißverständ-
isse!«

»Und wie kommst du hinter dem Gitter hervor?« fragte vertrau-
ich der Fuchsgevatter.

»Weshalb sollte ich herauskommen? Dazu besteht kein Anlaß.«

»Wie gehst du denn auf die Jagd?«

»Ich jage nicht. Eines Tages wirst auch du verstehen, daß die Jagd
.. wie soll ich es ausdrücken ... gemein ist. Und vollkommen zu
ntbehren. Ich habe dir schon gesagt, daß man mich hier hält, weil
ch wertvoll bin. Ich werde hier mit allem versorgt, verstehst du?«

»Wieso sollte ich nicht?« Der Fuchsgevatter trippelte unschlüssi herum und fragte dann entmutigt: »Aber wo jagst du?«

»Verzeih mir«, sagte der Fuchs im Käfig gemessen, »diese spät abendliche Plauderei hat mich ein bißchen erschöpft. Aber vielleich darf ich wiederholen:« – er sprach langsam, gedehnt, mit scharfe Stimme, wie man mit unverständigen Kindern spricht – »Jeden Ta bringt man mir Nahrung und Trank in mein Loch, und ich hab nichts anderes zu tun, als Fuchs zu sein und mich anschauen z lassen.«

Dem Fuchsgevatter verschlug es die Sprache, so sehr verwundert ihn das Gesagte. »Du brauchst der Beute nicht aufzulauern, nicht z schleichen, vor Angst zu zittern und tagelang zu hungern? Nie?«

»Nie!«

»Und was sagtest du, man schaut dich an? Wer?«

»Die Menschen.«

»O du meine Güte!« Das war dem Gevatter richtig in die Gliede gefahren. »Aber die fangen dich, schlagen dich tot, knallen dich ab!«

»Nun siehst du es selber«, lachte der Fuchs im Käfig, »es is unmöglich, dir in einer knappen halben Stunde alles zu erklären! Di Menschen tun mir nichts, sie studieren mich nur. Sie schauen mic an, lesen von der Tafel am Käfig ab, daß ich der Fuchs bin, un erfahren auf diese Weise, daß es Füchse gibt und daß die Füchse s aussehen wie ich. Deshalb bekomme ich alles, was ich brauche, un ich werde gehütet. Ich geb's zu, es ist etwas kompliziert.«

»Was der Mensch nicht alles weiß!« sagte der Gevatter nachdenk lich. Seine Stimme wurde wieder leiser: »Aber wenn du wüßtest, wa für Sorgen man sich zu Hause um dich macht! Es wird immerfor gemunkelt: In seinen Träumen ist er bestimmt bei uns ...«

»Es ist lange her, vielleicht ist es gar nicht wahr.« Der Fuchs lacht kurz auf. Er stand aus seiner kauernden Lage auf, um dem Gast ei Zeichen zum Verschwinden zu geben. »Ei, du hast ja keinen Bisse angerührt«, sagte er der Höflichkeit halber.

»Oh, nein, schönen Dank«, entschuldigte sich der Gevatter. »Laf es dir nur schmecken, ich werde mir schon was fangen. Um ehrlic zu sein, ich bin es gewohnt, nur das Eigene zu essen.«

»Das Gute von zu Hause, ja, ja!« gähnte der Fuchs. »Wie schnell di Zeit vergangen ist ... Wirst du hinausfinden? Nur geradeaus un dann beim Palmenhaus nach links ... Hals- und Beinbruch ... wi schön ist diese Nacht, die Sterne funkeln ... O ja, die Jagd ... abe der Posten hier, der Dienst! Ja, so ist das!«

»Und was soll ich zu Hause ausrichten?«

»Ach ja, ja«, nickte der Fuchs im Käfig mehrmals, »ich lasse de 'erwandtschaft sagen, daß Fleiß und Streben immer zum Ziel führen. Und immer nur vorwärts, dann gelingt alles! Klar?«

»Fleiß und Streben«, wiederholte der Gevatter dienstfertig. Er wäre schon gegangen, wußte aber nicht, wie sich zu verabschieden.

»Na denn, alles Gute!« sagte eilig der Fuchs im Käfig. Er machte ehrt und verschwand in der Tiefe seines Steinlochs. Seine Stimme ar noch zu hören, die schnellen, kurzen Sätze: »Immer nur vorwärts! Immer! Nur keine Umschweife ...«

*Aus dem Ungarischen von Mario Szenessy*

*Helmut Winter stellt die englischen Autoren vor*

BRIGID BROPHY wurde genau wie viele andere Iren in Londo geboren (vor 45 Jahren), lebt dort mit ihrem Mann, der ein Direktc der Londoner Nationalgalerie ist, und einer 18jährigen Tochter. Ha in Oxford studiert und Romane, Bühnenstücke sowie Bücher übe Mozart und den Maler Beardsley geschrieben. Sie bespricht Büche in großen englischen Zeitungen und setzt sich leidenschaftlich fü den Tierschutz ein (weshalb sie auch Vegetarierin geworden ist Bisher hat sie geglaubt, für Kinder nicht schreiben zu können.

THOMAS HINDE (der eigentlich Sir Thomas Willes Chitty heiß wurde 1926 in der Grafschaft Suffolk geboren, ging in Wincheste zur Schule und in Oxford auf die Universität, war Soldat und ha dann für die Benzinfirma Shell gearbeitet, bis er in den fünfzige Jahren anfing, Bücher zu schreiben. Mittlerweile hat er elf Roman veröffentlicht. Er lebt in West Hoathly, Sussex, zusammen m seiner Frau Susan (die auch Romane schreibt) und vier Kindern.

RICHARD HUGHES wird in diesem Jahr 75. Er stammt aus Wale obwohl er in Weybridge in Surrey geboren ist. Als er noch Studer in Oxford war, erschienen zwei Gedichtbände von ihm in Londone Verlagen. Später reiste er viel in Amerika und Asien und schrie 1929 den Roman ›A High Wind in Jamaica‹, der sehr erfolgreich wa und auch verfilmt wurde. Richard Hughes ist der Autor einer Kurz geschichtensammlung und mehrerer Kinderbücher, darunter ›Ger trude und das Meermädchen‹, sehr schön illustriert von Nicol Claveloux.

MARY LAVIN, 1912 in Amerika geboren, ist eine irische Dichterin Sie lebt mit ihrem Mann und drei Kindern auf einer großen Farm i Südirland. Ihre Geschichten, die in mehreren Sammelbänden verö fentlicht sind, handeln fast immer von Feen, Gespenstern, Tieren und vor allem von Kindern.

JOSEPH STOREY RIPPIER, 1935 in Plymouth geboren, lebt schon se einigen Jahren in Deutschland. Er hat ein gelehrtes Buch über de englischen Nachkriegsroman verfaßt, das er aber schon wieder ver

;essen hat. Wenn er nicht gerade angelt, schreibt er am liebsten Kurzgeschichten, von denen mehrere in Sammelbänden veröffentlicht und im Rundfunk gesendet wurden.

MURIEL SPARK ist Schottin. Sie wurde 1918 in Edinburgh geboren. Ihre ersten Bücher waren wissenschaftliche Abhandlungen und romantische Gedichte. In den sechziger Jahren wurde sie in England mit einer Reihe von Romanen berühmt; heute gilt sie als eine der humorvollsten und verschmitztesten englischen Erzählerinnen. Seit einigen Jahren lebt sie in einer Villa in Rom.

DAVID HENRY WILSON dichtet über sich selbst:
1937 geboren,
Hat bisher wenig Haare verloren,
Dreimal an der Wiege gesungen,
Bekam ein Mädchen und zwei Jungen,
Hat viele Bühnenstücke gedichtet,
Die leider für Kinder nicht eingerichtet.
Als Dichter ist er eine arme Maus,
Doch die Uni Konstanz hält ihn aus.
Mit Englischunterricht erfüllt er seine Pflichten,
Aber eigentlich hört man lieber seine Geschichten.

*Gerda und Helmut Scheffel stellen die französischen Autoren vor*

MICHEL BUTOR wurde 1926 geboren. Er wuchs in Paris auf, ging dort zur Schule und studierte französische Literatur und Philosophie. Er hat rund fünfundzwanzig Bücher geschrieben: Romane, Hörspiele, das Textbuch zu einer Faust-Oper, Aufsätze über Maler, Musiker und große Schriftsteller aus vielen Jahrhunderten, außerdem sehr viele Gedichte. Seine Freunde fragen sich, wann er das eigentlich alles schreibt, denn lange Zeit war er außerdem Lehrer an französischen Gymnasien oder an Universitäten im Ausland. Seine erste Lehrerstelle befand sich in einer kleinen Stadt am Nil in Ägypten. Ein Jahr unterrichtete er in Saloniki in Griechenland, mehrere Jahre an verschiedenen Universitäten in Amerika. Heute ist er Professor in Nizza. Neben dem Bücherschreiben ist seine größte Leidenschaft das Reisen, und er hat schon mehrmals eine Reise um die Welt gemacht, um in Japan, Australien oder Südamerika Vorträge zu halten. Natürlich war er auch schon oft in Deutschland. Michel Butor hat vier Töchter im Alter von sechzehn bis sieben Jahren,

denen er gern Geschichten erzählt. Aufgeschrieben hat er bisher nu
eine, sie steht in diesem Buch.

Claude Ollier, der 1922 in Paris geboren wurde, unterschreib
seine Briefe gern in arabischen Schriftzeichen, weil er sie viel schöne
findet als die lateinischen und weil er lange in Nordafrika gelebt ha
Nach seinem Studium der Rechtswissenschaften in Paris hat er i
Marokko mehrere Berufe ausgeübt. Zu seinen Lieblingsbücher
gehört ›Tausendundeine Nacht‹, und wenn er könnte, würde er mi
seiner Frau, die in Marseille an einem Gymnasium Deutsch unter
richtet, in allen Ferien mit dem Auto durch den Vorderen Orient bi
nach Persien fahren, wie er es schon einige Male getan hat. Er wa
mehrmals in Nord- und Mittelamerika und hat sich auch lange i
Deutschland aufgehalten, unter anderem in der Nähe von Nürn
berg. Claude Ollier hat vier Romane veröffentlicht und eine Reih
von Hörspielen geschrieben, die alle auch in Deutschland gesende
wurden. Daß seine Geschichte ›Vor dem aufgeschlagenen Buch‹ i
Bamberg spielt, ist nicht zufällig, denn der deutsche Schriftstelle
E. T. A. Hoffmann, dessen Erzählung ›Prinzessin Brambilla‹ i
Olliers Geschichte verwoben ist, lebte mehrere Jahre in diese
schönen alten Stadt.

Robert Pinget stammt aus Genf, wo er 1919 geboren wurde. Auc
er studierte Rechtswissenschaften. Da ihm die juristische Tätigke
jedoch gar nicht gefiel, wirklich gar nicht, gab er sie auf und gin
nach Paris, um Maler zu werden. 1950 hatte er dort eine erst
Ausstellung seiner Bilder. Mehr und mehr widmete er sich jedoc
dem Schreiben von Büchern. Dazwischen reiste er durch ganz Euro
pa, durch Nordafrika und bis nach Jerusalem. Eine Zeitlang war e
Zeichenlehrer und Französischlehrer in England. Später, als scho
viele Leute seine Bücher gelesen hatten, wurde er zu Reisen durc
Kanada und die Vereinigten Staaten eingeladen. Er schrieb bisher ei
Dutzend Romane, die meistens in einer von ihm erdachten Gegen
mit den Städtchen Agapa und Fantoine spielen. Dort passiere
mitunter sehr seltsame, oft aber ganz alltägliche Dinge, die aller
dings, wenn man es richtig überlegt, auch wieder recht merkwürdi
sind. Außerdem verfaßte er mehrere Theaterstücke, die in viele
Ländern, darunter auch in Deutschland, gespielt wurden. Einig
Hörspiele sind so ziemlich von allen deutschen Rundfunkanstalte
gesendet worden. ›Herr Träumer‹ ist seine erste für Kinder be
stimmte Erzählung.

EAN THIBAUDEAU wurde 1935 in Roche-sur-Yon geboren, einer leinen Stadt in der Vendée im Westen Frankreichs, nicht weit vom tlantik. Dort verbrachte er seine Kindheit bis auf ein paar Jahre, ährend der er in Nordafrika lebte. Mehrere Jahre war er Lehrer an iner Volksschule in einem Vorort von Paris, ehe er sich ganz der iteratur verschrieb. Er veröffentlichte mehrere Romane und theoetische Schriften zur Literatur und schrieb Hörspiele und Filmszearios für das Fernsehen. Wie viele französische Schriftsteller war uch er für ein Jahr Gastprofessor an einer Universität in Amerika. ange Jahre war er in der Redaktion der streitbaren Literaturzeitchrift ›Tel Quel‹. Seit 1971 gibt er eine Zeitschrift heraus, die für chüler bestimmt ist. In Deutschland wurde Jean Thibaudeau vor llem durch seine Hörspiele bekannt.

*sidora Rosenthal-Kamarinea stellt die griechischen Autoren vor*

IENELAOS LUNDEMIS, linksengagierter griechischer Erzähler, urde 1915 in Konstantinopel geboren. Als Kind kam er nach riechenland, wo er die Eltern verlor und eine freudlose Kindheit oller Entbehrungen und Schicksalsschläge verbrachte. Er bechreibt immer wieder die bittere Erfahrung jener Zeit. Das Kind nd der heranwachsende Junge sind oft die Hauptpersonen seiner ücher, in denen die Härte und Herzlosigkeit der Umgebung einringlich dargestellt wird, aber auch der Reichtum des Herzens und ie verzauberte Welt des Kindes und der einfachen Menschen.

IKIFOROS VRETTAKOS, führender griechischer Lyriker, wurde 912 in Krokees bei Sparta geboren. Seine Kindheit, die er mit seinen ltern auf einem einsamen Gutshof auf dem numinosen Berg Taygeos auf dem Südpeloponnes verbrachte, prägte seine spätere Persönichkeit. Starke Naturverbundenheit bricht oft auch in seinen sozial ngagierten Gedichten durch.

1969 erschien in New York in griechischer Sprache sein Prosawerk Schmerz‹. Eine von ihm zusammengestellte dreibändige Ausgabe einer Gedichte (1929–1970) konnte 1972 in Athen herausgebracht verden und wurde von der Kritik mit Begeisterung aufgenommen.

Vrettakos hat wohl über Kinder, doch nie für Kinder geschrieben. Der Vorschlag, eine Geschichte für ›Dichter Europas erzählen Kindern‹ zu schreiben, gab ihm die Anregung zu neun weiteren Gechichten für Kinder, die wie ›Der Vogel aus Ton‹ (der hier in leicht gekürzter Fassung abgedruckt wurde) im Pestalozzi-Dorf in der

Schweiz spielen, wo Vrettakos Zuflucht fand, als er im Oktobe 1967 Griechenland verließ, um ins Exil zu gehen.

*Adriaan Morrien stellt die holländischen Autoren vor*

J. BERNLEF schreibt über sich selbst: Ich wurde am 14. Januar 193 in Sint Pancras, einem kleinen Dorf in Holland, geboren, auch wen ich mich daran nicht mehr erinnern kann. Damals hieß ich noc Hendrik Jan Marsman. In der Schule wurde ich Henkie genannt. A ich anfing zu schreiben, gab ich mir einen anderen Namen: J. Bern lef. Es gab schon einen Schriftsteller Marsman. Lange Geschichter ganz kurze Geschichten und Gedichte habe ich geschrieben. Frühe wollte ich Pianist werden, aber so viel ich auch übte, meine Finge waren nicht schnell genug. Beim Schreiben braucht man die Finge nicht so schnell zu bewegen.

HENK VAN KERKWIJK meint: »Ich kann mir nicht vorstellen, warur du, lieber Leser, etwas über mich wissen willst! Ich schreibe Erzäh lungen, Romane, Fernsehspiele, daß du sie liest, ist nett genug Warum soll ich dich noch mit dem Mann hinter der Schreibmaschin langweilen. Außerdem bin ich faul. Ich bin froh, wenn ich mi Tippen fertig bin. Nach meiner Arbeit mag ich keine Schreibmaschi ne mehr sehen und verstecke sie hinter dem Vorhang.«

Veröffentlichte Romane, Geschichten- und Gedichtsammlunge und schreibt für Kinder. 1969 bekam er den holländischen Jugend buchpreis.

MARGA MINCO, in Ginneken (Nord-Brabant) geboren. Von 193 bis 1940 war sie als Journalistin in Breda tätig. Nach dem Krie erschienen erste Kurzgeschichten von ihr, 1957 kam ihr erstes Buc heraus: ›Het Bittere Kruid‹ (›Das bittere Kraut‹), die Chronik de Untergangs einer jüdischen Familie während der Besatzungszeit der eigene Erfahrungen zugrunde liegen.

Marga Minco hat auch für Kinder geschrieben: ›Kijk 'ns in de la (›Zieh mal die Schublade‹), 1970 in deutscher Übersetzung er schienen, und ›Trapeze‹, eine Sammlung von Kindergeschichten.

Marga Minco lebt in Amsterdam. Sie ist verheiratet mit den Schriftsteller und Shakespeare-Übersetzer Bert Voeten und hat zwe Töchter.

*ter O. Chotjewitz stellt die italienischen Autoren vor*

IOVANNI ARPINO, 1927 in Piemont geboren, lebt in Torino. Er hat ht Romane veröffentlicht, Gedichte und drei Kinderbücher, die hr positiv besprochen wurden und sehr erfolgreich waren. In lien sind auch zwei seiner Theaterstücke aufgeführt worden. Arno ist einer der »meistübersetzten« italienischen Autoren. Zur Zeit tet er eine Reihe von Kinder- und Jugendbüchern des Verlages zzoli. 1964 erhielt er für seinen Roman ›L'Ombre delle Colline‹ n Premio Strega. Dieser Roman ist auch in deutscher Sprache schienen (›Im Schatten der Hügel‹, Hamburg 1966).

IANNI RODARI ist etwa 50 Jahre alt und lebt in Rom. Er ist rheiratet und hat Kinder. In seiner Jugend war er Lehrer – seither schäftigt er sich mit Jugendliteratur. Er ist auch ein guter Kenner r Jugendliteratur anderer Länder, bewundert vor allem die deuthen und slawischen Kindergeschichten und bedauert sehr, daß alien keine derartige Tradition hat. Rodari hat zahlreiche Kinderücher veröffentlicht, die alle große Erfolge in Italien waren und m Teil in viele Sprachen, auch ins Deutsche, übersetzt wurden. or fünf Jahren erhielt er für sein Gesamtwerk den Hans-Christian-ndersen-Preis.

Seit vielen Jahren arbeitet Rodari nicht mehr als Lehrer. Er ist edakteur und ständiger Mitarbeiter der größten römischen Tagesitung ›Paese Sera‹, die der kommunistischen Partei nahesteht und aktisch ihr Massenblatt ist. Hier erscheinen auch immer wieder ine vielgelesenen Geschichten.

*eter Urban stellt die jugoslawischen Autoren vor*

RANA CRNČEVIĆ, geboren 1933 in Ruma (Vojvodina), hat in Belad Literatur studiert. Er schreibt Gedichte und Geschichten, Hörbiele und Theaterstücke, eine Auswahl seiner Aphorismen ist 1966 eutsch unter dem Titel ›Staatsexamen‹ erschienen. Brana Crnčević hreibt auch für und, kritisch, über das Fernsehen; er lebt in Belad und ist dort Redakteur der satirischen Wochenzeitung ›Jež‹, as soviel wie ›Der Igel‹ bedeutet.

ANILO KIŠ ist 1935 in Subotica (Bačka) geboren und hat an der elgrader Universität vergleichende Literaturwissenschaft und heorie der Literatur studiert. Er schreibt Romane, Erzählungen,

Theaterstücke und übersetzt aus dem Ungarischen, Französisch[e]
und Russischen; außerdem hat er zwei Fernsehspiele geschriebe[n]
Von seinen drei Prosabänden ist der Roman ›Garten, Asche‹ au[ch]
auf deutsch erschienen. Danilo Kiš lebt in Belgrad.

DUŠAN RADOVIĆ ist 1922 in Niš, einer Stadt südlich von Belgra[d]
geboren. Er lebt in Belgrad, wo er lange Jahre Redakteur bei[m]
Fernsehen war und eine der beliebtesten TV-Serien leitete; die
Serie bestand zu großen Teilen aus Radovićs eigenen lustigen G[e]-
dichten, Aphorismen, Wortspielen und kurzen Erzählungen. E[in]
Buch mit Gedichten für Kinder ist in Berlin erschienen, es hei[ßt]
›Sehr geehrte Kinder‹. Dušan Radović hat Hörspiele und, zusamm[en]
mit Matija Bećković, das Theaterstück ›Che‹ geschrieben.

*Wiktor Woroszylski stellt die polnischen Autoren vor*

Als JACEK BOCHEŃSKI (geboren 1926 in Lwów-Lemberg) in eure[m]
Alter war, unterhielt sich sein Vater, ein Altphilologe, beim Frü[h]-
stück mit ihm auf lateinisch und manchmal sogar auf griechisc[h].
Später lernte Bocheński noch andere Sprachen kennen und bereis[te]
viele Länder Europas und Afrikas. Außerdem begab er sich bei[m]
Schreiben seiner Bücher in allerlei vergangene Zeiten, unter ander[em]
in jene klassische, in die ihn einst sein Vater eingeführt hatte. B[o]-
cheński gehört zu den bekanntesten polnischen Schriftstellern, u[nd]
manche seiner Bücher für Erwachsene (z. B. ›Göttlicher Julius‹ u[nd]
›Tabu‹) sind übersetzt und auch in Deutschland bekannt. Für Kind[er]
hat er bisher nichts geschrieben mit Ausnahme der (zusammen m[it]
einem Freund abgefaßten) Nacherzählung von Jonathan Swif[ts]
›Gullivers Reisen‹.

MARIAN GRZEŚCZAK (geboren 1934 auf dem Lande bei Poznań-P[o]-
sen) hat bisher auch nicht für Kinder geschrieben, obwohl er selb[st]
drei Kinder hat, zwei Mädchen und einen Jungen. Seine Literatu[r]-
gattung ist die Lyrik, die manchmal auch von Erwachsenen f[ür]
schwierig gehalten wird (obwohl ihnen das vielleicht nur so vo[r]-
kommt). Außerdem interessiert Grześczak sich für Malerei, zei[gt]
seinen Gästen aber nur die Bilder, die seine Frau (sehr schön) gema[lt]
hat, und nicht die, die er selbst insgeheim malt. Schließlich kennt sic[h]
der Dichter sehr gut aus im Sport, er ist Redakteur der Zeitschri[ft]
›Olympischer Diskus‹ und hat zweimal bei Wettbewerben in olym[-]
pischer Dichtung Preise erhalten.

yrik-Dichter ist auch ZBIGNIEW HERBERT (geboren 1924 in wów-Lemberg), außerdem aber schreibt er Theaterstücke und Iörspiele und Bücher über Geschichte und Kunst. 1961 wurde Ierbert bei den Studentischen Festspielen in Gdańsk-Danzig (mit ollem Recht) zum gesamtpolnischen Dichterfürsten erkoren, ein itel, den er mit Humor und Resignation annahm ... Einige Jahre indurch hat sich Herbert, der wie wenige sonst liebevoll und tief-ründig mit anderen Kulturen umzugehen versteht, im Ausland ufgehalten, unter anderem in Deutschland, Österreich, Italien, rankreich und den Vereinigten Staaten. Das war sehr nützlich, och wir in Polen haben uns schon nach ihm gesehnt und freuen uns, aß er nun wieder in Warschau lebt.

IAREK NOWAKOWSKI ist als einziger der hier vorgestellten Autoren Warschau geboren (1935). Seiner Ausbildung nach ist er Jurist. erühmt wurde er durch viele Erzählungen (ausschließlich für Er-achsene) aus dem Leben der Gauner und Banditen. Für euch aber at er jetzt eine Geschichte aus dem Schulleben, vielleicht sogar aus inem eigenen, geschrieben.

VIKTOR WOROSZYLSKI (1927 in Grodno geboren) ist derjenige, der ine Schriftsteller-Kollegen überredet hat, speziell für euch etwas u schreiben. Er selbst schreibt abwechselnd Bücher für Kinder und ir Erwachsene; wenn er das Schreiben für Erwachsene satt hat, hreibt er für Kinder – und umgekehrt. Seine Bücher für Kinder nd meistens ein bißchen verrückt, deshalb muß er sich bei euch ntschuldigen, weil ihm diesmal entgegen seiner Gewohnheit etwas anz Ernsthaftes aus der Feder geflossen ist.

BIGNIEW ŻAKIEWICZ (geboren 1933 in Wilno-Wilna) hat schon n Buch für Kinder geschrieben. Vorher hat er ein paar Bücher für rwachsene verfaßt, über die die Kritiker sehr diskutierten, wäh-end die Leser die Bücher kauften, ohne auf die Ergebnisse der Diskussion zu warten. Żakiewicz hat zwei Kinder. Er ist wissen-chaftlicher Philologe und hält Vorlesungen an der Universität in Gdańsk – Danzig. Aber keine Angst, um ›Die Jagd auf den Silber-uchs‹ zu verstehen, braucht man vorher keine fuchskundlichen oder onstigen Studien getrieben zu haben.

*Ilse Losa stellt die portugiesischen Autoren vor*

EUGÉNIO DE ANDRADE, geboren 1923 in Póvoa, schreibt über sic selbst: »Das Schönste, was sich in meinem Leben zugetragen ha war, daß ich in einem Dorf der Beira Baixa geboren wurde und do meine Kindheit verbrachte. Da ich Sohn, Enkel und Urenkel portu giesischer und spanischer Bauern bin, gab es bei uns zu Hause nu ein einziges Buch, ›Das Leben der Heiligen‹, das niemand las, den die wenigen Buchstaben, die einige der Familienmitglieder gelern hatten, hatten sie alle wieder vergessen. Mit sechs Jahren steckte ma mich in die Schule, ich lernte leicht, aber jenen alten Schmöker hab ich auch nicht gelesen. Meine Welt war ebenfalls nicht die Literatu sondern die Welt der Vögel und des Windes, des Wassers und de Eschen. Es war die Welt der Elemente, an die sich dann die Poesi anknüpfte – dank der Stimme meiner Mutter, die mir nie ende wollende ›Romanzen‹ vorsang, deren Andenken mich noch heut erwärmt.«

Andrade ist vor allem bekannt als Lyriker; er veröffentlicht mehrere Gedichtbände. Er hat das Werk von Federico García Lorc ins Portugiesische übersetzt. ›Die weiße Stute‹ ist seine erste Ge schichte für Kinder.

ANTÓNIO TORRADO wurde 1939 in Lissabon geboren, wo er noc immer wohnt. Er ist Direktor einer Privatschule, die durch neu Lehrmethoden bekannt wurde. Alle Schüler nennen ihn beim Vo namen, was ihn immer in gute Laune versetzt. Er redigierte mehre Jahre die Kinderbeilage einer großen Abendzeitung in Lissabon. E arbeitet mit am Kinderprogramm des portugiesischen Fernsehens

Torrado hat einen Gedichtband veröffentlicht und mehrere Bü cher für Kinder. 1972: ›O Veado Florido‹ (›Der blühende Hirsch‹)

*Marie-Thérèse Kerschbaumer stellt die rumänischen Autoren vor*

PAUL GOMA (geboren 1935 in Mana, Bessarabien) ging in Sibiu zu Schule und hatte am liebsten Turnen und Musik. Heute lebt er a Redakteur der Zeitschrift ›Literarisches Rumänien‹ in Bukarest. E schrieb bisher nur für Erwachsene, obwohl die seine Bücher manch mal nicht verstehen, sie sind ihnen entweder zu alltäglich oder z verrückt. Ähnlich wie hier in seiner ersten Geschichte für Kinder, i der ein kleiner Junge die Spielregeln des Sprechens beim Wo nimmt. (Sprich: Mirtscha).

UMITRU TSEPENEAG (geboren 1937 in Bukarest) hat diese Geiichte für euch geschrieben und seinem Sohn geschenkt, das macht ch doch nichts aus? Dafür hat er Paul Goma überredet, etwas für ch zu schreiben, denn der dachte zuerst, daß er das nicht kann. uch Tsepeneag schreibt sonst nur für Erwachsene, aber seine Erachsenen-Geschichten sind so ähnlich wie die, die er für euch schrieben hat. Er sagt, das ist wie Träume erfinden. In seinem nd gibt es noch andere, die schreiben »erfundene Träume« in osa oder in Versen; sie nennen sich »Oniriker«.

*oris Erlach stellt die skandinavischen Autoren vor*

änemark

ENNY ANDERSEN (geboren 1929 in Kopenhagen), Mitglied der änischen Akademie, übte verschiedene Berufe aus, bevor er 1962 schreiben begann: Gedichte, Kurzgeschichten, Hör- und Fernhspiele, Drehbücher. Er veröffentlichte auch mehrere Kinderbüer, die meist von der Phantasiefigur Snövsen handeln. Seine Toch- (25) und sein Sohn (18) interessieren sich wie der Vater für alerei. Sie entwerfen die Umschlagbilder und Zeichnungen für aters Kinderbücher. ›Die lebensgefährlichen Tulpen‹ schrieb Anrsen für dieses Buch.

hweden

R OLOV ENQUIST (geboren 1934) lebt heute in Uppsala. Erinnengen an seine Kindheit, die er in Nordschweden, in der Nähe des rsees, verbrachte, verarbeitete er in ›Der Mann im Boot‹. Dies ist ine einzige Kindergeschichte. Sie entstand als Geschenk für seinen hn Mats, als er im Krankenhaus lag. Per Olov Enquist schreibt cke Romane, die auch in Deutschland bekannt sind, zum Beispiel ie Ausgelieferten‹, und zur »dokumentarischen Literatur« gechnet werden. Er wählt meist politische Stoffe, die er sehr sorgfäl- studiert, bevor er schreibt.

orwegen

NAR ØKLAND (geboren 1940) stammt von einem Bauernhof an orwegens Westküste und studierte in Oslo Psychologie. Während ine Frau als Lehrerin arbeitet, ist er »Hausmann«: Er versorgt den aushalt und die beiden Kinder. Dabei schreibt er, und zwar am bsten Gedichte. Während der Arbeit an einem Roman entstand ne Gedichtreihe über den Staatsminister, der dann auch in der

Geschichte für dieses Buch eine Rolle spielt. Sonst hat er nie dire für Kinder geschrieben, aber in den norwegischen Schulen werd viele seiner Texte gelesen.

*Heddy Pross-Weerth stellt die sowjetischen Autoren vor*

VIKTOR DRAGUNSKIJ wurde 1913 in New York geboren. Wann nach Moskau übersiedelte, weiß ich nicht. Aber schon 1935 war dort ein beliebter Schauspieler, Filmschauspieler und Zirkusclow Später leitete er ein Kabarett. Es hieß »Das blaue Vögelchen«. schrieb lustige kurze Theaterstücke für Erwachsene, aber au ernste Erzählungen. Sein Roman aus dem Zirkusleben ›Heute ur jeden Tag‹ wurde in der Sowjetunion berühmt, man verglich ihn m Heinrich Bölls Buch ›Ansichten eines Clowns‹. Erst als Dragunsk schon älter war, bekam er Lust, Kindern Geschichten zu erzähle Die sowjetischen Kinder mochten diese Geschichten sehr gern ur waren traurig, als Viktor Dragunskij am 6. Mai 1972 starb.

ALEXANDER RASKIN (1914–1971) war Journalist und schrieb in d Hauptsache Witz- und Spottgeschichten. Seine Tochter Sascha w als kleines Mädchen sehr oft krank. Und immer, wenn sie mit Fieb zu Bett lag, bettelte sie: »Papa, erzähl mir von früher, als du no klein warst.« So kam nach und nach ein ganzes Buch zustande. heißt ›Als Papa noch klein war‹. Aus diesem Buch stammt d Geschichte ›Wie Papa den Professor gebissen hat‹.

*Hilde Domin stellt die spanischen Autoren vor*

JESÚS FERNÁNDEZ SANTOS, 1926 geboren, lebt in Madrid. Er hat a Autor von Dokumentarfilmen angefangen, sich dann als Romar autor einen Namen gemacht, und für beides Preise bekommen. seiner Prosa gilt er als ein harter Realist »mit lyrischen Aufhellur gen«. In ›Der Schneefisch‹ hat er sich, den Kindern zuliebe, ganz vc seiner sonstigen Erzählart getrennt.

ANA MARÍA MATUTE wurde 1926 in Barcelona geboren und lebt Sitges. Sie hat selber Kinder. Sie hat fast alle wichtigen Literaturpre se ihres eigenen Landes bekommen und wurde im Zusammenha mit dem Hans-Christian-Andersen-Preis durch ein »höchstes Lol geehrt. Ihr schönstes Kinderbuch, und überhaupt eines ihrer schö

n Bücher, ist ›Niños Tontos‹ (›Die törichten Kinder‹). Das sollten
e Kinder in allen Ländern geschenkt bekommen. Wie für ein Kind
n Bürgerkrieg aussieht, hat sie in der Geschichte ›Das Kind‹ be-
rieben. Bei Ana María Matute mischt sich die Phantasie immer
t der Wirklichkeit, die davon aber noch wirklicher wird. Ihre
icher stehen am Rande zwischen Poesie und Prosa. Das erste Buch
n Ana María Matute, das ins Deutsche übersetzt wurde, ist ›Pri-
era Memoria‹ (›Erste Erinnerung‹). Auf deutsch gibt es von ihr
ch mehrere Kinderbücher.

*ıbriel Laub stellt die Autoren der tschechischen Erzählungen vor*

er LUDVIK AŠKENAZY nicht kennt, denkt, er sei ein Erwachsener, r weil er – 1921 in Český Těšín geboren – über fünfzig ist, schon Zweiten Weltkrieg Soldat war und mehrere Bücher, Theaterstük-, Hörspiele, Fernsehspiele und Filmdrehbücher geschrieben hat. der Wirklichkeit ist er aber ein höchstens zwölfjähriger Junge, r um etwa siebzig Kilo schwerer. Er erfindet unwahrscheinliche eschichten und schreibt sie für Kinder, weil es solche Geschichten d, die nicht alle Erwachsenen verstehen können. Als sein erster hn noch klein war, hat Aškenazy über ihn ein Buch geschrieben, inderetüden‹, und tat dabei, als ob er der erwachsene Beobachter ire, konnte aber nicht verheimlichen, daß er seinen Sohn beneidet d froh ist, mit ihm als Kind zu leben. Eines seiner Bücher hat er ekloppte Märchen‹ benannt, um den Alten vorzumachen, er ube nicht daran, was er erfunden hat. Er glaubt es jedoch und ubt auch, daß er zaubern kann. Einmal, als mein Sohn krank war, rsuchte er ihn durch Zauber zu heilen, hielt seine Hand und urmelte magische Sprüche. Mein Sohn wurde trotzdem gesund.

AN KLÍMA wurde in Prag im Jahre 1931 geboren, hat dort auch wische Sprachen und Literaturen studiert, war Verlagslektor und urnalist und ein Jahr Dozent an einer Universität in Amerika. Er t Theaterstücke verfaßt, die in vielen Ländern gespielt werden, d seine Bücher für Erwachsene erschienen ebenso in mehreren rachen. Ivan Klíma und seine Frau – auch Journalistin und hriftstellerin – haben einen sechzehnjährigen Sohn und eine völfjährige Tochter, die ein Pferdenarr ist. Für die beiden hat er ine Kinderbücher geschrieben – ›Die krähende Uhr‹, ›Wie weit ist e Sonne‹ und das Buch von einem Mädchen, das sein Vater verlas-n hat und das sich auf den Weg macht, um wenigstens das Pferd zu finden, welches ihren Vater kennt. Für manche Kinder ist es ga praktisch, schreibende Eltern zu haben, solange ihre Werke nicht die Schulbücher kommen und man über sie Aufsätze schreiben mu

ALEXANDER KLIMENT, 1929 in Turnov, Nordböhmen, gebore studierte Philosophie, Psychologie, Musik- und Theaterwisse schaft. War Bibliothekar, Journalist, Filmdramaturg, aber au Schlosser in einer Waggonfabrik und Nachtportier in einem Hot Hat etwa zehn Bücher geschrieben und für das Fernsehspiel ›D Barometer‹ im Jahre 1969 den Preis der Internationalen Kritik Monte Carlo bekommen. Für Kinder schreibt er, weil er phantas sche Geschichten und Märchen mag.

MILOŠ MACOUREK (das liest man »Matzourek«, nicht »Makurek wurde 1926 in der schönen südmährischen Stadt Kroměříž, a deutsch Kremsier, geboren. Er hat alles mögliche gemacht – Papi in die Rotationsmaschinen gerollt, Kulissen im Theater aufgebau Werbeslogans ausgedacht, ehe er Schriftsteller geworden ist. Se erstes Buch war ein Gedichtband und hieß ›Man würde sein Augen nicht trauen‹. So könnte alles heißen, was er später geschri ben hat. Es waren Bücher für Erwachsene und Kinder, Theaterstü ke und vor allem Filme, darunter mehrere sehr lustige Zeichentric filme für Kinder. Ihr werdet beim Lesen der Ameisenbärengeschic te selber merken, daß Macourek gerne mit Worten und Vorstellu gen spielt und viel Phantasie und viel Humor hat. Ich muß sagen, da Macourek die Erwachsenen für gleichberechtigt mit den Kinde hält und sie ebenso mit seinem Witz und seiner Erfindungslu beschenkt.

*Mario Szenessy stellt die ungarischen Autoren vor*

JÓZSEF LENGYEL war ursprünglich Lyriker, Avantgardist. Na dem Ersten Weltkrieg hat er sich politisch engagiert und wurde z einem der Begründer der Kommunistischen Partei Ungarns. 19 mußte er aber fliehen, er arbeitete viele Jahre als Redakteur b Zeitungen und als Drehbuchautor in Wien und in Berlin. 1930 gi er in die Sowjetunion, wurde da 1938 verhaftet und interniert – sei Rehabilitation erfolgte erst 1955. Seitdem lebt er wieder in Unga und ist einer der beliebtesten Schriftsteller. Er schreibt vor alle Erzählungen (der Band ›Die Attraktionen des Herrn Tördeky‹ i auch in deutscher Sprache erschienen), aber auch Romane. Er mei ie ihr das auch in seiner Erzählung, die er für euch geschrieben hat, hen könnt, daß man mit Geld und Macht nicht alles erreichen ann.

YÖRGY ROMÁNS Lebensgeschichte hört sich wie ein Abenteuer-man an: Er lebte viele Jahre in Shanghai, war eine zeitlang Ge-häftsmann, und als er bankrott machte, wurde er sogar Profi-Bo-er. Er ist heute einer der berühmtesten Maler Ungarns, hat aber uch einige wunderschöne Romane und Erzählungen geschrieben. aß er Maler ist, könnt ihr auch beim Lesen seiner Geschichte über ie ›Schwarzen Berge‹ fühlen: Ist es nicht so, daß man die Schwarzen erge, die Flucht vor den Angreifern, die neue Siedlung, das Kran-enhaus, die Stadt und die grauen Dämmerungen sieht?

ÁROLY SZAKONYI ist der jüngste der ungarischen Schriftsteller, die ir euch geschrieben haben. Er wurde 1931 geboren. Er mußte sein niversitätsstudium unterbrechen und einige Jahre als Hilfsarbeiter rbeiten. In den fünfziger Jahren schrieb er einige Erzählungen und urde von einem Tag auf den anderen berühmt. Das Hauptthema einer Erzählungen ist die Frage: Was ist Freiheit, wie verhält sie sich um Wohlstand? Wenn ihr seine Geschichte gelesen habt, werdet ihr ehen, wie hier für den Wohlstand die Freiheit hergegeben wurde.